D1693223

Reto F. Dicht/Adrian D. Lüthy

Coryphantha

Reto F. Dicht / Adrian D. Lüthy

Coryphantha
Kakteen aus Nordamerika

297 Farbfotos auf Tafeln
32 Zeichnungen und Grafiken
21 farbige Karten

Einbandgestaltung mit Fotos von A. Böcker und den Autoren

Dieses Buch ist unseren geduldigen und verständigen Ehefrauen
Roswitha Dicht und Agnieszka Lüthy gewidmet.

Bibliografische Information Der Deutschen Bibliothek
Die Deutsche Bibliothek verzeichnet diese Publikation in der Deutschen Nationalbibliografie;
detaillierte bibliografische Daten sind im Internet über http://dnb.ddb.de abrufbar.

ISBN 3-8001-4299-6

Das Werk einschliesslich aller seiner Teile ist urheberrechtlich geschützt. Jede Verwertung
ausserhalb der engen Grenzen des Urheberrechtsgesetzes ist ohne Zustimmung des Verlages
unzulässig und strafbar. Das gilt insbesondere für Vervielfältigungen, Übersetzungen,
Mikroverfilmungen und die Einspeicherung und Verarbeitung in elektronischen Systemen.

© 2003 Eugen Ulmer GmbH & Co.
Wollgrasweg 41, 70599 Stuttgart (Hohenheim)
www.ulmer.de
Info@ulmer.de
Lektorat: Dr. Friederike Hübner, Hermine Tasche
Herstellung: Silke Reuter
Druck und Bindung: Friedrich Pustet, Regensburg
Printed in Germany

Inhaltsverzeichnis

1	Über dieses Buch	6
2	Einführung in die Gattung *Coryphantha*	8
3	Ökologie der Coryphanthen	10
3.1	Geografische Verbreitung	10
3.2	Klima	10
3.3	Geologie	11
3.4	Habitate	11
3.5	Gefährdungsstatus	12
4	Morphologie der Coryphanthen	13
4.1	Körper	13
4.2	Warzen	15
4.3	Areolen	18
4.4	Dornen	19
4.5	Blüten	21
4.6	Früchte	23
4.7	Samen	24
5	Geschichte der Gattung *Coryphantha*	27
5.1	Einführung	27
5.2	Chronologie	27
5.3	Der Gattungsname *Coryphantha* und die Typart	32
6	Stellung und Abgrenzung der Gattung *Coryphantha*	35
6.1	Bisherige, traditionelle Interpretation der Gattung *Coryphantha*	35
6.2	Neue Interpretation der Gattung *Coryphantha*	36
6.3	Systematische Übersicht über die Gattung *Coryphantha*	43
7	Bestimmungsschlüssel	45
8	Die Gattung *Coryphantha* (Beschreibung der Arten)	49
9	Coryphanthen in Kultur	107
9.1	Optimale Kulturbedingungen	107
9.2	Substrat, Töpfe	108
9.3	Giessen, Düngung	108
9.4	Schädlinge, Krankheiten	108
9.5	Aussaat, Vermehrung	109
10	Anhang	111
10.1	Vergleichstabellen	111
10.2	Literaturverzeichnis	116
10.3	Synonyme und gültige Namen	124
10.4	Register	137
10.5	Bildquellen	139

1 Über dieses Buch

Alexander dem Grossen genügten wenige Augenblicke, um den Gordischen Knoten durchzuhauen. Wir benötigten nahezu 15 Jahre, um die nomenklatorischen Wirrungen der Gattung *Coryphantha* aufzulösen und diese Monographie zu schreiben.

Schon in jungen Jahren erlagen wir der Faszination der Kakteen. Zu den meisten Gattungen gab es entsprechende Fachliteratur und Monographien, die trotz aller Widersprüche eine Grundlage zum Aufbau einer Pflanzensammlung boten. Nur ausgerechnet über die Coryphanthen, die wegen ihrer schönen Bedornung und grossen Blüten eine spezielle Anziehungskraft auf uns ausübten, gab es nichts.

Unabhängig voneinander begannen wir in den späteren 1980er Jahren das Problem der Coryphanthen anzugehen. Später entdeckten wir unsere gleichgerichteten Interessen bei einem zufälligen Gespräch in unserem Kakteenverein, der Ortsgruppe Solothurn der Schweizerischen Kakteengesellschaft und entschlossen uns, unsere Anstrengungen zu koppeln.

Zu Beginn unserer Arbeit waren wir voller Zuversicht und schlugen leichten Herzens alle Warnungen wohlmeinender Feldforscher und Botaniker in den Wind, die Finger von dieser Gattung zu lassen. Gottlob entdeckten wir das Ausmass der anstehenden Schwierigkeiten erst nach und nach, als wir uns schon am Thema festgebissen hatten.

Ohne unser Teamwork hätten wir sicher schon lange wieder aufgegeben. Immer in Erinnerung bleiben werden uns die unzähligen Rückschläge, vor allem aber auch die Freude über die Aha-Erlebnisse, die uns schrittweise und über viele Umwege zum Ziel führten.

Alle Beiträge, Beschreibungen und Kombinationen zur Gattung (immerhin über 300 Zitate vom frühen 19. Jahrhundert an) zusammenzusuchen, aus fünf Sprachen zu übersetzen und richtig zu klassifizieren, dauerte trotz der grossartigen Unterstützung durch die städtische Sukkulenten-Sammlung Zürich und durch Anton Hofers Privatbibliothek, alleine schon mehrere Jahre. Die dabei gemachten Entdeckungen waren dafür umso spannender: von Beginn an wimmelt die Geschichte der Gattung von Irrtümern und Fehlern, die von den verschiedenen Autoren immer weiter kolportiert wurden. Um dies alles richtig zu stellen, mussten wir uns bis zu den ältesten Beschreibungen durcharbeiten und uns in die Materie der systematischen Botanik und des Internationalen Codes der Botanischen Nomenklatur (ICBN) einarbeiten. Trotz möglichst grossem Konservatismus blieben einige bekannte Artnamen auf der Strecke und mussten durch gültige ersetzt werden.

Zur Feststellung der tatsächlich existierenden Arten und deren Verbreitung waren mehrere Reisen nach Mexiko nötig. Resultiert haben Tausende von Fotodokumenten aller bekannten und vieler neuer Vorkommen von Coryphanthen, die inzwischen, geordnet in einer Kartei, ein hervorragendes Instrument zur Bestimmung von Pflanzen und deren Variationsbreite geworden sind. Die Pflanzen wurden im Feld vermessen und zu einheitlichen Beschreibungen und schliesslich zum Schlüssel der Gattung verarbeitet.

Als überraschende Zugabe war es uns möglich, trotz der gewaltigen Änderungen, die Mexiko in den letzten 150 Jahren durchgemacht hat, uralte Fundorte wieder zu besuchen und schon längst verschollene Arten neu zu dokumentieren. Sogar einige Neuheiten zu entdecken und zu beschreiben war uns vergönnt.

Unser Ziel ist erreicht, die Gattung *Coryphantha* ist nach den heute gültigen Regeln der Botanik geordnet, so gut ein von Menschen erdachtes Modell eben die lebendige Natur zu beschreiben vermag. Der Vielfalt der natürlichen Formen der Coryphanthen kann auch dieses Buch niemals gerecht werden, aber es soll als solides Fundament für weitere Arbeiten möglichst vieler Interessenten an dieser Gattung dienen.

Nicht nur in Mexiko, sondern überall bei unseren Recherchen, haben wir offene Türen und neue Freunde gefunden, die uns in allen unseren Bemühungen grossartig unterstützt und uns geholfen haben. Ihnen allen gilt unser **Dank**, insbesondere:

- Anton Hofer, Worben, Schweiz, der uns mit seinem schier unerschöpflichen Allgemeinwissen und seiner grossen Felderfahrung ein toller Lehrer war und dessen einmalige Privatbibliothek uns immer wieder weiterhalf.
- Jonas Lüthy, der uns als Fachbotaniker und *Mammillaria*-Spezialist stets mit seinem brillanten Fachwissen begleitete, des Öfteren korrigierend Einfluss nahm und uns auch im Feld erfolgreich zur Seite stand.
- Urs Eggli, Zürich, der uns nicht nur mit Literatur stets aushelfen konnte, sondern auch mit seinem grossartigen Wissen über botanische Nomenklatur.
- Charles Glass, dem genialen Feldforscher mit untrüglichem Instinkt, der uns als *Coryphantha*-Spezialisten sofort anerkannte, uns mit seinem einmaligen Kakteenwissen viele neue Impulse gab. Seine Tagebücher erleichterten uns das Auffinden vieler Standorte ganz erheblich.
- W. A. und Betty Fitz Maurice, San Luis Potosí, unsere „mexikanische Festung", die uns zu vielen wichtigen Standorten führten.
- George B. Hinton, dessen Familienherbar für unsere Arbeit unentbehrlich war und der uns bei der Erforschung einiger Arten behilflich war
- Manuel Sotomayor, San Luis Potosí und sein „Grupo San Luis", die uns viele wichtige Daten aushändigten und uns bei der Typaufsammlung von *Coryphantha glassii* behilflich waren
- Andreas Böcker, der durch den intensiven brieflichen Gedankenaustausch sein grosses *Coryphantha*-Wissen in unsere Arbeit einfliessen liess.
- Grzegorz F. Matuszewski, unserem Korrespondenten für Osteuropa für seine interessanten Fundortinformationen.
- Sidney Woolcock, der uns durch seine *Coryphantha*-Publikationen im Journal of the Mammillaria Society und im persönlichen Briefwechsel viele Gedankenanstösse gab. Er hat für uns viele Stunden investiert, um unsere Englischübersetzungen dieser Monographie zu korrigieren. Leider können wir ihm dafür unseren Dank nicht mehr aussprechen, da er im Juli 2001 ganz unerwartet verstorben ist.
- David Hunt, Kew, der uns auf Anfrage stets mit Rat und Tat zu Hilfe stand und unseren neuen Conspectus der Gattung *Coryphantha* editierte.
- Ted Anderson, der kurz vor seinem überraschenden Tod das Kapitel über die Areolentheorie korrigierte.
- Walter Imber, Günsberg, genialer Berufsfotograf, der unsere Fototechnik durch viele Tipps stets zu verbessern wusste und schliesslich
- den Ehefrauen der Autoren, Roswitha Dicht und Agnieszka Lüthy, die uns jeweils geduldig, und mit viel Verständnis nach Mexiko ziehen liessen sowie
- Julian R. Dicht, Sohn von R. F. Dicht, der auf drei Expeditionen mit grösstem Erfolg als „Trüffelschwein" diente und im Feld seinen wertvollen Spürsinn erwies.

2 Einführung in die Gattung Coryphantha

Coryphanthen sind kleine bis mittelgrosse, kugelige bis kurzsäulige Warzenkakteen aus Mexiko und dem Süden der USA, die in den Trockensteppen und Wüsten zwischen der Sierra Madre Orientàl und der Sierra Madre Occidentàl wachsen. Die Pflanzenkörper sind nicht in Rippen gegliedert, wie etwa bei *Ferocactus*, *Thelocactus* etc., sondern, wie bei den nahe verwandten Mammillarien und Escobarien, in Warzen aufgelöst.

Der Name *Coryphantha* stammt aus dem Griechischen *koryphe* = Scheitel und *anthos* = Blüte und bedeutet „im Scheitel blühend"; die ziemlich grossen (3 bis 10 cm Durchmesser) Blüten entspringen im Neutrieb, also im Scheitel der Pflanze, im Gegensatz zu den Mammillarien, die aus dem vorjährigen Triebabschnitt um den Scheitel herum blühen. Die Blüten sind sehr oft gelb, aber auch weiss oder pinkfarben. Die Früchte sind grün und saftig, mit anhaftendem Blütenrest, die Samen meist nierenförmig, braun, mit netzgrubiger Testa.

Die Warzen der Coryphanthen weisen auf der Oberfläche eine Furche auf, die zumeist von der Dornen tragenden Areole bis zur Axille reicht. Die Blüten entspringen dieser Furche, aus der die Pflanzen auch sprossen können. Es können verschiedene Typen der Furchenentwicklung unterschieden werden, die Hinweise auf die mögliche Entstehungsgeschichte der Gattung (Phylogenese) geben.

Bei einigen Arten finden sich in diesen Furchen und/oder in den Axillen sogenannte Nektardrüsen, die zumeist gelb, orange oder rot gefärbt sind und einen sehr zuckerhaltigen Saft produzieren, der wahrscheinlich der Anlockung von Ameisen dient, die ihrerseits durch Markierung verschiedene pflanzen- insbesondere knospenfressende Tiere von der Pflanze abhalten.

Die Gattung ist durch folgende 3 Charakteristika geprägt, die bei ausgewachsenen Pflanzen obligatorisch vorhanden sein müssen:
1. **Blüten im Scheitel der Pflanze**
2. **Blühfähige Warzen gefurcht**
3. **Samentesta netzgrubig.**

Jeder Warzenkaktus, der diese 3 genannten Charakteristika aufweist, gehört zur Gattung *Coryphantha*. Ferner haben alle Coryphanthen die Fähigkeit, extraflorale Nektardrüsen auszubilden.

Abzutrennen sind gemäss dieser Definition insbesondere aufgrund der Samenmorphologie die Arten der Gattung *Escobaria*, die grubige Testazellen aufweisen, sowie *Cumarinia* (einzige Art *Cumarinia odorata*), deren Testazellen kanalförmig abgegrenzt sind.

Coryphanthen gehören zu den langsam wachsenden Kakteen und sind oft erst nach 8–10 Jahren blühreif. Die Ausbildung von Warzenfurchen kündet die Blühreife an. Viele Arten durchlaufen verschiedene Altersstadien, in denen sie ihr Aussehen immer wieder verändern. In der Natur sind sie als Langsamwachser stark geprägt vom Mikroklima an ihrem Individualstandort und dementsprechend erstaunlich variabel. Dies sind auch die Hauptgründe, weshalb bisher über 300 angeblich verschiedene Arten beziehungsweise Kombinationen publiziert wurden, die jedoch gemäss unseren eingehenden Studien auf 43 Arten und 11 Unterarten reduziert werden müssen.

Zum besseren Verständnis der Gattung *Coryphantha* müssen neben der Tatsache der grossen Variabilität in der Natur **drei Besonderheiten** beachtet werden:

1. Viele *Coryphantha*-Arten verändern ihr Aussehen während ihrer Entwicklung von der Jungpflanze zur Adultpflanze kontinuierlich.
Teilweise ist diese Verwandlung so ausgeprägt, dass verschieden alte, blühfähige Pflanzen kaum mehr als der gleichen Art zugehörig erkannt werden, wenn man deren Entwicklung nicht kennt. Vergleichen Sie hierzu auch Farbtafel 1. Als Beispiele seien hier erwähnt: *C. echinus* (deren rein radiär bedornte, blühfähige Frühform als *C. pectinata* beschrieben wurde), *C. salinensis*, *C. difficilis*, *C. wohlschlageri*, *C. echinoidea*.

2. Verschiedene *Coryphantha*-Arten kommen als ausgewachsene Pflanzen sowohl ohne als auch mit Mitteldornen vor.
Diese Varianten, siehe Farbtafel 3, treten nicht standortsgebunden auf, sondern kommen meist nebeneinander am gleichen Fundort vor. Auch hier einige Beispiele: *C. compacta*, *C. nickelsiae*, *C. delicata*, *C. cornifera*, *C. pallida*, *C. erecta*. Mehrfach wurden Pflanzen der gleichen Art sowohl mit als auch ohne Mitteldornen als eigene Arten beschrieben (Beispiele: *C. compacta*/*C. palmeri*, *C. cornifera*/*C. radians*, *C. pallida*/*C. pseudoradians*).

3. Extraflorale Nektardrüsen
Alle Coryphanthen besitzen die Fähigkeit zur Bildung von extrafloralen Nektardrüsen, wobei zwei verschiedene Typen unterschieden werden müssen (vergl. hierzu Farbtafel 2, Abb. 1–4):

- Arten, bei denen Nektardrüsen stets vorhanden sind, entweder in der Areolenfurche und/oder der Axille (Untergattung *Neocoryphantha*).
- Arten, die fakultativ und überdies nur an vereinzelten Areolen und nur um die Blütezeit und nur unmittelbar hinter der Dornen tragenden Areole Nektardrüsen ausbilden können (Untergattung *Coryphantha*). Dazu gehören sowohl Arten, die von früheren Autoren (Backeberg 1961, H. Bravo 1991) zu den obligat drüsigen Coryphanthen gezählt wurden (zum Beispiel *C. pseudoechinus* subsp. *pseudoechinus*, *C. pulleineana* und andere) als auch solche, die bisher als drüsenlos erachtet wurden (zum Beispiel *C. pseudoechinus* subsp. *laui*, *C. maiz-tablasensis* und andere).

Die Unterscheidung zwischen obligat drüsigen und nichtdrüsigen Coryphanthen kann bereits im Sämlingsstadium (siehe hierzu Farbtafel 4) im Alter von wenigen Wochen gemacht werden, indem die später drüsigen Arten vor allem der Serie *Clavatae* sowie der Sektion *Ottonis* auffällig „aufgeblasene" und breitgedrückte, schneeweisse Dörnchen bilden, während die ersten Dornen der nichtdrüsigen Arten viel dünner, rundlich und gelb-braun gefärbt sind.

Nur unter Beachtung der genannten drei Punkte können Pflanzen dieser Gattung richtig beurteilt und eingestuft werden. Die Missachtung dieser Punkte hat in der Vergangenheit massgebend zu Fehldiagnosen und zum allgemeinen systematischen Wirrwarr beigetragen.

3 Ökologie der Coryphanthen

3.1 Geografische Verbreitung

Die 43 *Coryphantha*-Arten sind grossmehrheitlich Pflanzen des mexikanischen Hochlands, ihr Hauptverbreitungsgebiet erstreckt sich von der Sierra Madre Oriental bis zur Sierra Madre Occidental und der Sierra Madre del Sur. 6 Arten (*C. sulcata, C. ramillosa, C. recurvata, C. robustispina, C. echinus* und *C. macromeris*) kommen noch jenseits des Rio Grande in den südlichsten Staaten der USA (Texas, New Mexico und Arizona) vor.

Als einzige Art kommt *C. elephantidens* mit der subsp. *bumamma* an einigen Orten südlich der Sierra Madre del Sur vor, und zwar beim Einschnitt des Rio Balsas sowie südlich von Oaxaca.

Die Sierra Madre Oriental ist für die Coryphanthen durchlässiger, wohl auch dank der grossen Flusstäler gegen den Golf von Mexiko. Auch hier ist es wieder *C. elephantidens* mit der subsp. *greenwoodii*, die am Ostabhang jenseits der Puerto del Aire in Acultzingo (Veracruz) ein isoliertes Habitat hat. Ganz im Norden erreicht *C. macromeris* subsp. *runyonii* das Küstentiefland entlang des Rio Grande. Dazwischen, in den Staaten Nuevo León und Tamaulipas, kommen zwei Arten vor, deren Verbreitungsgebiet sich sogar ausschliesslich auf den östlichen Fuss der Sierra und ihr Vorland begrenzt, nämlich *C. salinensis* und *C. nickelsiae*. Die Verbreitungskarten werden auf den Farbtafeln 5, 9–13 gezeigt.

3.2 Klima

Das geografische Areal ist deckungsgleich mit den trockeneren Zonen Mexikos mit maximal bis zu 1000 mm Jahresniederschlägen. Diese Niederschläge sind aber über das Jahr höchst ungleich verteilt und fallen hauptsächlich in den vier Sommermonaten in Form von oft heftigen Gewitterregen. Der Rest des Jahres ist trocken. Die überwiegende Mehrheit der Coryphanthen wächst aber in Zonen mit maximal 600 mm Niederschlag oder weniger, also in trockenen und sehr trockenen Zonen, die Randgebiete der Verbreitung sind jedoch in mässig feuchten Gebieten.

Im ganzen Verbreitungsgebiet wird es im Sommer sehr heiss. Im Norden sind in den Wintermonaten jedoch auch kürzere kalte Perioden und Nachtfröste nichts Aussergewöhnliches. Die klimatischen Verhältnisse in den Verbreitungsgebiete werden auf Farbtafel 5 dargestellt.

Coryphanthen sind an diese Klimabedingungen hervorragend angepasst. Im Winter verfallen sie in eine Vegetationsruhe, die sie Trockenheit und auch Kälte gut überstehen lassen. Das Wachstum beginnt im Frühjahr kurz vor oder mit den ersten Regenfällen.

Für die generative Vermehrung gibt es bei den Coryphanthen zwei Strategien: Entweder ganz früh im Frühjahr oder Sommer zu blühen und die Früchte noch in derselben Regenperiode reifen zu lassen (typischer Frühblüher: *C. clavata*). Oder erst im Herbst zu blühen, die befruchteten Beeren dann ruhen zu lassen und erst im darauffolgenden Frühjahr fertig auszureifen, wenn die Samen eine ganze Regenperiode zur Keimung vor sich haben (typischer Spätblüher: *C. elephantidens*).

Sehr viele Coryphanthen bedienen sich beider Strategien und blühen den ganzen Sommer über in mehreren Schüben. Einige Früchte werden dann noch im selben Sommer reif, andere erst gegen das Frühjahr.

3.3 Geologie

Mexiko lässt sich ganz grob in zwei geologische Zonen einteilen: die östliche mit der Sierra Madre Oriental, die hauptsächlich aus kalkhaltigem Sedimentgestein besteht und die westliche und südliche mit der Sierra Madre Occidental und der Sierra Madre del Sur aus vulkanischem Material. Coryphanthen wachsen auf beiden Untergründen, aber die einzelnen Arten sind jeweils auf Lava oder Kalkgestein spezialisiert. Nur von *C. clavata* ist bekannt, dass ein Fundort auf vulkanischem Gestein existiert, wohingegen die Art sonst auf kalkigem Untergrund wächst.

Coryphanthen stellen keine eng definierten Ansprüche an Böden oder Gesteine. Meist genügen ganz grobe Parameter wie Lava oder Kalk, Exposition und Neigung, damit eine Art vorkommt. Die Grenzen der Verbreitung der Arten sind wohl eher durch klimatische Faktoren begründet. Dies ist auch die Erklärung, weshalb einige Arten wie etwa *C. elephantidens* in riesigen Arealen (in diesem Fall vom südlichen Oaxaca und Veracruz bis Zacatecas) vorkommen und überall zu finden sind, wo sie ihre spezifischen Standortanforderungen erfüllt sehen.

Als eigentliche Spezialisten für ganz bestimmte Untergründe sind nur *C. gracilis*, die nur auf ganz charakteristischen Konglomeratböden vorkommt, oder *C. jalpanensis*, die nur in Rohhumusauflagen auf Kalkfelsen wächst, bekannt. Für andere Arten mit sehr begrenztem Areal wie *C. pulleineana* oder *C. vogtherriana* ist der Grund ihres begrenzten Vorkommens nicht erkenntlich, doch liegt er sicher nicht in der Geologie begründet.

3.4 Habitate

Da viele Coryphanthen über grosse Areale verbreitet sind, gehören sie praktisch zur „Grundausstattung" gewisser Floren. Von einzelnen Arten wie *C. cornifera* oder *C. delicata* gibt es regelrechte Massenvorkommen, andere Arten wie *C. hintoniorum* kommen weit über grosse Gebiete zerstreut vor. Es gibt wenige Habitate welche nicht von Coryphanthen besiedelt werden. Die höchsten Gebirgsstufen mit Föhrenwald gehören dazu, sicher auch nackte Felswände oder Gipsberge, aber auch steile und instabile Untergründe, in denen Coryphanthen als langsam wachsende Pflanzen sich schlecht etablieren können.

Das klassische Habitat einer *Coryphantha* ist ein Hügelfuss oder eine Hügelkuppe aus Steinschutt mit lockerer Vegetation, auf Lava auch mit Gras. Dort wachsen die Pflanzen teils offen oder leicht bis ganz geschützt zwischen oder unter Büschen.

Zu den Arten, die spezielle Habitate besiedeln, gehören *C. macromeris* und *C. maiztablasensis*, beides gruppenbildende Pflanzen, die nur sandig-gipsige, meist trockene, teils fast kahle Lagunen besiedeln. Oder *C. pseudoechinus* und *C. durangensis*, die in recht steilen Abhängen mit Felsen grosse Polster bilden, sowie *C. vaupeliana*, die nur auf kiesigen Flächen vorkommt. Nur auf ebenen Flächen wachsen *C. poselgeriana*, *C. pycnacantha* und *C. hintoniorum*.

Eine ganz spezielle Wuchsform zeigt *C. pulleineana*, die zur Stützung ihres langen, dünnen Triebes die unmittelbare Nähe einer *Hechtia* oder *Agave* braucht.

Wie die Coryphanthen die Areale besiedeln und wie es ihnen möglich war, so riesige Verbreitungen zu erzielen, ist leider noch nicht bekannt. Anhand der grünen Beeren und der Tatsache, dass sie noch nie auf Bäumen gefunden wurden, wie manchmal Mammillarien, lässt sich aber mit ziemlicher Sicherheit ausschliessen, dass die Vögel wesentlich zur Verbreitung der Samen beitragen.

3.5 Gefährdungsstatus

Die grösste Bedrohung für die Coryphanthen ist das starke Bevölkerungswachstum Mexikos und die damit verbundenen Erscheinungen wie Siedlungs- und Strassenbau, Ausdehnung der landwirtschaftlich genutzten Flächen, intensivierte Nutzung natürlicher Ressourcen, Abholzung und Brandrodungen. Glücklicherweise sind die meisten Arten davon aufgrund ihrer grossen Verbreitung und Häufigkeit in meist abgelegenen und kargen Habitaten nur am Rande betroffen. Aber es gibt auch extrem und akut gefährdete Coryphanthen.

Die am stärksten bedrohte Art ist sicher *C. vogtherriana*, von der nur noch ein einziger Fundort existiert, der zudem durch Erosion in Folge von Abholzung und Überweidung extrem gefährdet ist. Es existieren nur noch wenige hundert erwachsene Pflanzen, und Sämlinge konnten nie beobachtet werden.

Weiter stark bedroht durch die Ausdehnung des Ackerbaus sind alle Arten, die auf ebene und tiefgründige Böden angewiesen sind. Dies betrifft hauptsächlich *C. pycnacantha*, *C. hintoniorum* und *C. maiz-tablasensis*, aber auch, wenn auch etwas weniger akut *C. elephantidens* und *C. ottonis*. *C. pycnacantha* kann meist nur noch in kümmerlichen Resthabitaten zwischen Feldern und der Strasse oder an Bahndämmen gefunden werden.

Gewisse Arten sind auch durch das „Reinigen" von Weideflächen einem chronischen Verlust von Individuen oder Teilhabitaten ausgesetzt, sei es durch das Anzünden der trockenen Vegetation oder durch das gezielte Ausgraben der Pflanzen, da sie als Verletzungsgefahr für das Vieh angesehen werden, wie das für *C. elephantidens* und *C. ottonis* beobachtet werden konnte.

Immer wieder werden auch einzelne Habitate unabsichtlich und in Unkenntnis vernichtet. So ist der einzig bekannte, sich nicht in der Lagune von Las Tablas befindliche Fundort von *C. maiz-tablasensis* bei Matehuala durch den Bau der neuen Autobahn fast ganz zerstört worden. Und am Fundort von *C. sulcata* von Monclova COAH, der sich in einer prosperierenden Industriezone befindet, in der laufend gebaut wird, konnte bei unserem letzten Besuch (2001) nur noch eine einzige Pflanze gefunden werden.

4 Morphologie der Coryphanthen

In allen unseren Angaben bemühen wir uns, stets die selben, standardisierten Begriffe zur Beschreibung der Pflanzen zu verwenden. Zum einfacheren Verständnis der Beschreibungen der Arten sind hier die verwendeten Begriffe und deren Anwendung aufgeführt.

4.1 Körper

Mit Körper ist die Pflanze als ganzes gemeint. Als erstes Beschreibungsmerkmal wird in der Regel das Kriterium der Gruppenbildung genauer betrachtet.

Gruppenbildung

Es wird unterschieden, ob eine Pflanze einzeln wächst oder ob sie Gruppen oder gar Polster bildet. Gruppen sind 3 oder 4 bis etwa 10 Triebe, die durch Sprossbildung oder Stolonen entstanden sind. Polster sind grosse Gruppen von 20 und mehr Trieben. Vergleichen Sie hierzu die Abbildung unten.

Körperform, Masse

Die Körperform bezeichnet die Form des oberirdischen Triebes, siehe Seite 14, Abb. 2, 3. Die Höhe ist gemessen von der Bodenoberfläche bis zum Scheitel, der Durchmesser ist der Durchmesser eines einzelnen Triebes.

Scheitel

Mit Scheitel wird das obere Sprossende beschrieben. Für die Form des Scheitels werden die darüber angeordneten Dornen nicht berücksichtigt, siehe Seite 14, Abb. 4. Im Scheitel der Pflanze ist der Vegetationspunkt der Pflanze und dieser ist mehr oder weniger bewollt.

Farbe der Epidermis

Die Farbe der Epidermis ist nur schwer objektiv anzugeben, da sie auch von den Kultur- und Wachstumsbedingungen sowie vom vegetativen Stadium der Pflanze abhängen kann. Ein

◆ Abbildung 1

Morphologie der Coryphanthen

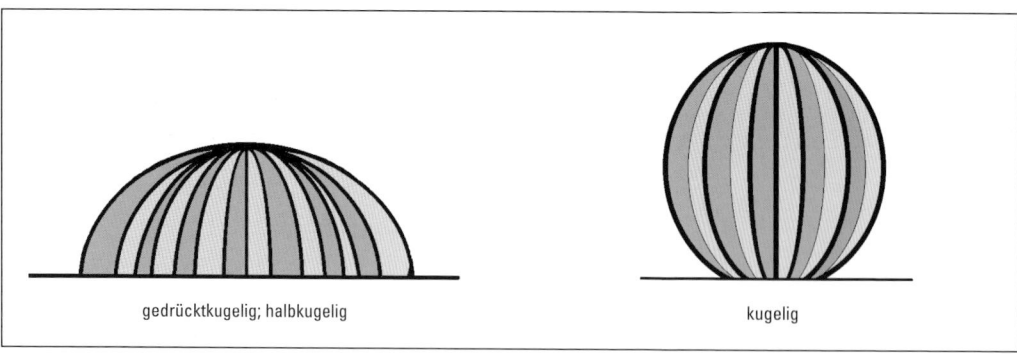

Abbildung 2

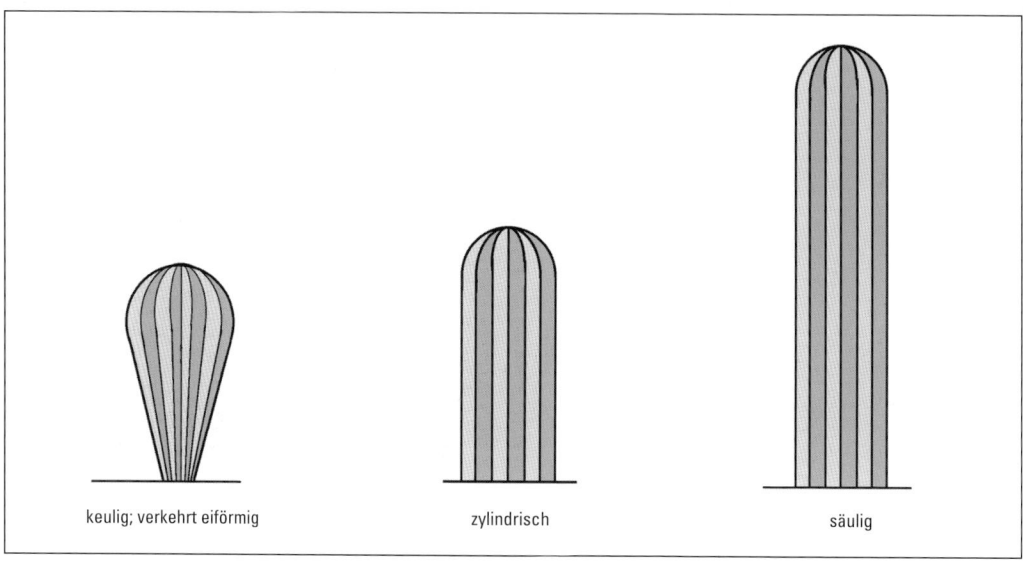

Abbildung 3

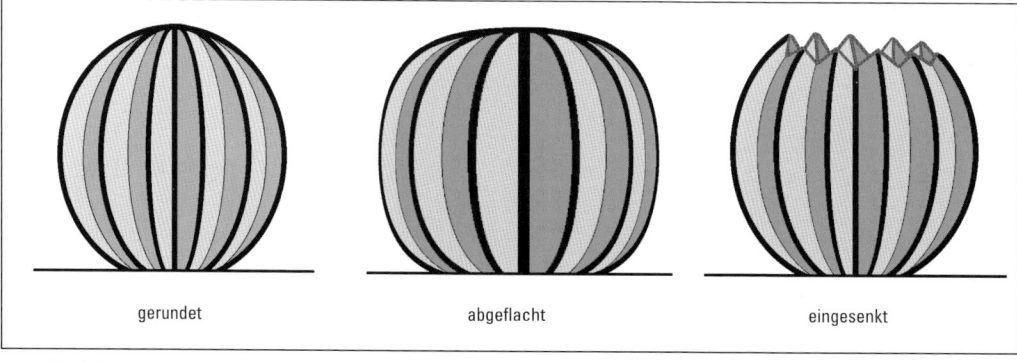

Abbildung 4

weiteres Kriterium beschreibt, ob die Oberfläche glänzend oder matt ist.

Wurzel

Nicht alle unterirdischen Teile der Pflanze sind Wurzeln. Oft ist auch noch ein Teil des Körpers in die Erde eingesenkt und geht praktisch nahtlos in die Wurzel über. Arten wie C. *vaupeliana*, C. *wohlschlageri* oder C. *pulleineana* bilden zwischen Rübenwurzel und Körper einen ausgeprägten „Hals" aus, siehe Seite 15, Abb. 5. In der Kultur ist die Wurzel oft deformiert und am Fundort ist es unmöglich, die Pflanzen alle auszugraben. So ist eine genaue Angabe oft schwierig.

4.2 Warzen

Coryphanthen sind Warzenkakteen. Die Areolen sind nicht mehr auf Rippen angeordnet, sondern diese haben sich in einzelne Warzen aufgeteilt. Die Grösse und die Form der Warzen sind innerhalb der Art wenig variabel, sie eignen sich aber gerade deshalb als wichtiges Kriterium zur Unterscheidung der Arten.

Serien

Die Warzen der Coryphanthen sind in Serien („Schrägzeilen"/„Berührungszeilen") angeordnet. Sie werden beim Blick in den Scheitel im

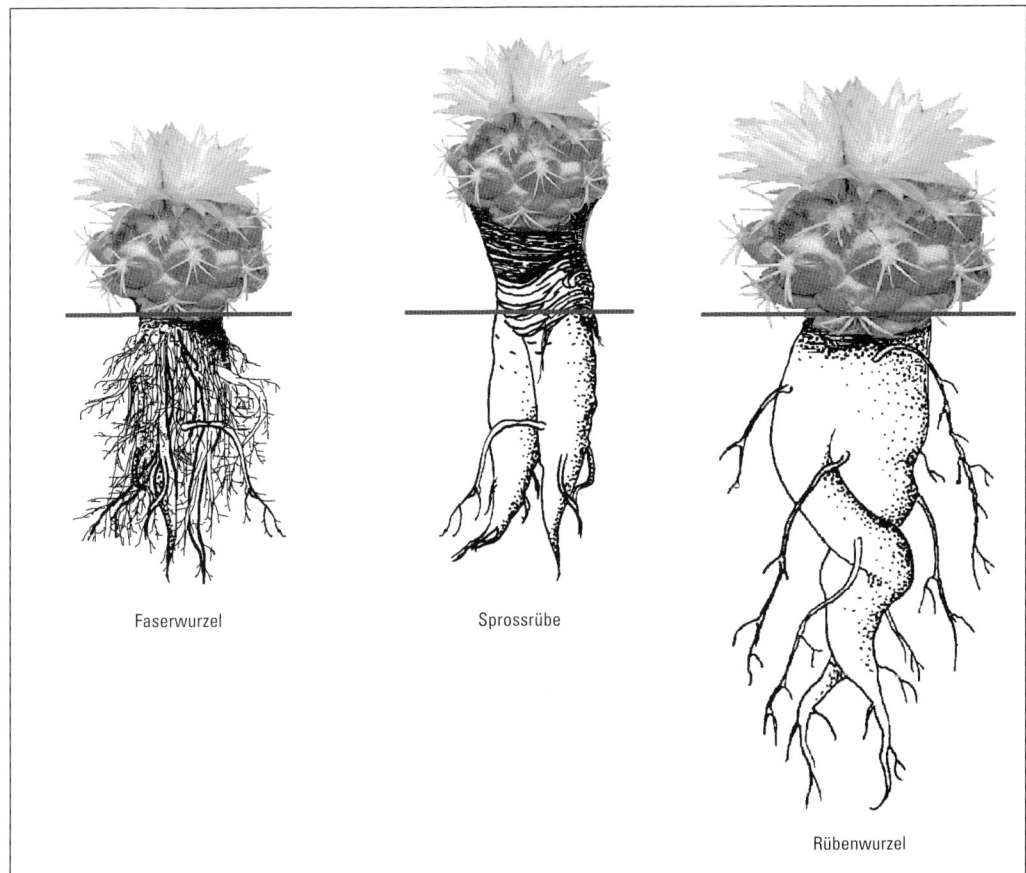

Faserwurzel   Sprossrübe   Rübenwurzel

← Abbildung 5

Morphologie der Coryphanthen

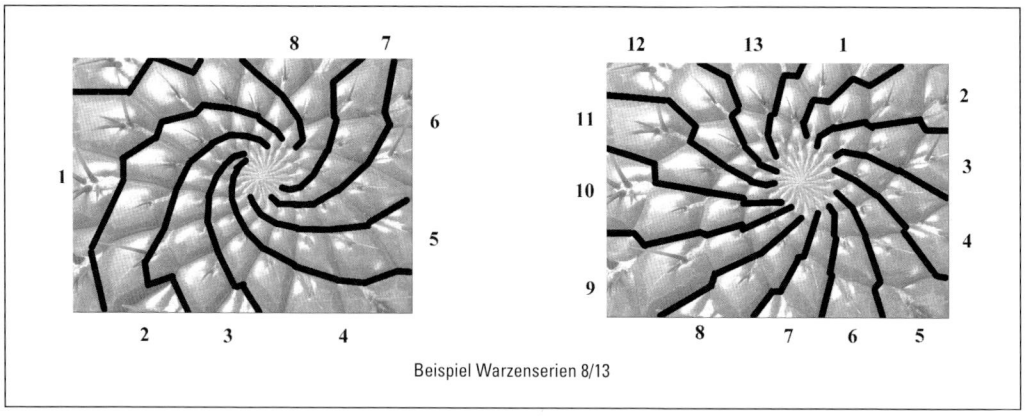

Beispiel Warzenserien 8/13

◆ Abbildung 6

Warzend vorstehend, Beispiel: *C. cornifera*

◆ Abbildung 7

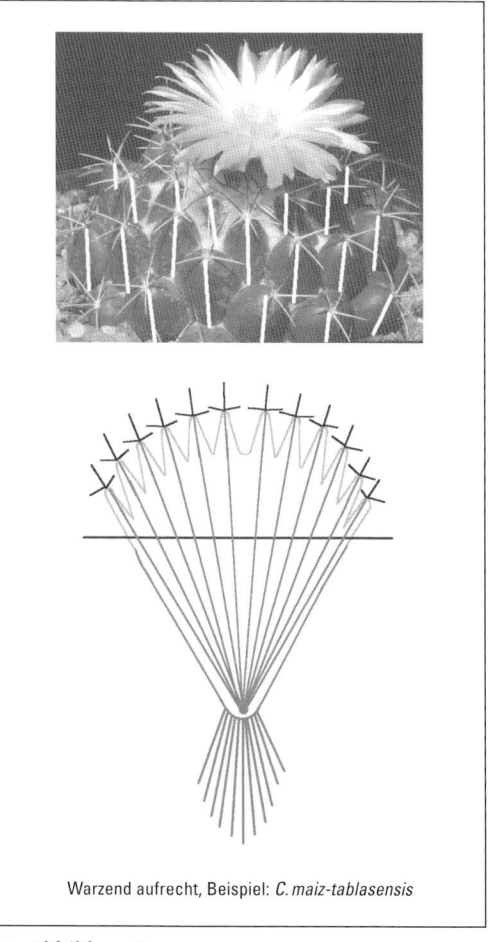

Warzend aufrecht, Beispiel: *C. maiz-tablasensis*

◆ Abbildung 8

Tafel 1: Stadien bis zur voll entwickelten Bedornung
1 bis 4: *C. difficilis*; 5 bis 8: *C. salinensis*

Tafel 2: Drüsen und Früchte
1: Axillendrüsen bei *C. glassii*. **2**: Drüsen in den Furchen bei *C. robustispina* (Foto E. Tiefenbacher)
3, 4: Areolennahe Drüsen bei *C. erecta* und bei *C. wohlschlageri*. **5, 6**: Früchte von *C. nickelsiae* und von *C. salinensis*.

Tafel 3: Die große Variabilität der Bedornung
1 bis **5**: *C. conifera* am selben Fundort bei Peña Miller QRO

Tafel 4:

Sämlinge mit kreidigweissen Dörnchen der Untergattung *Neocoryphantha*
1: *C. vaupeliana*. **2**: *C. clavata*. **3**: *C. ottonis*

Sämlinge mit nadeligen Dörnchen der Untergattung *Coryphantha*
4: *C. elephantidens* subsp. *elephantidens*
5, links: *C. pycnacantha*. **5**, rechts: *C. retusa*
6: *C. difficilis*. **7**: *C. delicata*. **8**: *C. hintoniorum*

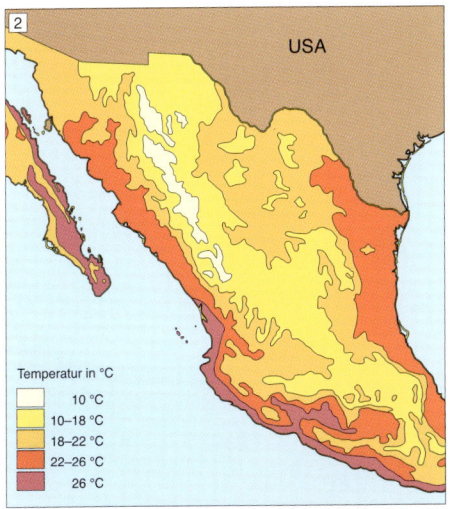
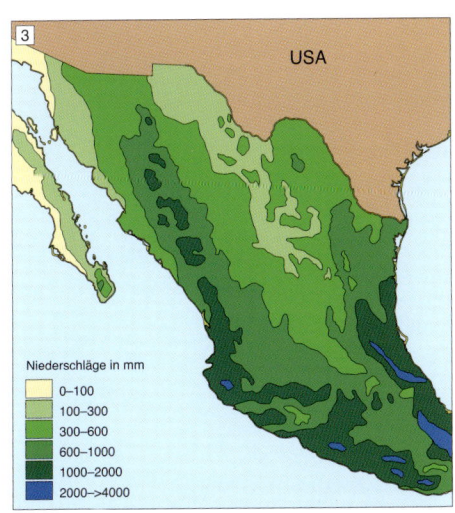

Tafel 5: Verbreitungs- und Klimakarten

Abkürzungen zu den Verbreitungskarten

AGU = Aguascalientes
CHI = Chihuahua
COAH = Coahuila
DGO = Durango
GRO = Guerrero
GTO = Guanajuato
HGO = Hidalgo
JAL = Jalisco
MEX = Estado de México
MICH = Michoacán
MOR = Morelos
NL = Nuevo León
OAX = Oaxaca
PUE = Puebla
QRO = Querétaro
SLP = San Luis Potosi
SON = Sonora
TAM = Tamaulipas
TLA = Tlaxcala
VER = Veracruz
ZAC = Zacatecas

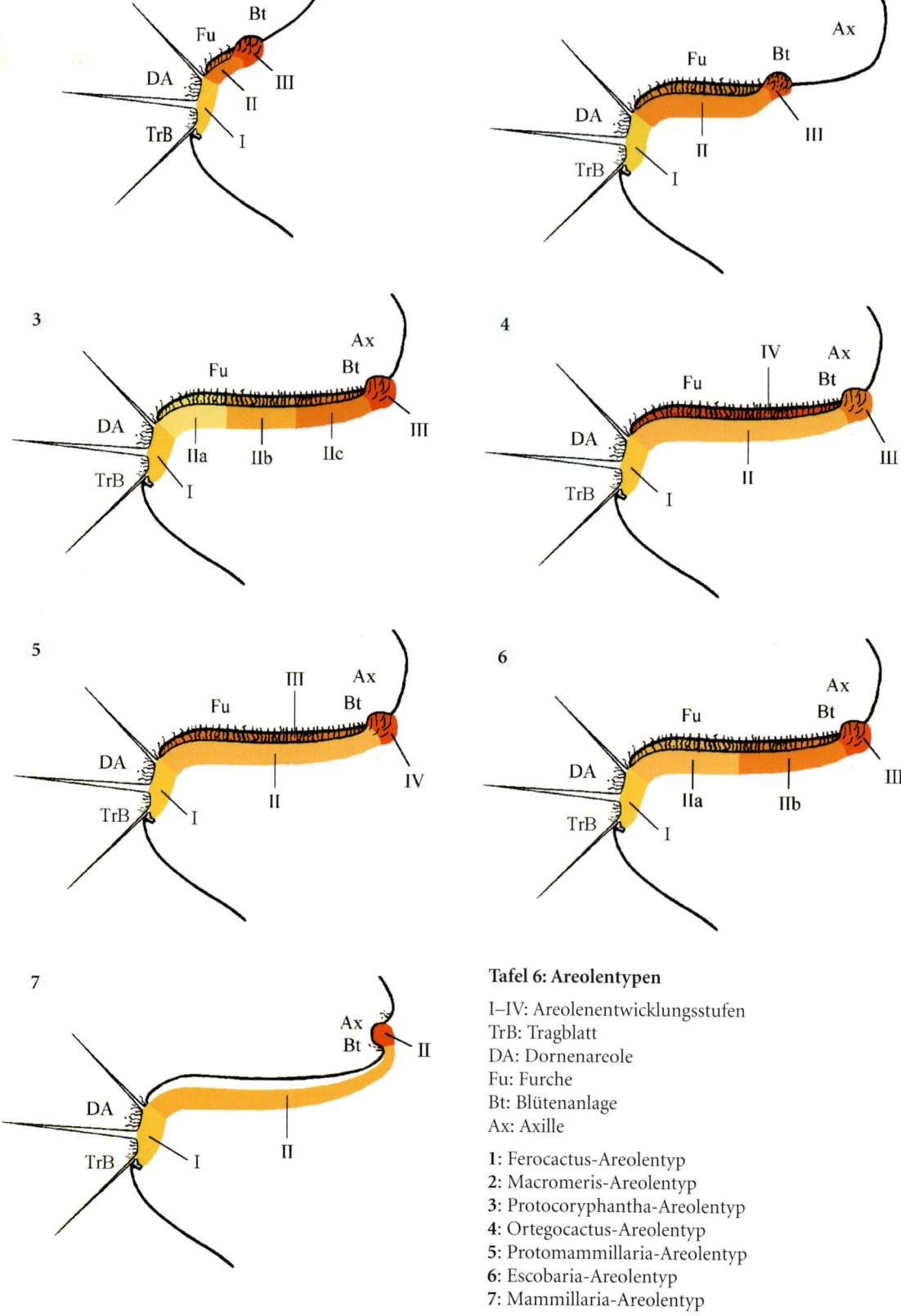

Tafel 6: Areolentypen

I–IV: Areolenentwicklungsstufen
TrB: Tragblatt
DA: Dornenareole
Fu: Furche
Bt: Blütenanlage
Ax: Axille

1: Ferocactus-Areolentyp
2: Macromeris-Areolentyp
3: Protocoryphantha-Areolentyp
4: Ortegocactus-Areolentyp
5: Protomammillaria-Areolentyp
6: Escobaria-Areolentyp
7: Mammillaria-Areolentyp

Tafel 7: Ausgewählte Beispiele von Areolentypen
1: Macromeris-Typ: *C. macromeris subsp. macromeris*
2: Protocoryphantha-Typ: *C. robustispina subsp. robustispina* (Foto L. Moore)
3: Protomammillaria-Typ: *C. vaupeliana*
4: Ortegocactus-Typ: *C. georgii*
5: Escobaria-Typ: *C. elephantidens subsp. elephantidens*

Tafel 8: Ein Sommer mit Coryphanthen
1 bis 3 Blühende Coryphanthen in Kultur

Uhrzeiger- und Gegenuhrzeigersinn ausgezählt. Die so gezählten Serienzahlen entsprechen stets der so genannten Fibonacci-Folge (1, 2, 3, 5, 8, 13, 21, 34, usw.). Coryphanthen haben Warzenserien im Verhältnis von 5/8, 8/13 und 13/21 im Uhrzeiger-/Gegenuhrzeigersinn, siehe Seite 16, Abb. 6.

Ausrichtung der Warzenachse

Die Warzenachsen der Coryphanthen sind immer auf das Zentrum und die Basis des Sprosses ausgerichtet. Beschrieben wird diese Warzenstellung mit dem Wort „vorstehend". Diese strikte Ausrichtung, siehe Seite 16, Abb. 7, weist aber drei erkennbare Variationen auf.

- Befindet sich ein Teil des Sprosses unter der Erde so erscheinen die Warzen mehr aufrecht, die Warzenstellung ist somit „aufrecht" (Abb. 8).
- Bei gewissen Arten ist nur die Basis der Warze zentral ausgerichtet, der obere Teil ist angelegt und seine Achse tangential zum Pflanzenkörper ausgerichtet. Die Warzenstellung ist demgemäss „angelegt" (Abb. 9).
- Bei keuligen und säuligen Pflanzen streckt sich dieser basale Punkt mit dem Wachstum der Pflanze und wird quasi zur Linie (Abb. 10).

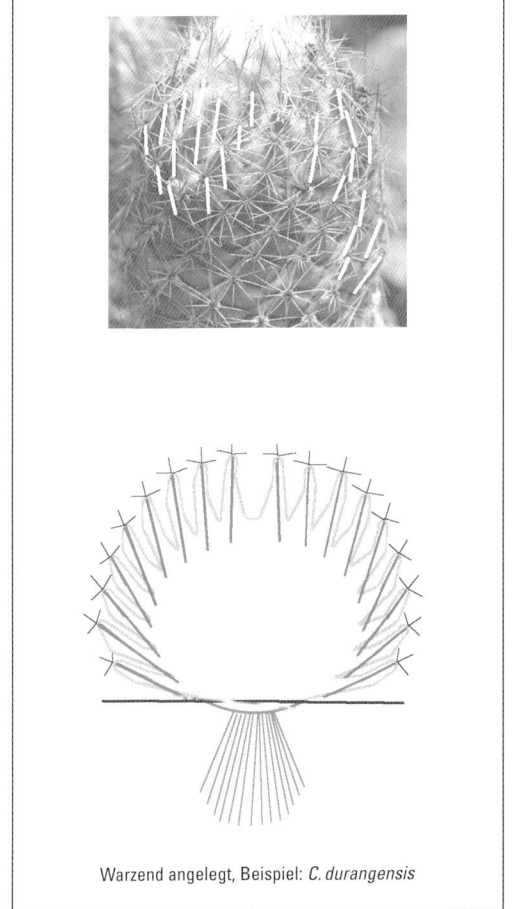

Warzend angelegt, Beispiel: *C. durangensis*

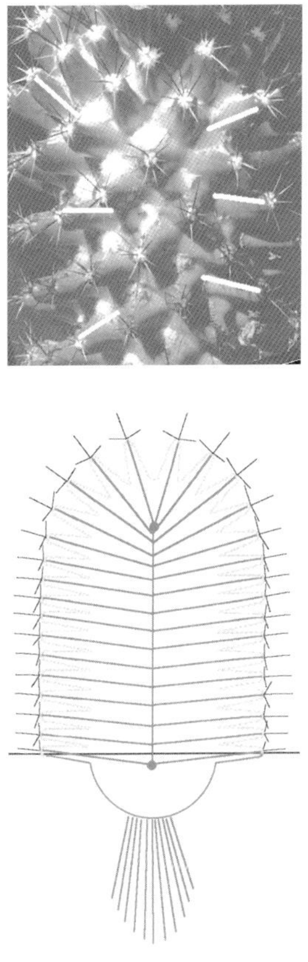

Warzen bei Käulen- und Säulenformen, Beispiel: *C. octacantha*

◆ Abbildung 9

◆ Abbildung 10

Form

Die Form der Warzen bei Coryphanthen ist immer typisch und konstant für eine bestimmte Art und ist eines der besten Bestimmungsmerkmale. Die meisten Warzen basieren auf der Form eines Konus, sie sind oberseits meist abgeflacht, abgerundet oder mehr kantig, unterseits mehr oder wenig bauchig, manchmal gekielt, an der Basis mehr oder weniger verbreitert. Charakteristisch ist ferner die Form des Ansatzes der Warze am Pflanzenkörper. Jugendliche Warzen im Neutrieb sind in der Regel mehr kreisrund, mit dem Alter jedoch, je weiter unten am Pflanzenkörper sie sich befinden, werden sie immer mehr abgeflacht und breiter. Die von uns beschriebenen Formen und Masse beziehen sich immer auf Warzen mittleren Alters.

Masse

Für die Beschreibung der Grösse der Warzen gebrauchen wir vier verschiedene Masse. Wo sie an der Pflanze zu nehmen sind, wird auf Seite 18, Abb. 11, 12 gezeigt.

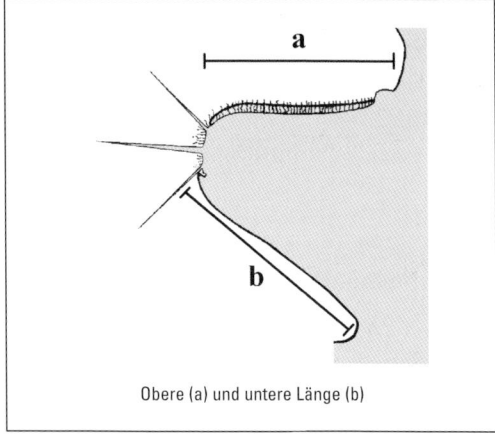

Abbildung 11

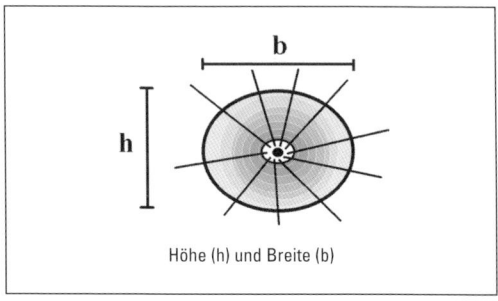

Abbildung 12

4.3 Areolen

Wie in Kapitel 6 beschrieben wird, besteht die Areole morphologisch eigentlich aus drei verschiedenen Teilen, nämlich aus dem Dornen tragenden Teil (das heisst der Areole im eigentlichen Sinn), der Furche und der Axille. In der Kakteenliteratur wird unter Areole jedoch zumeist nur der Dornen tragende Teil verstanden und für die gesamte dreiteilige Areole müsste eigentlich ein anderer Begriff, zum Beispiel Podarium („Blattpolster") verwendet werden. Aus Gründen der Vereinfachung und der Kontinuität mit bisherigen Publikationen beschreiben wir die drei Teile der Areole beziehungsweise des Podariums getrennt als Areole (= Dornen tragender Teil), Furche und Axille. Um den Sachverhalt immer wieder ins Bewusstsein zu rücken, wird im Text auch des öfteren der Ausdruck „Dornen tragende Areole" verwendet.

Dornen tragende Areole

Der Areole entspriessen die Dornen, sie ist aber bei Coryphanthen immer steril und nie Blüten tragend. Die Areole befindet sich in der Nähe oder auf der Warzenspitze. In der Regel sind die Areolen in der Jugend mit weissem Wollfilz bedeckt, der mit fortschreitendem Alter verschwindet. Die Areole wird durch die verdickten Basen der Randdornen mehr oder weniger pektinat begrenzt. Die Massangaben beziehen sich auf den Durchmesser, beziehungsweise Länge und Breite innerhalb dieser Begrenzung. Die möglichen Formen der Areolen sind kreisrund oder oval. Bei gewissen Arten kann sich die Form der Areole bei ein und derselben Pflanze verändern, je nach dem, ob ein Mitteldorn ausgebildet wird. Ohne Mitteldorn ist sie oval, mit Mitteldorn kreisrund.

Furche

Die Furche zwischen Areole und Axille auf der Oberseite der Warze ist ein für die Gattung typisches Merkmal. Der Zeitpunkt und die Art der Furchenbildung ist charakteristisch für gewisse Gruppen von Coryphanthen (siehe Kapitel 6). Junge Furchen bilden oft weissen Wollfilz aus, der mit dem Alter auch wieder verschwinden kann. Eine weitere Funktion der Furche ist die Bildung von Seitensprossen oder Stolonen. Coryphanthen sprossen meist aus alten, bodennahen Warzen und zwar aus der Furche unmittelbar hinter der dornentagenden Areole, und nie aus der Axille. Warzen, die bereits im Boden eingewachsen sind, bilden bei gewissen Arten auch Stolonen, so dass die Seitensprossableger in gewissem Abstand zu der Mutterpflanze wachsen (zum Beispiel *C. glassii*, *C. tripugionacantha* etc.).

Nektardrüsen

Bei einer Gruppe von Coryphanthen (Untergattung *Neocoryphantha*) werden obligatorisch extraflorale Nektardrüsen ausgebildet. Diese befinden sich in der Furche oder der Axille. Die Nektardrüsen sind kreisrund und oft mit einem schmalen Rand von Wollfilz umgeben. In der Farbe können sie von Rot über Orange bis zu Gelb variieren. Sie scheiden in der Vegetationsperiode einen durchsichtigen, zuckerhaltigen Nektar ab. Eine zweite Gruppe der Coryphanthen (Untergattung *Coryphantha*) kann fakultativ Nektardrüsen ausbilden. Diese befinden sich unmittelbar hinter der Dornen tragenden Areole in der Furche und erscheinen nur um die Blütezeit der Pflanze, ansonsten sind sie nicht sichtbar, siehe Farbtafel 2, Abb. 1–4.

Axille

Die Axille ist der Blüten tragende Teil der Areole im botanischen Sinn und liegt geschützt am inneren (adaxialen) Ende der Furche am Pflanzenkörper. Die Blüten werden aus den ganz jungen Axillen im Scheitel der Pflanze gebildet. Später sind die Axillen steril und können höchstens noch Nektardrüsen ausbilden. Junge Axillen bilden einen weissen Wollfilz aus, der mit dem Alter auch wieder verschwinden kann.

4.4 Dornen

Die Areolen von Coryphanthen können insgesamt vier Serien von Dornen ausbilden, siehe Seite 19, Abb. 13. Diese sind vom Zentrum nach aussen:
- Mitteldorn(en) (1)
- Subzentrale Dornen (2)
- Erste Reihe Randdornen (3)
- Zweite Reihe Randdornen (4)

Form

Die Dornen der Coryphanthen sind in der Regel drehrund oder leicht abgeflacht. An der Basis sind die meisten etwas verdickt. Die Kräftigkeit oder Dicke der Dornen sowie die unter-

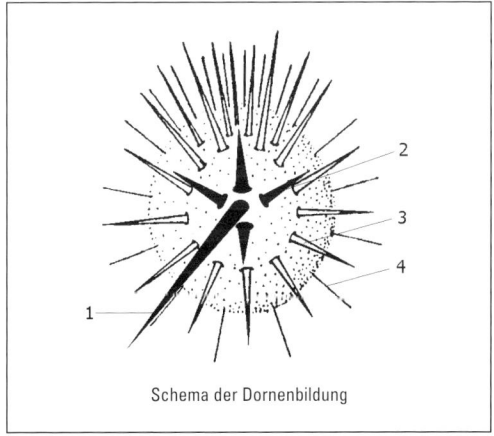

Schema der Dornenbildung

◆ Abbildung 13

schiedlichen Formen der Dornen werden auf Seite 20, Abb. 14, 15 gezeigt.

Färbung

Im Neutrieb sind die Dornen der Coryphanthen kräftig gefärbt. Die Mitteldornen sind meist dunkler als die Randdornen. Sie sind an der Basis rotbraun und werden aber von der Spitze her schnell dunkel bis fast schwarz. Der Prozess kehrt sich dann um und die Dornen vergrauen von der Basis her entweder ganz oder nur bis vor die Spitze. Dieses Vergrauen ist artspezifisch, das heisst bei gewissen Arten läuft dieser Prozess sehr schnell ab, bei andern fast gar nicht. Die Randdornen sind erst meist hornfarben oder durchscheinend weiss. Häufig sind nur die oberen dunkel gespitzt, seltener alle. Auch die Randdornen vergrauen von der Basis her ganz oder bis an die Spitze.

Mitteldornen

Coryphanthen können einen dominanten Mitteldorn (Zentraldorn) und bis zu sechs subzentrale Dornen ausbilden, die wir der Tradition folgend ebenfalls als Mitteldornen bezeichnen. Die übrigen Mitteldornen befinden sich in der oberen Areolenhälfte. Allen Mitteldornen gemeinsam ist der zentrale An-

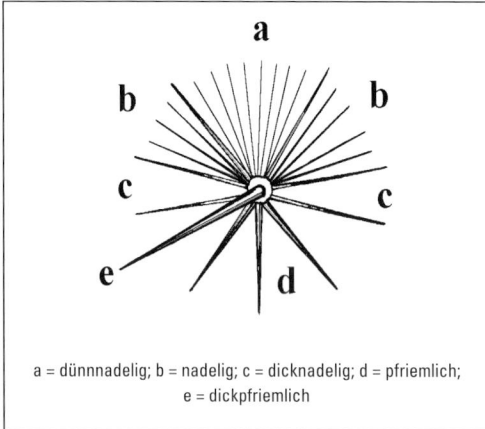

Abbildung 14

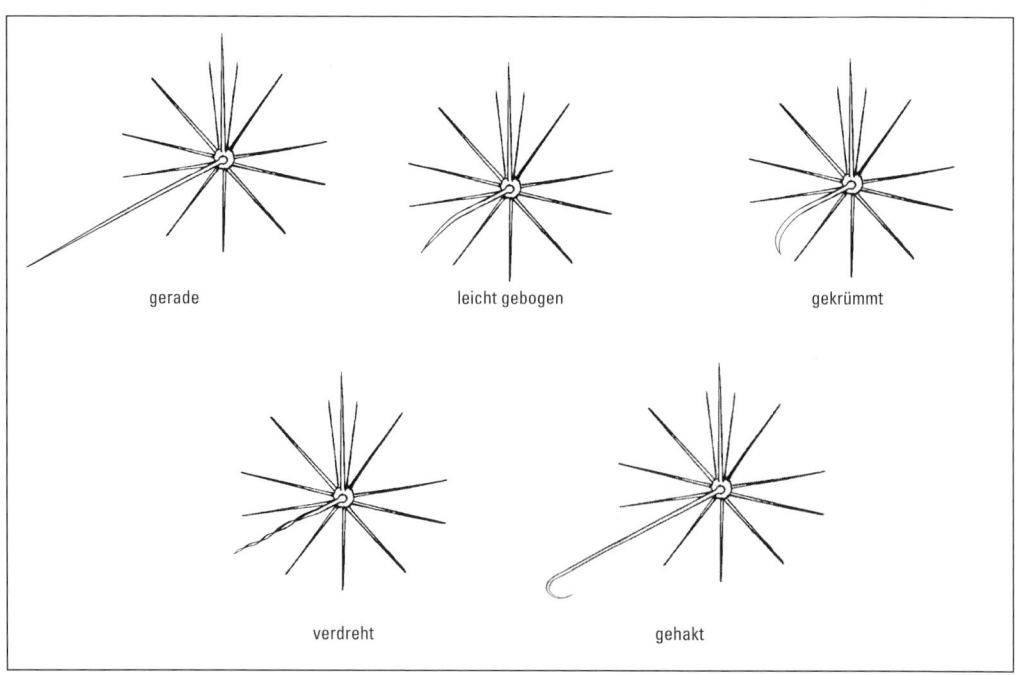

Abbildung 15

Blüten

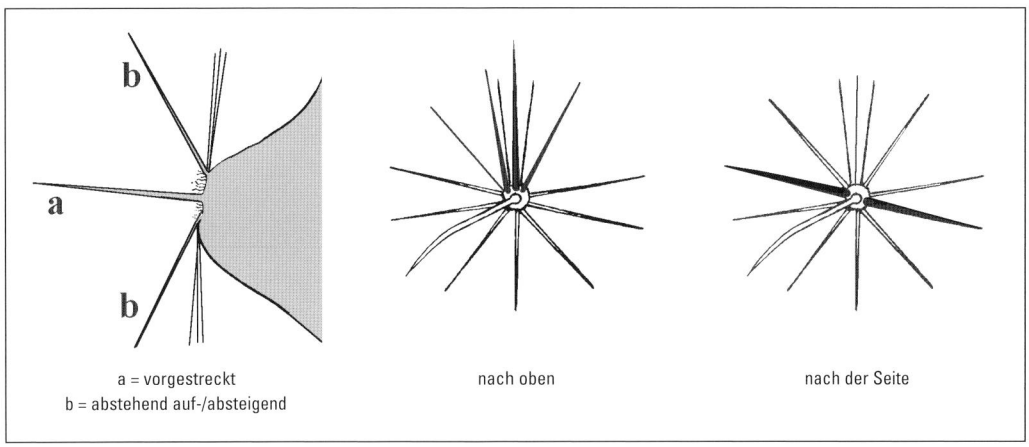

a = vorgestreckt
b = abstehend auf-/absteigend
nach oben
nach der Seite

◆ Abbildung 16

satzpunkt im Areolenzentrum. Beschrieben wird die Anzahl, die Ausrichtung und Stellung der Mitteldornen auf Seite 21, Abb. 16.

Randdornen

Die Pflanzen bilden häufig eine Reihe Randdornen vollständig und die zweite nur im obersten Bereich der Areole aus. Häufig sind die oberen Randdornen auch etwas dichter gestellt. So entsteht der Eindruck der im oberen Areolenteil gebüschelten Randdornen. Die oberen Randdornen können zudem auch anders gefärbt, dünner und länger sein als die seitlichen und unteren. Beschrieben wird die Anzahl, die Ausrichtung und Stellung der Randdornen auf Seite 22, Abb. 17.

4.5 Blüten

Die Blüten der Coryphanthen sind unabhängig von Grösse oder Farbe alle mehr oder weniger gleich gebaut. Unterschiedlich kann der Winkel der Blütenblätter bei maximaler Öffnung der Blüte sein. Für die Beschreibung wird der Begriff „trichterförmig" verwendet.

Die Grösse der Blüte kann bestenfalls als Kategorie verstanden werden. Die Blütengrösse kann variieren je nach individuellem Alter der Blüte, nach Alter der Pflanze oder nach Wachstumsbedingungen wie Wärme, Licht, Ernährung oder Feuchtigkeit. So kann die Grösse auf ein und der selben Pflanze von Blüte zu Blüte variieren.

Unsere Massangaben beziehen sich auf die Merkmale, die auf Seite 22, Abb. 18 dargestellt werden.

Auch die Färbung der Blüten ist variabel. Dies betrifft einerseits die Intensität der Einfärbung der ganzen Blüte, von blass bis satt, oder auch einzelne Merkmale wie zum Beispiel ein Rotton im Schlund, der von fast unmerklich bis kräftig rot variieren kann. Bei gewissen Arten kann die Blütenfarbe mit dem Alter der Blüte ändern, so dass eine gelbe Blüte im Verblühen weisslich bis blass rosa ist. Bei einzelnen Arten können verschiedene Individuen Blüten in verschiedenen Tönen von Gelb nach Weiss und nach Magenta bilden.

Blütenblätter

Unterschieden wird zwischen inneren und äusseren Blütenblättern. Die Anzahl der Blütenblätter wird nicht angegeben. Beschrieben werden die Merkmale, die auf Seite 23, den Abb. 19, 20 und 21 gezeigt werden.

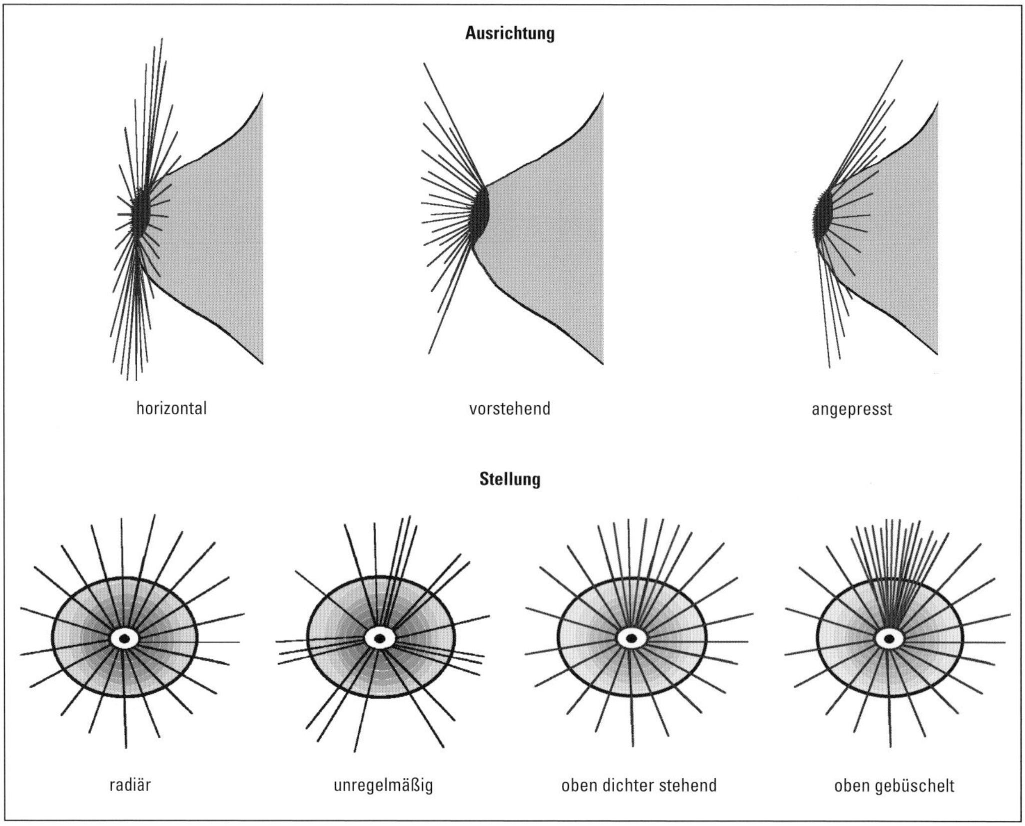

Morphologie der Coryphanthen

Ausrichtung

horizontal — vorstehend — angepresst

Stellung

radiär — unregelmäßig — oben dichter stehend — oben gebüschelt

Abbildung 17

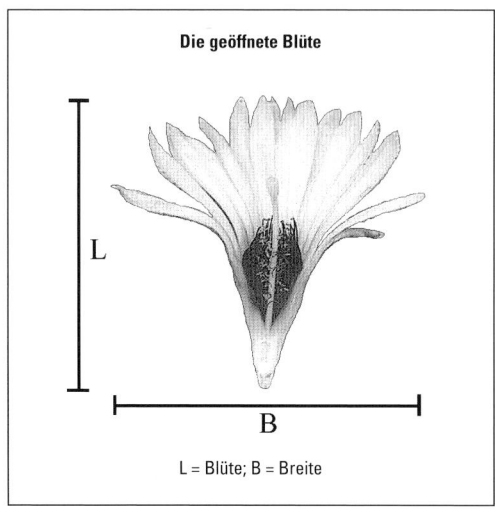

Die geöffnete Blüte

L = Blüte; B = Breite

Abbildung 18

Für die Farbe ist bei den äusseren Blütenblättern die Färbung auf der Blütenaussenseite gemeint, bei den inneren diejenige auf der Blüteninnenseite. Häufig sind Blütenblätter nicht einfarbig, sondern haben neben der Grundfarbe noch einen andersfarbigen Mittelstreifen. Auf den äusseren Blütenblättern ist der Mittelstreifen in der Regel in den Tönen Grün-Rot-Braun gehalten. Innere Blütenblätter können zudem an der Basis, also im Blütenschlund, eine abweichende Farbe aufweisen.

Übrige Blütenorgane

Die übrigen beschriebenen Blütenorgane sind Staubfäden, Staubbeutel, Griffel und Narbenblätter. Beschrieben wird in der Regel nur die

Färbung, jedoch nicht Masse oder Anzahl, siehe Seite 23, Abb. 22.

4.6 Früchte

Die Früchte der Coryphanthen sind grüne, saftige und glatte Beeren, die nur sehr langsam austrocknen. Ihnen haftet der ausgetrocknete Blütenrest an, siehe Farbtafel 2, Abb. 5, 6. Die Samen sind zahlreich und im durchsichtigen grünlichen, zuckerhaltigen und klebrigen Fruchtfleisch eingebettet. Die Früchte sind in der Axille an einem kleinen Punkt befestigt und lassen sich deshalb sehr leicht entfernen. Manche Früchte bleiben im Wachstum stehen und erscheinen erst im folgenden Frühjahr über den Dornen. Die Früchte sind meist grün gefärbt, gelegentlich mit einem Hauch Rot. An der Basis sind sie heller bis fast weiss. Die Form der Früchte ist mehr oder weniger länglich und drehrund. Wir verwenden die Massangaben Länge und Durchmesser.

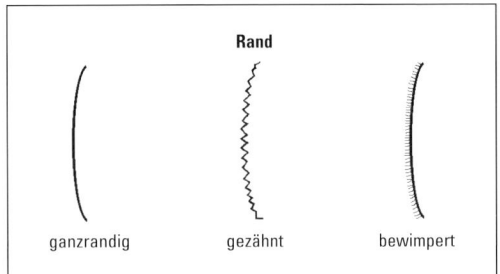

→ Abbildung 20

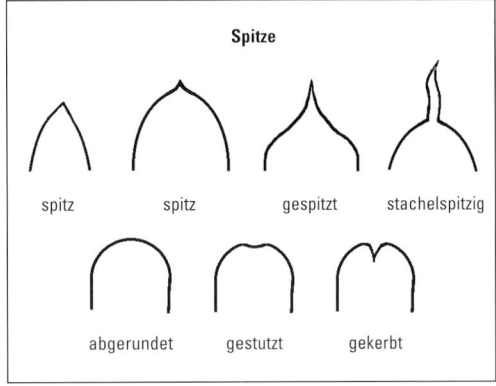

→ Abbildung 21

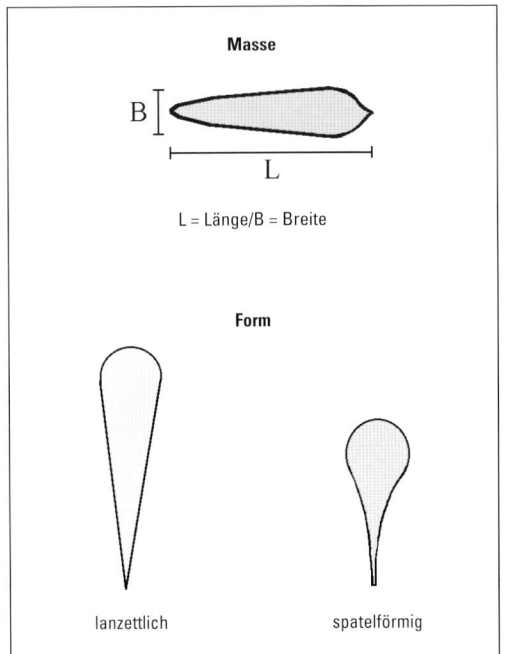

→ Abbildung 19

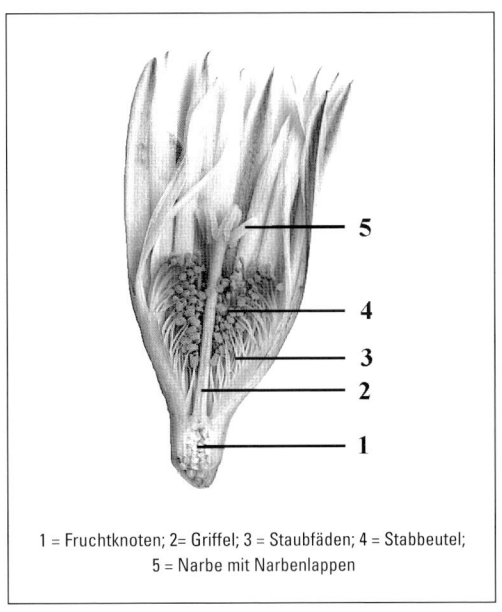

1 = Fruchtknoten; 2 = Griffel; 3 = Staubfäden; 4 = Stabbeutel; 5 = Narbe mit Narbenlappen

→ Abbildung 22

4.7 Samen

Die Samen der Coryphanthen sind ziemlich uniform nierenförmig (einzige Ausnahme: *C. gracilis* mit kugelig-mützenförmigen Samen). Sie sind manchmal etwas länglicher oder runder und variieren in der Grösse. Die verwendeten Massangaben sind die maximale Länge und Breite. Auf der Schmalseite befindet sich in einer flachen rundlichen Einbuchtung das Hilum und anschliessend, leicht abgesetzt, die Mikropyle. Das Hilum ist schmal und länglich oval. Es ist leicht eingesenkt und kaum bis ganz leicht von einer wulstartigen Erhöhung umgeben, welche auch die Mikropyle einschliesst. Der Bereich mit Hilum und Mikropyle macht eine viertel bis höchstens die halbe Länge des Samens aus. Die Sameneigenschaften werden auf Seite 24, den Abb. 23, 24 illustriert.

Wesentlich anders ist der Samen von *C. gracilis*. Er ist rundlich mit einem ausgeprägten Wulst um Hilum und Mikropyle, was ihm ein helmförmiges Aussehen verleiht. Das Hilum ist auch runder als das der übrigen Coryphanthen. Illustriert wird der Sachverhalt auf Seite 25, Abb. 25.

Die Farbe der Samen ist braun und variiert von heller bis dunkler, manchmal auch gegen rötlich. Die Farbe ist aber auch abhängig vom Reifestadium der Samen. Die Oberfläche der Samen ist glänzend und glatt. Die Ränder der äusseren Testazellen sind jedoch verdickt und aufgewölbt, so dass sich eine Netzstruktur über die Samen spannt. Diese Form nennt man netzgrubige Testa, welche alle Coryphanthen obligatorisch aufweisen. Die Ausprägung dieser Netzlinien variiert von ganz fein *(C. pseudoechinus)* bis zu recht breit und hoch wie bei *C. recurvata*. Auch die Form der Testazellen ist verschieden von fast regelmässig sechseckig *(C. pseudoechinus)* bis zu sehr langgezogen wie bei *C. tripugionacantha*. Allerdings sind die Form der Testazellen und die Ausbildung der Netzlinien nicht auf der ganzen Samenoberfläche identisch. Im Bereich des Hilums sind sie wesentlich kleiner und dichter gedrängt als auf der übrigen Oberfläche.

Die Oberfläche der Testazellen ist bei einigen Arten körnig (granulär) facettiert, bei andern jedoch völlig glatt. Siehe Abb. 26–29 auf den Seiten 25, 26.

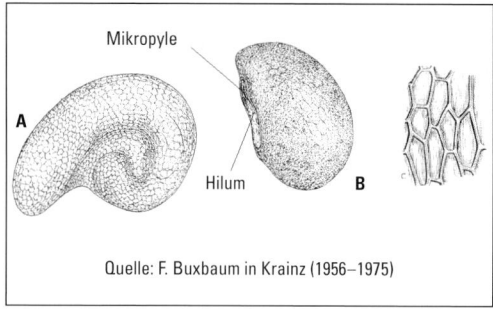

Abbildung 23

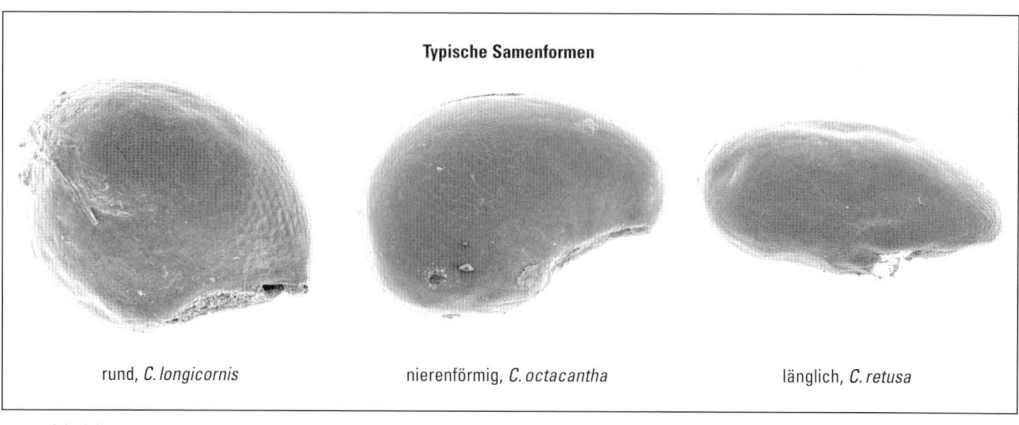

Abbildung 24

Samen

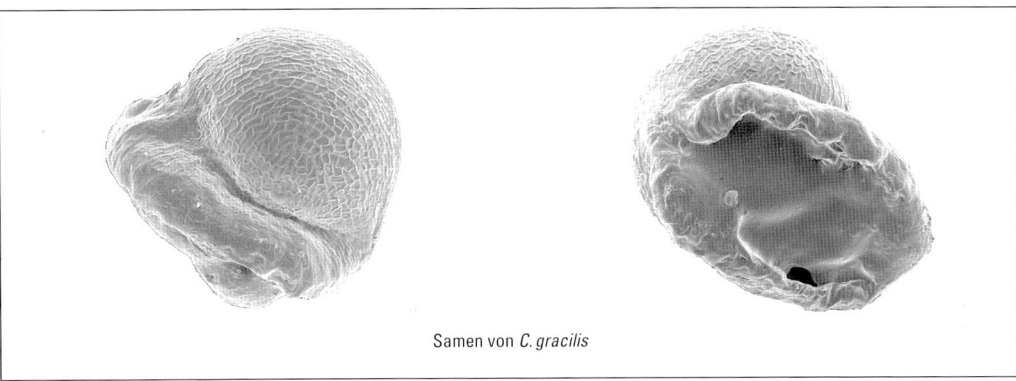

Samen von *C. gracilis*

Abbildung 25

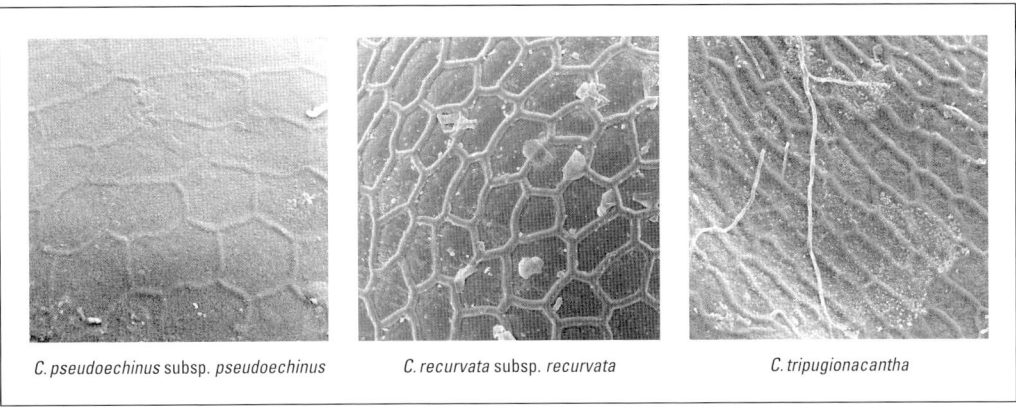

C. pseudoechinus subsp. *pseudoechinus*   *C. recurvata* subsp. *recurvata*   *C. tripugionacantha*

Abbildung 26

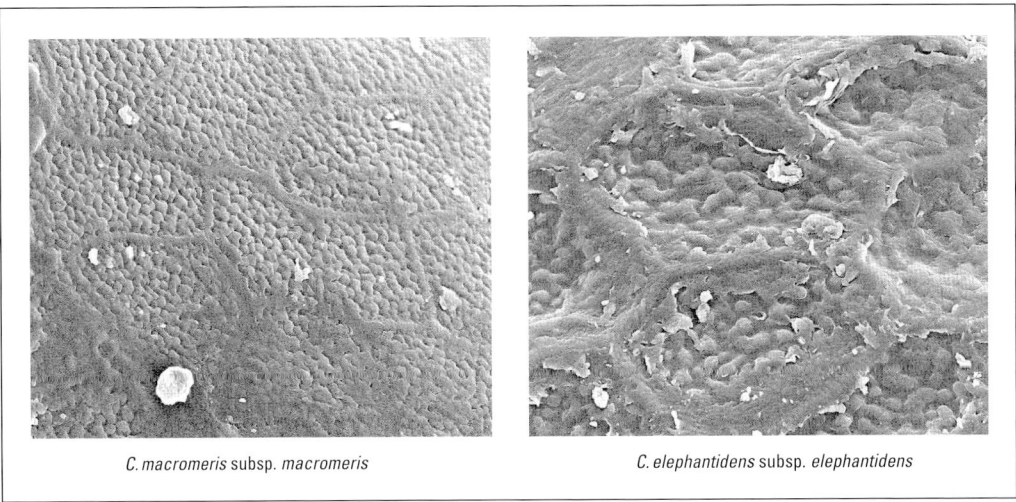

C. macromeris subsp. *macromeris*   *C. elephantidens* subsp. *elephantidens*

Abbildung 27

Morphologie der Coryphanthen

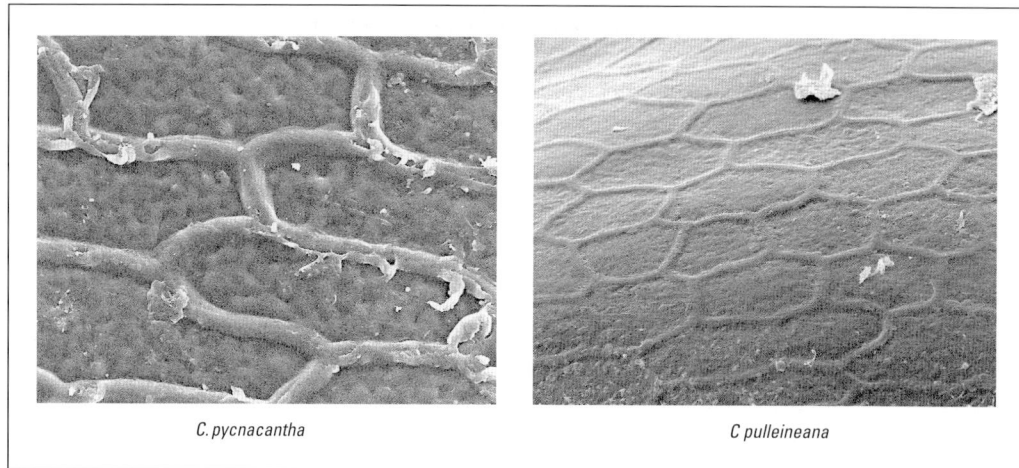

C. pycnacantha   C. pulleineana

Abbildung 28

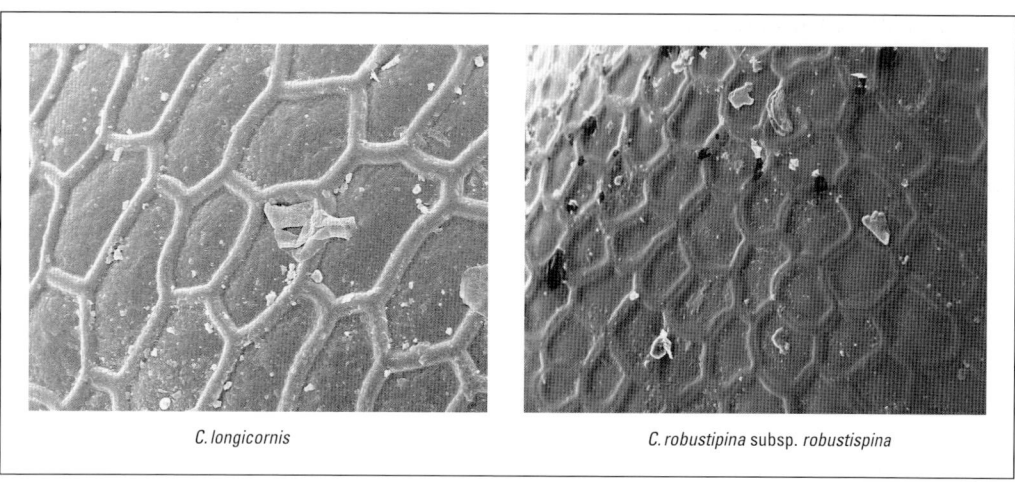

C. longicornis   C. robustipina subsp. robustispina

Abbildung 29

5 Die Geschichte der Gattung *Coryphantha*

5.1 Einführung

Die systematische und taxonomische Geschichte der Gattung *Coryphantha* ist, wie die vieler anderer Kakteengattungen auch, geprägt durch eine Unzahl von Mehrfachbeschreibungen, verwirrenden nomenklatorischen Änderungen und vielen Irrtümern.

Erste Unklarheiten wurden bereits durch die unvollständigen und unpräzisen Beschreibungen der frühen Botaniker und interessierten Laien verursacht. Viele ihrer Erstbeschreibungen erfolgten in wenig verbreiteten Zeitschriften, so dass spätere Botaniker, in Unkenntnis früherer Publikationen, bereits beschriebene Arten unter neuen Namen wiederbeschrieben.

Erschwerend kommt bei der Gattung *Coryphantha*, wie bereits früher erwähnt, die Veränderung von Merkmalen während der Altersentwicklung (Ontogenese) vieler Arten hinzu, welche ein mehrjähriges Jugendstadium mit einem vom Altersstadium ausserordentlich differierenden Habitus durchmachen, wobei die Blühreife jedoch bereits im Jugendstadium vorhanden sein kann. Dieser Umstand führte oft zur Beschreibung von Jungpflanzen als eigene Arten.

Ein weiterer Punkt, der zu taxonomischen Problemen führt, ist der hohe Entwicklungsstand der *Coryphanthae* sensu stricto, das *Coryphantha* Stadium (Buxbaum 1956), in dem gewisse Merkmale einen so hohen Grad der Vereinfachung erreichen, dass keine eindeutigen Unterschiede mehr erkannt werden können. Dies trifft bei Coryphanthen vor allem auf die Blüten zu. Dieser Umstand erschwert vor allem angesichts der grossen Variabilität eine klare Differenzierung einzelner Arten erheblich.

Trotz aller Wirrnisse bleibt natürlich die heutige Nomenklatur abhängig von der korrekten Interpretation der taxonomischen Geschichte.

5.2 Chronologie

Die ersten Coryphanthen erreichten in den 20er-Jahren des 19. Jahrhunderts den europäischen Kontinent. Einige der zentralmexikanischen Arten der Gattung *Coryphantha* wurden damals in den Minengebieten des Valle de México durch Thomas Coulter (1793–1843) gesammelt und an Augustin Pyramus De Candolle (1778–1841), einen der bekanntesten Botaniker seiner Zeit, nach Genf gesandt. Coulter arbeitete bis 1825 im Minengebiet von Real del Monte (heute Mineral del Monte) und ab 1827 in Zimapán. Die Pflanzen für De Candolle wurden am oder vor dem 1. Mai 1828 von Veracruz aus verschifft. Als Typstandort dieser Pflanzen wird meist „Mexico" angegeben, manchmal auch „Real del Monte" oder „Zimapan".

Als De Candolle die Pflanzen erhielt, war sein wichtiges Werk *Prodromus* schon publiziert und so beschrieb er sie, unter dem Gattungsnamen *Mammillaria*, in einer weniger bekannten Schrift (De Candolle 1828). Leider wusste De Candolle noch zu wenig, welche diagnostischen Kriterien zur Abgrenzung der Arten innerhalb der *Cactaceae* von Bedeutung waren und seine Beschreibungen blieben oft so kurz, dass daraus kaum Schlüsse gezogen werden können, welche Arten Coulter ihm nun tatsächlich geschickt hatte. Auch ihm unterlief der Fehler, mehrere Jungpflanzen als eigene Arten zu beschreiben. Leider wurde keine der beschriebenen Coryphanthen illustriert und kein Herbarmaterial von ihnen angelegt.

So bleiben De Candolles Beschreibungen zweifelhaft, auch wenn sich darunter so bekannte Arten wie *octacantha*, *radians* und *cornifera* befinden und diese Namen über ein Jahrhundert lang Anwendung fanden. Immerhin mussten einige Beschreibungen von De Candolle wegen der ungenügenden Dokumentation oder berechtigter Zweifel als *Nomina dubia* verworfen werfen (HUNT 1981).

Auf De Candolles wackliger, aber dem damaligen Wissensstand entsprechender Basis waren Probleme der künftigen Coryphanthen-Nomenklatur förmlich vorprogrammiert.

Die ersten Coryphanthen wurden allesamt der Gattung *Mammillaria* (beziehungsweise „Mamillaria") zugeordnet, die vom englischen Sukkulentenkenner Adrian Hardy Haworth (1772–1833) aufgestellt worden war, der damit die mit Warzen besetzten Kakteen von den anderen kugelförmigen, unter der Gattung *Cactus* zusammengefassten, abgetrennt hatte. Im Jahre 1827 stellten Heinrich Friedrich LINK (1767–1851) und Friedrich Christian OTTO (1783–1856) die Gattung *Echinocactus* auf, zur Abtrennung von der ähnlichen Gattung *Melocactus*. Ein charakteristisches Unterscheidungsmerkmal gegenüber der Gattung *Mammillaria* wurde dabei jedoch nicht hervorgehoben, so dass einzelne Coryphanthen dann auch als *Echinocactus* beschrieben wurden.

Bis 1848 wurden sämtliche Veröffentlichungen im Zusammenhang mit der Gattung *Coryphantha* in Europa publiziert, insbesondere durch Charles Lemaire (1801–1871), Michael Josef Scheidweiler (1799–1861), Friedrich Scheer (1793–1869), Friedr. Chr. Otto (1783–1856), Albert Dietrich (1795–1856), Louis Pfeiffer (1805–1878), Friedrich Mühlenpfordt, J. Gerhard Zuccarini (1797–1848), Carl Friedrich Philipp von Martius (1794–1868) und Willem Henrik De Vriese (1806–1862). Die meisten dieser Beschreibungen basierten auf lebenden Pflanzen in europäischen Gewächshäusern, oft ohne Sammeldaten. Praktisch keine dieser Pflanzen wurden konserviert, so dass die wenigsten dieser Taxa effektiv typifiziert sind. Selbst in dieser Zeit wusste keiner der genannten Botaniker so genau etwas mit De Candolles Beschreibungen anzufangen; so wurden neue Namen publiziert ohne die bereits geltenden zu berücksichtigen. Die neuen Beschreibungen erfolgten zumeist in Gartenzeitschriften verschiedener Länder. Da damals der Literaturaustausch doch noch recht schwierig war, verzettelte sich das gesamte Wissen derart, dass kaum jemand die Übersicht behalten konnte.

Wichtige Hinweise über die Verbreitungsgebiete verschiedener mexikanischer Arten lieferte Carl August EHRENBERG (1801–1849), der von 1831 bis 1840 in Mineral del Monte gelebt und botanisiert hatte, viele Pflanzen nach Europa schickte und seine Erkenntnisse und Fundorte in einem 1846 in der Zeitschrift „Linnaea" erschienenen Artikel niederschrieb, der als einzige verlässliche Quelle über die Fundorte vieler vor 1840 gesammelter Pflanzen gilt.

Während bei PFEIFFER (1837a) die Coryphanthen noch mit Mammillarien vermischt in den Reihen der *Conothelae* und *Brachythelae* eingeordnet wurden, veröffentlichte LEMAIRE erstmals 1839 das Epithet *Aulacothelae* als infragenerisches Taxon, unter das er „Mammillarien, deren Warzen an der Oberseite eine Furche tragen" einordnete. Lemaire gab auch eine lateinische Diagnose.

Das Taxon *Aulacothelae* wurde vorerst als Untergattung von *Mammillaria* betrachtet (G. LAWRENCE, 1841). Zwar erwähnte Lawrence in seinem *Catalogue of the cacti in the collection of Rev. Theodore Williams, at Hendon Vicarage, Middlesex* Lemaire nicht namentlich, aber die Liste der Namen weist deutlich auf diesen hin.

Im Juli 1846 wurde die berühmte Sammlung exotischer Pflanzen des Baron de MONVILLE

(Hippolyte Boissel) versteigert und die zum Verkauf angebotenen Pflanzen in einem Katalog weitgehend nach dem System Lemaires aufgelistet. Hier trifft man *Aulacothelae* erstmals als eigene Gattung mit der Schreibweise *Aulacothele* an. Auch Monville erwähnte Lemaire nicht namentlich, doch entspricht auch seine Liste derjenigen von Lemaire.

1850 erschien in Europa das Werk des Fürsten Josef von SALM-DYCK (1773–1861), „*Cacteae in horto Dyckensi cultae anno 1849*". Er gab erstmals einen wissenschaftlichen Hauptunterschied zwischen den Gattungen *Mammillaria* und *Echinocactus* an: bei *Mammillaria*, welche er dem Tribus *Melocacteae* zuteilte, ist die Fruchtbeere anfangs eingesenkt und tritt erst nach der Reife hervor, sie ist länglich, glatt und mit dem vertrockneten Perianth gekrönt. Bei der Gattung *Echinocactus*, welche er dem Tribus *Echinocacteae* einverleibt, tritt die Beere von Anfang an hervor und wirft dann das vertrocknete Perianth ab. Da bei einigen, wegen ihres mit Warzen besetzten Körpers zu *Mammillaria* gerechneten Arten die Fruchtbeere wie bei den Echinocacteen von Anfang an hervortritt, griff der Fürst von Salm-Dyck LEMAIRES (1839) *Aulacothelae* auf und trennte sie als Untergruppe von *Mammillaria* ab, zudem fasste er einen Teil in der Untergattung *Glanduliferae* zusammen, während er den grösseren Teil als *Aulacothelae* bestehen liess. Allerdings unterlief ihm dabei der Fehler, die Typart von Lemaires *Aulacothelae*, *Mammillaria aulacothele* Lemaire, unter den *Glanduliferae* aufzulisten, wodurch dieser Name als ungültig zu betrachten ist (ICBN Art. 52. 1).

Hermann POSELGER (1818–1883) stellte 1853 die *Glanduliferae* Salm-Dyck und *Aulacothelae* Lemaire zur Gattung *Echinocactus*. Im Gegensatz zu den Mammillarien, bei denen die Blüten zwischen den Warzen aus den vorjährigen oder älteren Axillen hervortreten und meistens im Kreise um den Scheitel stehen, treten bei *Echinocacteen* die Blüten meist einzeln aus dem Scheitel der Pflanze oder wenigstens aus den jüngeren Teilen derselben hervor.

Ab 1848 folgten die Publikationen von George Engelmann (1804–1884) über die Kakteen der Vereinigten Staaten und des angrenzenden Mexikos. Bis zu diesem Zeitpunkt waren sämtliche Coryphanthen unter *Mammillaria* eingeordnet, der Gattungsname *Aulacothele* (Lemaire) Monville hatte, obwohl gültig, keine allgemeine Anerkennung gefunden und wurde nach 1846 kaum mehr erwähnt. Engelmann sah sich dem bereits geschilderten nomenklatorischen Chaos gegenüber. 1856 schlug er den Namen *Coryphantha* (*Coryphantha* [griechisch] = am Scheitel blühende Pflanze) als Untergattung von *Mammillaria* für eine Gruppe von ca. 16 Arten vor. Von diesen mussten 3 (*papyracantha*, *pottsii* und *conoidea*) wieder ausgeschlossen werden, die Verbliebenen beschränkten sich auf das Gebiet der Vereinigten Staaten beziehungsweise das Grenzgebiet zu Mexiko. Alle anderen zu jener Zeit bereits beschriebenen Coryphanthen stammten aus Mexiko und wurden von Engelmann nicht erwähnt, wahrscheinlich schrieb er aus diesem Grunde auch nicht, ob die *Glanduliferae* Salm-Dyck auch unter seine Untergattung *Coryphantha* einbezogen werden sollten. Trotzdem ist Engelmanns Publikation das Beste, was bis zu jenem Zeitpunkt über Coryphanthen geschrieben worden war. Wie damals üblich fehlt Herbarmaterial leider weitgehend.

1868 wurde die Gruppe unter dem Namen *Coryphantha* durch Charles LEMAIRE zur eigenen Gattung erhoben. Noch 1853 *(Iconographie descriptive des Cactées)* taucht in seinem Werk der Gattungsname *Aulacothelae* auf, indem er *Mammillaria sulcolanata* als Typart dieser Gattung vorschlug („Typumque sat completum praebet generis *Aulacothelis*, jam ab auctoribus propositum"). 1868 übernahm er dann die Bezeichnung *Coryphantha* von Engelmann, jedoch nicht nur als Untergattung von *Mammillaria*, sondern als eigene Gattung. Allerdings stimmten die unter *Coryphantha* subsummierten Arten der beiden Autoren nur wenig überein. Engelmanns Liste erfasste vorwiegend Arten aus den Vereinigten Staaten oder dem Grenzgebiet zu Mexiko, währenddem Lemaire weitgehend mexikanische Arten nannte.

Lemaire erwähnte insgesamt 25 Artnamen (beziehungsweise 24 Arten und eine Varietät) unter *Coryphantha*. Diese Liste hatte lange Zeit Gültigkeit: 27 Jahre später wurde in der Erstausgabe des Index Kewensis nur eine einzige zusätzliche Art genannt. Heute jedoch sind von Lemaires Coryphanthen nur noch acht in Gebrauch, alle übrigen sind Synonyme und zweifelhafte Namen (nomina dubia).

Als Lectotyp der Gattung *Coryphantha* wählte Lemaire *Coryphantha sulcolanata*, was, wie wir später sehen werden, bis 1976 Gültigkeit behielt.

Noch bevor sich „*Mammillaria*" als *nomen conservandum* allgemein durchgesetzt hatte, zog John Merle COULTER (1851–1928) 1894 alle bekannten Coryphanthen als gleichwertige Sektion mit „*Eumammillaria*" in die Gattung *Cactus* ein. Wahrscheinlich war Coulter Lemaires Werk nicht bekannt, denn in seiner Synonymen-Liste taucht keine einzige von Lemaires *Coryphantha*-Kombinationen auf.

1897–1898 kam Karl Moritz SCHUMANNS (1851–1904) „*Gesamtbeschreibung der Kakteen*" heraus, eine ausführliche Kakteenmonographie, in der 22 *Coryphantha*-Arten, jedoch wiederum als Untergattung von *Mammillaria* und aufgeteilt in die Reihen *Aulacothelae* Lemaire und *Glanduliferae* Salm-Dyck aufgelistet wurden. Offenbar wurde also in jener Zeit das Werk Lemaires nicht hoch genug eingeschätzt. Schumanns Werk enthält detaillierte Beschreibungen, lateinische Diagnosen und Synonyme, verwirrt jedoch dadurch, dass viele Katalognamen als Erstpublikationen verwendet wurden und als Autoren die Kultivateure der Pflanzen angegeben wurden, die ihnen als erste irgendeinen Namen gegeben hatten. Schumanns Pflanzen wurden immerhin zum Teil herbarisiert, leider wurden aber nur sehr wenige nach dem Zweiten Weltkrieg wiederaufgefunden (darunter keine einzige *Coryphantha*), so dass einige der von Schumann vorgeschlagenen neuen Coryphanthen-Namen als nicht identifizierbare zweifelhafte Namen betrachtet werden müssen.

Nach der Jahrhundertwende erfolgten weitere Coryphanthen-Erstbeschreibungen wiederum durch vorwiegend deutsche Autoren in deutschen Zeitschriften. Zu nennen sind hier Leopold Quehl (1849–1922), Walter Mundt (1853–1927), Jos. Anton Purpus (1860–1933), Friedrich Bödeker (1867–1937) und Friedrich Vaupel (1876–1927).

1919–1923 erschien ein Werk, das bis heute auch für *Coryphantha*-Spezialisten eine wichtige Grundlage darstellt: *The Cactaceae* von Nathaniel BRITTON (1858–1934) und Joseph Nelson ROSE (1862–1928). Diese erste umfassende Kakteen-Monographie in englischer Sprache führte dank eigener Feldarbeit und unermüdlichem Gebrauch der Herbarien in aller Welt in der Behandlung der Gattung *Coryphantha* im vierten Band viel weiter als Schumanns Gesamtbeschreibung der Kakteen. Wie es scheint, beschäftigte sich vor allem J. N. Rose mit den kleinen Kugelkakteen Nordamerikas, trotzdem werden stets beide, Britton und Rose, genannt.

Britton und Rose studierten die vorhandene Kakteenliteratur recht sorgfältig und erwähnten in ihrem Werk einen Grossteil der früheren *Coryphantha*-Publikationen. Als eigentliche „Splitter" zögerten sie nicht, Lemaire zu folgen und *Coryphantha* als Gattung zu akzeptieren. Von Engelmanns ursprünglicher Untergattung trennten sie drei weitere Gattungen, *Toumeya*, *Neobesseya* und *Escobaria* ab.

Britton und Rose beschrieben insgesamt 4 neue *Coryphantha*-Arten und kombinierten 16 weitere definitiv in die Gattung *Coryphantha* um, so dass insgesamt 50 Arten unter *Coryphantha* aufgelistet wurden, davon werden heute 4 *Neobesseya* und 8 *Escobaria* zugeordnet.

Die Typpflanzen von Britton und Rose sind zum grössten Teil herbarisiert, leider sind jedoch die Beschreibungen von Rose im allgemeinen viel zu kurz und oberflächlich oder ungenau, was später wieder einige Verwirrung stiftete. Ferner wandten die beiden verschiedene Namen falsch an (zum Beispiel *C. pycnacantha*, *C. salm-dyckiana*, *C. sulcolanata*, *C. difficilis*).

Das Werk von Britton und Rose galt in der Folgezeit als Basiswerk. Eine erste wichtige Änderung nahm Alwin BERGER (1871–1931) in seiner „Monographie der Kakteen" (1929) vor, indem er drei Gattungen von Britton & Rose (*Escobaria*, *Neobesseya* und *Neolloydia*) infragenerischen Rang innerhalb der Gattung *Coryphantha* zuwies. Berger listete in seinem Werk über 50 Arten auf, darunter viele Neubeschreibungen Friedrich Bödekers, der in den 1920er und 1930er Jahren viele neue Kakteenarten, darunter auch Coryphanthen beschrieb. In seinem Mammillarien-Vergleichsschlüssel erwähnte BÖDEKER (1933) 64 *Coryphantha*-Arten. Auch er behandelte *Neobesseya* und *Escobaria* als eigene Gattungen.

Nach den Kriegsjahren publizierte der Österreicher Franz Buxbaum (1900–1979) mehrere grundlegende wissenschaftliche Arbeiten über die Kakteen. Als Ausgangspunkt diente ihm auch Alwin BERGERs „Die Entwicklungslinien der Kakteen" aus dem Jahre 1926, wo Berger versucht hatte, mit Hilfe von Baumdiagrammen (Dendrogrammen) die vermuteten stammesgeschichtlichen (phylogenetischen) Beziehungen zwischen allen von Britton & Rose anerkannten Kakteengattungen zu klären.

Buxbaum legte sein Schwergewicht auf eine Polarisierung von Merkmalen (primitiv versus hochentwickelt, heute neutraler als „ursprünglich versus abgeleitet" bezeichnet) und trug viel zur Klärung der Homologie der verschiedenen taxonomisch bedeutungsvollen Merkmale der Kakteen bei. Buxbaum reklassifizierte verschiedene Gruppen auf der Ebene der Gattungen/Untergattungen, darunter auch *Coryphantha* und *Mammillaria*. Er war auch der erste Autor, der richtigerweise die Arten-Gruppe der *Coryphantha vivipara* von *Coryphantha sensu stricto* zu *Escobaria* überführte.

Etwa zur gleichen Zeit erarbeitete Curt BACKEBERG (1894–1966) seine ausführliche Monographie „Die Cactaceae". Im fünften, 1961 publizierten Band widmete er der Gattung *Coryphantha* und ihren Verwandten 131 Seiten. Dabei berücksichtigte er alle Publikationen seit Britton & Rose, worunter 7 eigene Erstbeschreibungen von Coryphanthen, die zumeist in unbekannten Gartenzeitschriften erfolgt waren und so erst durch die „*Cactaceae*" einem grösseren Publikum zugänglich gemacht wurden.

Unter allen grossen Kakteen-Monographen war Backeberg in einer Hinsicht einmalig: er vernachlässigte das Anlegen von Herbarmaterial vollständig. Er konservierte keine einzige Pflanze, all seine Beschreibungen und taxonomischen Entscheidungen basierten auf lebenden Pflanzen, die inzwischen nicht mehr existieren.

Da die meisten Erstbeschreibungen Backebergs vor dem 1. Januar 1958 erfolgten – ab diesem Datum schreiben die Regeln des ICBN vor, dass die Angabe eines permanent konservierten Typexemplars obligatorisch ist – sind sie trotz fehlenden Herbarbelegen auch heute noch gültig, seine Beschreibungen nach dem 1. Januar 1958 sind jedoch mangels Typifizierung als ungültig zu betrachten. Insgesamt erweist sich Backebergs Werk als wertvolle Übersicht über die Gattung *Coryphantha*, die die wichtigsten Publikationen des 19. und 20. Jahrhunderts berücksichtigt.

In den Jahren nach 1970 erfolgten viele Publikationen durch Lew Bremer, einschliesslich 15 Erstbeschreibungen von Coryphanthen, von denen allerdings heute nur noch 3 als eigene Arten und zwei als Unterarten betrachtet werden können, die übrigen als Synonyme. Viele sind Wiederbeschreibungen längst bekannter Taxa unter neuem Namen, zum Teil auch Fehlanwendungen von längst anerkannten Namen auf andere Arten. Zwar sind Bremers Publikationen ausgezeichnet abgefasst, sehr ausführlich und zumeist photographisch gut dokumentiert, doch hat sein Werk insgesamt mehr Verwirrung gestiftet als zur Wissensvermehrung beigetragen.

1982 erschien ein Werk, das von der Amerikanischen Regierung und vor allem von Amerikanischen Botanikern als Standardwerk betrachtet wird: Lyman BENSONS „*The Cacti of the United States and Canada*". Benson anerkennt 33 Arten *Coryphantha* in den USA, wovon heute nur 15 als eigentliche Arten, der Rest als Varietäten zu betrachten sind. In seinem Werk werden einige wenige Namen falsch angewendet, andererseits werden aber auch einige gute Arten nicht erwähnt.

BENSON hatte 1940 die US-Arten von *Coryphantha* wieder zu *Mammillaria* zurückgestellt, in einer Zeit, als sich die Erhebung von *Coryphantha* auf Gattungsebene durch BRITTON & ROSE (1923) eben erst allmählich weltweit durchzusetzen begann. Die Trennungskriterien zwischen *Coryphantha* und *Mammillaria* umfasste bis dahin nur die beiden Merkmale Blütenposition und Areolenmorphologie.

Benson (1969-a) kam später aber wieder zum Schluss, dass es sich bei *Coryphantha* um eine natürliche, von *Mammillaria* abzutrennende Pflanzengruppe handle und er behandelte sie wieder auf Gattungsebene, schloss jedoch *Escobaria* mit ein.

Zur gleichen Zeit publizierte DEL WENIGER (1970) ein Buch, in dem er Bensons alte Klassifizierung anwandte und alle Coryphanthen unter *Mammillaria* vereinigte. Dieser Klassifizierung wurde einzig in Texas gefolgt.

Durch die Arbeiten von Bremer und Benson war die Systematik der Gattung *Coryphantha* in den 1980er Jahren noch verworrener geworden. Einerseits prägte Bremers „Splitting" die Systematik der in Mexiko endemischen Arten, andererseits Bensons „Lumping" die Systematik der in den USA heimischen Arten.

Das nächste grössere Kakteenwerk, Helia BRAVOS & SANCHEZ MEJORADAS „*Las Cactáceas de México*" (1991) versucht, zwischen Bremers „Splitting" und Bensons „Lumping" einen Kompromiss anzustreben, indem darin beide Haltungen voll akzeptiert werden. Daraus resultiert eine Rekapitulation des *Coryphantha*-Wissens inklusive Fehlanwendungen von Namen, jedoch keine konsequente Coryphanthen-Systematik. Bremers Fehlanwendung von Namen führte dabei zwangsweise zu zusätzlicher Verwirrung.

Als überaus wertvolle Arbeit über die Gattung *Coryphantha* und ihre Systematik erwies sich die leider nie gültig publizierte Dissertation Allan Dale ZIMMERMANS (1985) mit dem Titel „*Systematics of the Genus Coryphantha (Cactaceae)*" aus dem Jahre 1985. Darin werden erstmals viele der systematischen Irrtümer und Mehrspurigkeiten aufgezeigt und richtiggestellt. Zimmerman leitete eine erweiterte Areolenentwicklungstheorie ab mit Differenzierung verschiedener Areolen-Entwicklungstypen. Er anerkennt 46 Arten *Coryphantha*.

Das neueste umfassende Kakteenwerk von EDWARD ANDERSON (2001) folgt bezüglich Coryphanthen weitgehend der Vorgabe Bravos (1991).

5.3 Der Gattungsname *Coryphantha* und die Typart

Unter den 22 Kakteen, die LINNÉ (1753) in Species Plantarum erwähnte, gehört nur eine einzige Art zur näheren Verwandtschaft der Gattung *Coryphantha*: *Mammillaria mammillaris* (bei Linné *Cactus mammillaris*), die Typart der Gattung *Mammillaria*, die ihrerseits die Typgattung des Tribus *Cacteae* der Unterfamilie *Cactoideae* der *Cactaceae* ist. Sämtliche Kakteen müssten eigentlich *Mammillariaceae* genannt werden, doch wurde *Cactaceae* als Nomen conservandum deklariert.

Der Gattungsname *Mammillaria* seinerseits ist ebenfalls ein Nomen conservandum, einerseits gegenüber Linnés Gattung *Cactus*, andererseits gegenüber einem früheren Homonym, der Algen-Gattung *Mammillaria*.

Linnés Gattungsname *Cactus* wurde bald einmal aufgegeben, da er zu viele miteinander nicht näher verwandte Arten beinhaltete. Um die Jahrhundertwende nahmen allerdings zwei Autoren (KUNTZE 1891, und J. M. COULTER

1894) die Gattung *Cactus* wieder auf und kombinierten, mit *Cactus mammillaris* als Typart, alle früher als *Mammillaria* bekannten Arten, darunter auch viele heutige Coryphanthen, um. Erst mit Britton & Rose (1923) wurde der Gattungsname *Cactus* definitiv aufgegeben, da er auch *Melocactus* beinhaltete, was unweigerlich zu nomenklatorischer Verwirrung führte.

Coryphantha statt Aulacothele

Nachdem in der ersten Hälfte des 19. Jahrhunderts sämtliche Coryphanthen noch als Mammillarien betrachtet wurden publizierte LEMAIRE (1839) den Namen *Mammillaria* [tax. infrag.] *Aulacothelae*, die er so definierte: „Mammillarien, deren Warzen auf der Oberseite eine Furche tragen". Er gab auch eine kurze lateinische Diagnose und verglich das Taxon mit *Echinocactus* [tax. infrag.] *Stenogoni*. Das Taxon erhielt vorerst durch LAWRENCE (1841) den Rang als *Mammillaria* subsect. *Aulacothelae*, wobei Lawrence den Namen Lemaires als Autor von *Aulacothelae* zwar nicht erwähnte, aber die aufgezählten Arten weisen klar auf Lemaire hin. Darunter findet sich auch *Mammillaria lehmannii* Otto, ein Synonym von *Mammillaria aulacothele* Lemaire, dem automatischen Typ gemäss ICBN Art. 22. 4. Durch den Baron DE MONVILLE (1846) wurde *Aulacothelae* mit der Schreibweise *Aulacothele* in den Rang einer Gattung erhoben.

Die Publikation des Gattungsnamens *Aulacothele* (Lemaire) Monville (1846) muss als gültig betrachtet werden und hat an und für sich Priorität über *Coryphantha* (Engelmann) Lemaire (1868), basierend auf *Mammillaria* subg. *Coryphantha* Engelmann (1856).

R. MOTTRAM (1992) stellte im Rahmen des ICBN den Antrag, *Coryphantha* gegen *Aulacothele* zu konservieren, da der zwar gültige, wenn auch infragenerisch verwendete Name *Aulacothele* seit seiner Publikation 1846 von keinem einzigen Autor mehr verwendet wurde und sogar vom eigenen Autor, LEMAIRE (1868), zugunsten von *Coryphantha* aufgegeben worden war.

Die Wiederaufnahme des Gattungsnamens *Aulacothele* hätte auch zu einer grossen Zahl ungewohnter Umkombinierungen geführt.

Die Typart der Gattung Coryphantha

Als ENGELMANN (1856) den Namen *Coryphantha* für eine neue Untergattung von *Mammillaria* vorschlug, gab er keinerlei Anhaltspunkte für eine Typart. Auch Lemaire, der *Coryphantha* auf Gattungsebene hob, erwähnte keinerlei Typart (für die Gattung *Aulacothele* hatte er *M. sulcolanata* vorgeschlagen), zudem überschnitt sich seine Artenliste nur in wenigen Punkten mit jener Engelmanns, auf den sich Lemaire jedoch bezog.

Nachdem die Typifizierung als Notwendigkeit für Taxa jeden Ranges angesehen wurde, versuchten verschiedene Autoren, auch die Gattung *Coryphantha* zu typifizieren.

Die erste Bestimmung eines Lectotyps war jene von BRITTON und BROWN (1913), die *Mammillaria sulcata* Engelmann vorschlagen. Diese Tatsache wurde von andern Autoren übersehen und von R. MOTTRAM erst 1992 berichtigt. Im allgemeinen wurde die Lectotypifizierung von BRITTON und MILLSPAUGH (1920) als gültig angesehen, die als Typart *C. sulcolanata* Lemaire vorschlugen, die in Lemaires Liste erwähnt war. Andererseits kam *C. sulcolanata* auf Engelmanns Auflistung nicht vor, und da sich Lemaire beim Errichten der Gattung *Coryphantha* auf Engelmann berufen hatte, musste die Wahl von *C. sulcolanata* als Typart fallengelassen werden. Überdies handelte es sich bei *C. sulcolanata* um eine ungenügend typifizierte Art, die von Britton & Rose selber inkorrekt (als *C. radians*) verwendet worden war.

Aus diesen Gründen schlug BENSON (1969a) vor, eine neue Lectotypifizierung vorzunehmen und als neue Typart *Coryphantha vivipara* zu wählen, eine vor allem in den USA wohlbekannte und verbreitete Art, die bei Engelmann sehr wohl erwähnt war. Diese Wahl war aus mehreren Gründen sehr unglücklich und inkorrekt:

- *C. vivipara* wurde von Lemaire nicht erwähnt, als er *Coryphantha* als Gattung erstellte
- *C. vivipara* wurde vor allem aufgrund ihrer Blüten und der Samenmorphologie zu recht durch BUXBAUM 1951 in die in der gesamten Kakteenliteratur seit 1923 anerkannte Gattung *Escobaria* Br. & R. transferiert.

Falls Buxbaums Klassifikation in diesem Punkt als, wie heute allgemein üblich, richtig anerkannt wird, würde dies bedeuten, dass, in der Annahme von *C. vivipara* als Typart von *Coryphantha*, *Escobaria* zum Synonym von *Coryphantha* würde. Der korrekte Name von *Escobaria* sensu Buxbaum wäre dann *Coryphantha*, so dass für *Coryphantha* sensu Britton und Rose ein anderer Name gefunden werden müsste. Damit wäre die Verwirrung aber vollständig.

In einer gemeinsamen Schrift erarbeiteten HUNT und BENSON (1976) einen Kompromiss, indem sie vorschlugen, aus den sowohl bei Engelmann, als auch bei Lemaire in der *Coryphantha*-Gruppe genannten Arten eine neue als Typart anstelle *C. vivipara* auszuwählen.

Insgesamt kamen so vier Arten in Frage: *C. scheeri* (Mühlenpfordt) Lemaire, *C. scolymoides* (Engelmann) Lemaire, *C. macromeris* (Engelmann) Lemaire und *C. calcarata* (Engelmann) Lemaire.

Von diesen vier Arten wurden die ersten beiden ausgeschlossen, weil sie „ungenügend typifiziert und problematisch" sind und die dritte als „aberrante Art" zu ähnlichen Verwirrungen hätte führen können wie die primäre Wahl von *E. vivipara*.

So blieb *C. calcarata* übrig, die erstmals 1850 durch ENGELMANN als völlig überflüssiger neuer Name für die bereits 1845 durch ENGELMANN beschriebene *Mammillaria sulcata* publiziert worden war, von Lemaire im Sinne der *Mammillaria sulcata* Engelmann als *Coryphantha calcarata* erwähnt wurde, und nach den heutigen nomenklatorischen Regeln **Coryphantha sulcata** (Engelmann) Britton & Rose heisst.

Coryphantha sulcata basiert auf herbarisiertem Material und wird von allen modernen Autoren als solche behandelt, die *Coryphantha* als Gattung anerkennen. Der Typus der Art wurde von Benson im Missouri Botanical Garden überprüft und als adäquat und unproblematisch betrachtet: „Sandstone rocks near Industry (Austin County, Texas)," *Lindheimer* in July, 1844, MO (specimen sheet and box).

Als eigentliche Bezeichner von *Coryphantha sulcata* Engelmann als Typart der Gattung müssen aber BRITTON und Brown genannt werden, die diese Art bereits 1913 vorgeschlagen hatten.

6 Stellung und Abgrenzung der Gattung Coryphantha

6.1 Bisherige, traditionelle Interpretation der Gattung *Coryphantha*

Nachdem sich die Ansicht, *Coryphantha* als eine von *Mammillaria* verschiedene Gattung anzusehen, durchgesetzt hatte, stellte sich allen Autoren die Frage nach der Stellung dieser Gattung innerhalb der *Cactaceae* und ob *Coryphantha* in kleinere Gruppen aufgeteilt werden solle. So spalteten BRITTON & ROSE (1923) *Escobaria* und *Neobesseya* ab, BUXBAUM (1956) behandelte *Escobaria* als eigene Gattung und bezog als erster den *Vivipara*-Komplex zu *Escobaria* ein. BENSON (1969) sah *Escobaria* aufgrund der Warzenfurchen als Untergruppe von *Coryphantha* an, eine Ansicht, die sich in Amerika bis heute gehalten hat. HUNT (1978) und TAYLOR (1978) setzten die europäische Tradition fort und behandeln *Escobaria* und *Coryphantha* als eigene Gattungen, vor allem aufgrund der Morphologie der Samenschale (Testa). Auch JOHN und RIHA (1981) behandelten *Escobaria* als eigene Gattung, und gaben dabei der früheren Gattung *Neobesseya* Britton & Rose den Rang einer Untergattung.

Sehr eingehend befasste sich A. ZIMMERMAN (1985) in seiner Dissertation „Systematics of the Genus Coryphantha (Cactaceae)" mit der Gattung *Coryphantha*. Zimmerman definierte 169 für die Klassifizierung verwendbare, sowie 30 zu verwerfende Merkmale beziehungsweise Merkmalszustände und entwarf damit Baumdiagramme (Dendrogramme) der Tribus *Cacteae* sowie der Gattungen *Coryphantha* (inkl. *Escobaria*) und *Mammillaria*.

Zimmerman leitete von einer Gruppe, die den *Erianthi* (Berger) entspricht (*Echinocactus* Link & Otto, *Homalocephala* Britton & Rose und *Astrophytum* Lemaire), die durch Blüten mit stachelspitzigen Blütenblättern und axillären Haarbildungen (Trichome) charakterisiert ist, 2 Abstammungsgemeinschaften ab:

Die erste ist gekennzeichnet durch konvexe, knotig vorstehende Testazellen (tuberculate seeds), die zweite durch konkave bis tabularkonkave, grubig eingesenkte Testazellen (foveolate seeds).

Diese zweite Gruppe bezeichnete er mit „*Mammillaria*-Phylade" zu der er die Gattungen *Ferocactus* Britton & Rose, *Acharagma* (N. P. Taylor) Glass, *Coryphantha* (Engelmann) Lemaire, *Escobaria* Britton & Rose, *Ortegocactus* Alexander und *Mammillaria* Haworth zählte.

Nach Zimmerman wird diese zweite Abstammungsgemeinschaft nicht durch den fortschreitenden Verlust des Nährgewebes der Samen (Perisperm) geprägt (BUXBAUM 1956–60), sondern vor allem durch eine Weiterentwicklung der Areolen.

Typen der Areolenentwicklung, nach ZIMMERMAN (1985)

1. Der **Acharagma-Typ** („primitiver Typ"): Pflanzen, die ausschliesslich unspezialisierte runde bis elliptische Areolen bilden, auch im hohen Alter, mit Blüten aus dem axillennahen Teil der Areole. Hierzu gehören alle Taxa der Unterfamilien *Opuntioideae* und *Pereskioideae*, sowie fast alle Mitglieder der Unterfamilie *Cactoideae* ausser dem Tribus *Cacteae*.

2. Der **Ferocactus-Typ**: Pflanzen, die aus kurzen, breiten Areolenfurchen blühen, also aus dem adaxialen Teil einer mit dem Alter immer länger werdenden Areole.
3. Der **Macromeris-Typ**: wie Typ 2., jedoch mit gradueller Ausbildung einer schmalen Furche nicht auf der ganzen Länge der Warzen (bei *Coryphantha macromeris* nur auf der halben Länge) zwischen Areole und Axille und erst blühfähig nach Erreichen der maximalen Furchenlänge.
4. Der **Escobaria-Typ**: wie Typ 3., mit Ausbildung immer längerer Furchen, mit Blühfähigkeit erst nachdem die Furchen die ganze Länge der Warzen bis zur Axille erreicht haben.
5. Der **Neolloydia-Typ**: völlig abrupter Übergang von kurzen, sterilen Areolen zu Areolen mit bis zur Axille reichenden Furchen, also ohne Übergangsstadium mit allmählich länger werdenden Furchen. Nur von *Neolloydia conoidea* bekannt.
6. Der **Protomammillaria-Typ**: wie Typ 5., aber mit subadultem Stadium mit abaxialem und adaxialem Meristem (wie *Mammillaria*-Typ), aber mit Verbindungsfurche bei Erreichen des Adultstadiums.
7. Der **Ortegocactus-Typ**: wie Typ 6., aber auch Blütenbildung vor der Bildung der Verbindungsfurche möglich.
8. Der **Leuchtenbergia-Typ**: Pflanzen mit axillärem Meristem, die aber weiterhin Blüten nur an der Areolenspitze ausbilden.
9. Der **Mammillaria-Typ**: wie Typ 7., aber ohne Stadium mit Verbindungsfurche.
10. Der **Pachycereus-Typ**: wie Typ 1., aber Areolen bei ausgewachsenen Pflanzen durch haarbildende Linien verbunden.
11. Der **Ariocarpus-Typ**: wie Typ 9., aber ohne Ausbildung des abaxialen Areolenteils (keine Dornenbildung) oder einer Verbindungsfurche.

Coryphanthen entsprechen den Typen 3., 4., 6. (die meisten Nektardrüsen tragenden) und 7. (*Ottonis*).

Aufgrund der gemeinsamen Areolentypen (*Escobaria*-Typ, *Protomammillaria*-Typ) kommt Zimmerman in Fortsetzung der Benson'schen amerikanischen Tradition zum Schluss, dass *Escobaria* und *Coryphantha* als Schwestergruppen innerhalb ein und derselben Gattung zu betrachten sind. In diesem Fall gilt der ältere Name *Coryphantha* und *Escobaria* wird als Untergattung eingestuft, trotz Diskrepanzen bezüglich Blüten und Testamorphologie, ebenso *Protomammillaria* [*Coryphantha chihuahuensis* (Britton & Rose) Berger und *Coryphantha henricksonii* (Glass & Foster) Glass & Foster]. *Protomammillaria* wird von Zimmerman als intermediär zwischen *Escobaria* und *Coryphantha* angesehen, allerdings lässt er die Frage offen, ob einige der Taxa mit gefurchten Warzen, nämlich die *Protomammillarien* sowie jene drüsenbildende Gruppe von *Coryphantha* s. str. mit *Protomammillaria*-Areolentyp, von einem *Mammillaria*-ähnlichen Vorfahren abstammen könnten oder umgekehrt. Die Details der *Mammillaria*-Phylade werden auf Seite 37, Abb. 30 gezeigt.

Man beachte, dass diese Hypothese, falls sie korrekt ist, das Wiederauftreten von Perisperm bei den am höchsten entwickelten Taxa von *Mammillaria* implizieren würde.

6.2 Neue Interpretation der Gattung *Coryphantha*

Bisherige Thesen zur Areolenentwicklung und deren Diskussion

Die Areolen der *Cactaceae*, oft auch als „Dornenpolster" bezeichnet, entsprechen einem gestauchten Kurztrieb mit zu Dornen umgebildeten Blättern, in dessen Bereich eine Axillarknospenanlage („schlafendes Auge") vorliegt, die entweder die Blüte oder einen Seitentrieb hervorbringen kann. Die langlebige meristematische Region, aus der Blüten oder Seitensprosse entwickelt werden können bleibt bei

Neue Interpretation der Gattung Coryphantha

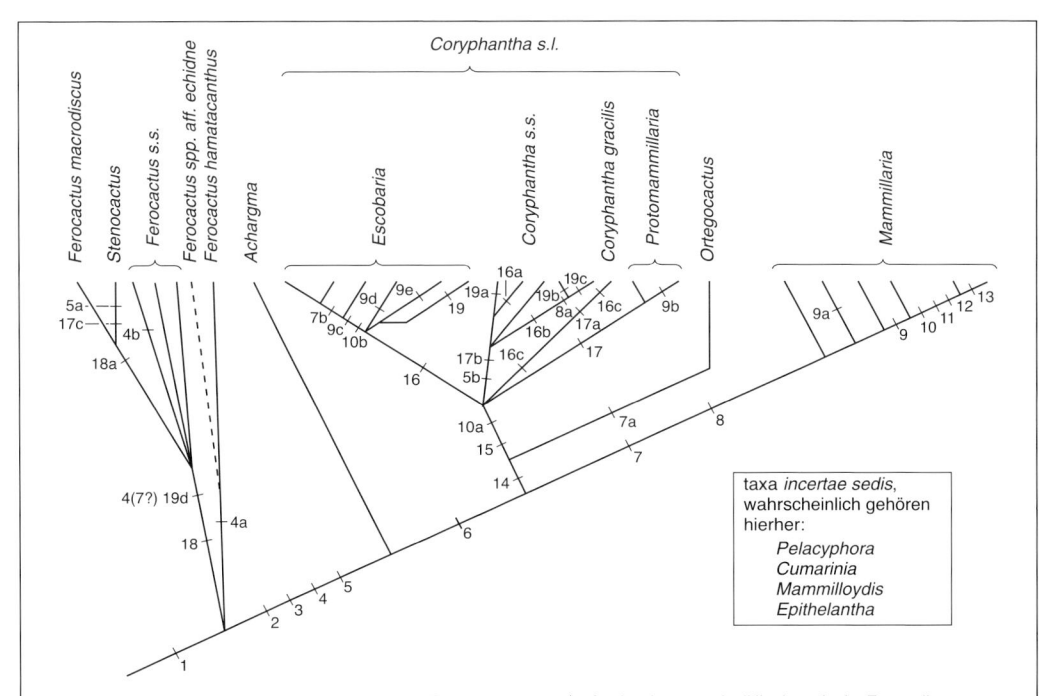

[Kladogramm mit folgenden Taxa von links nach rechts: Ferocactus macrodiscus, Stenocactus, Ferocactus s.s., Ferocactus spp. aff. echidne, Ferocactus hamatacanthus, Achargma, Escobaria, Coryphantha s.s., Coryphantha gracilis, Protomammillaria, Ortegocactus, Mammillaria. Coryphantha s.l. umfasst Escobaria, Coryphantha s.s., Coryphantha gracilis und Protomammillaria.]

taxa *incertae sedis*, wahrscheinlich gehören hierher:
Pelacyphora
Cumarinia
Mammilloydis
Epithelantha

Details der <u>Mammillaria</u>-Phylade. Die Behandlung von <u>Ferocactus</u> ist sehr unvollständig wegen Mangels an Daten dieser Gattung.

Die aufgezählten Apomorphien sind die folgenden:
1.) Grubige Samen
2.) Adulte Körper bleiben warzig (Neotänie)
3.) Verlust schuppiger Perikarpell-Anhänge
4, 4a, 4b.) Abfallende (und meistens saftige) Früchte
5, 5a.) Unterdrückung der Areolendrüsen
6.) Zweigeteilte Areolen (Mammillaria-Typ)
7, 7a, 7b.) Verlust des Perisperms
8.) (und 8a., bei <u>Coryphantha recurvata</u>) Subapikale Blüten
9, 9a, 9b, 9c, 9d, 9e.) Glänzend rote Früchte
10, 10a.) Rötlich-braune Samen
10b.) Umkehr: sekundär schwarze Samen
11.) Stark gekrümmte Antiklinalwände der Testazellen
12.) Einzigartige Hypodermis bei <u>Mammillaria</u> spp.
13.) Latexgänge
14.) Sporadisches Vorkommen von Areolenfurchen auf Podarien von Adultpflanzen
15.) Protomammillaria Areolentyp
16, 16a, 16b, 16c.) Escobaria-Areolentyp
17, 17a, 17b, 17c.) Glatte oder schwach netzgrubige Samen
18.) Gigantismus
18b.) Umkehr: sehr stark reduzierte Körpergrösse bei <u>Stenocactus</u>
19, 19a, 19b, 19c, 19d.) Mehrschichtige Hypodermis mit Drusen

Man beachte, dass diese Hypothese, falls sie korrekt ist, das Wiederauftreten von Perisperm bei den am höchsten entwickelten Taxa von <u>Mammillaria</u> implizieren würde.

Quelle: A. D. Zimmermann, 1985, Fig. 8, Interpretation der *Mammillaria*-Phylade

➤ Abbildung 30

vielen Cactaceae auf das adaxiale (oberseitige) Ende der Areole beschränkt.

Bei einigen Gattungen (darunter auch *Coryphantha*) ist die Areole jedoch derart vergrössert, dass das Dornenansatzbündel nur noch ein kleines, klar abgegrenztes Anhängsel der gesamten Areole darstellt. Oft wird mit Areole nur dieses Dornenansatzbündel verstanden, für die gesamte Areole fehlt eine eigentliche Bezeichnung, treffend wäre Podarium (Zimmerman). In der Kakteenliteratur hat sich die Ansicht durchgesetzt, dass es bei einigen Gattungen zu einer serialen Teilung des Meristems (Bildungsgewebes) kommt mit Bildung eines Areolenmeristems, das durch das Wachstum auf die Spitze der Areole verlagert wird und die Potenz zur Dornenbildung hat, sowie eines Axillenmeristems mit Potenz zur Blütenbildung. Diese Meinung vertrat bereits WETTERWALD 1888, ihr folgten auch Buxbaum und die meisten Botaniker nach ihm. BUXBAUM beschrieb diese seriale Spaltung in KRAINZ (1956–1960) so: „... Bei hoch abgeleiteten *Cereoideae* wird der Scheitel des Axillarsprosses so verlagert, dass zwischen dem Dorn tragenden Teil und dem zu einer Blüte oder einem Seitenspross auswachsenden Teil eine Furche entsteht, die sich oberseits längs der Warze erstreckt („*Coryphantha*-Stufe") und schliesslich die Serialspaltung schon in einem so frühen Stadium der jungen Anlage vollendet wird, dass ein zur Areole auswachsender abaxialer und ein Blüten tragender adaxialer Teil, die Axille, von vornherein getrennt werden, also keine Verbindungsfurche mehr bleibt („*Mammillaria*-Stufe")."

Unklar bleibt bei der Interpretation von Wetterwald und Buxbaum, die eine seriale Spaltung des Meristems postulieren, weshalb die Furchenbildung der Coryphanthen bei dieser Meristemteilung in einen äusseren (areolären) vegetativen und einen inneren (axillären) fertilen Vegetationspunkt in axillopetaler Richtung, also von der Areole Richtung Axille erfolgt. Diese Richtung der Furchenbildung ist insbesondere bei den Arten vom *Escobaria*-Areolentyp, aber auch beim *Macromeris*- und beim *Protocoryphantha*-Areolentyp *(C. poselgeriana, C. robustispina)* ganz klar ersichtlich. Ungeklärt bleibt auch die Entwicklung des *Protomammillaria*-Areolentyps mit Ausbildung der Furche nach Aktivierung sowohl des Areolen- als auch des Axillenmeristems, ebenso jene des *Ortegocactus*-Areolentyps mit fakultativer Furchenbildung. Eine Teilung des Meristems vernachlässigt ferner vollständig die Bildung von Nektardrüsen in der Furche, die morphologisch gesehen Honigdornen entsprechen, und auch deren Sekretbildung bis praktisch zum Absterben der Warze. Dasselbe gilt auch für die Trichome (Wollhärchen) in der Furche.

Unbeachtet blieben auch die Tatsachen, dass bei den Coryphanthen die Dornen nach der Blütenbildung in Scheitelnähe und nach dem Herauswachsen aus dem Scheitel noch Längenwachstum aufweisen und ausserdem, dass neue Sprosse ausschliesslich aus der Furche in der Nähe der Dornenareole gebildet werden.

Eine etwas andere Interpretation der Axillenentstehung bei *Mammillaria* gab N. H. BOKE (1953) aufgrund seiner sehr gründlichen histologischen Untersuchungen: das axilläre Meristem differenziert sich aus dem allgemeinen Periphermeristem erst dann, wenn das an die Warzenspitze gerückte Areolenmeristem erlischt. Nach Boke erfolgt also keine seriale Spaltung des Meristems, sondern eine spontane Beiknospenbildung in Serie, wie das bei Dikotylen in der Regel der Fall ist.

Eine Areolenentwicklungs-These, die, im Gegensatz zur gängigen Meinung, nicht von einer primären serialen Spaltung des Meristems ausgeht und eine einfache Erklärung für die axillopetale Richtung der Furchenentwicklung abgibt, wurde 1968 durch Heimo FRIEDRICH publiziert: nach seiner Ansicht bahnt sich weder eine Spaltung des Areolenmeristems bei *Coryphantha* an, noch liegt bei *Mammillaria* das Resultat einer solchen vor. Vielmehr ist der Achselspross ventral der Länge nach eingewachsen, so dass seine Basis unmittelbar an das Tragblattrudiment anschliesst, seine Spitze aber zum Sprossscheitel hin in der Achsenrinde fixiert liegt. Diese Fixierung des Spitzenmeristems bewirkt, dass die in aufsteigender Reihenfolge gebildeten Blattdornen des Achselprozesses nach unten-aussen weggeschoben werden, was zur Aufwölbung der Warzenpodarien beiträgt. Er vergleicht die ganze Areole mit einem kurzen Seitenspross mit basaler Blattrosette, Stiel und terminaler Blüte. Im Jugendstadium, der vegetativen Phase, wird die „Blattrosette" in Form einer arttypischen Anzahl von Dornen gebildet, worauf die Aktivität des Meristems hier erlischt. Bei blühreifen Areolen schliesst sich daran die Bildung einer „Blütenstielzone" ohne oder mit sehr kleinen, haarartigen Dornen, die oberflächlich als Furche in Erscheinung tritt. Am oberen Ende dieses „Stiels", das heisst am axillennahen Ende der Warzenfurche, wird dann die Blüte gebildet.

Neue erweiterte These zur Areolenentwicklung

Keine der bekannten Interpretationen der Areolenentwicklung vermag die bei der Gattung *Coryphantha* auftretende Entwicklung und Ausprägung der Areole vollständig und logisch zu erklären. Eine phylogenetische Analyse der Areolenentwicklung zeigt, dass die ältesten Taxa (zum Beispiel *Ferocactus*) nur sehr kurze, areolennahe Furchen bilden, die etwas jüngeren *Macromeres* verkürzte, nicht bis zur Axille durchgehende Furchen, die *Protocoryphanthae* (*C. poselgeriana*, *C. robustispina*) dann eine sehr lange, nicht durchgehend gefurchte Phase durchlaufen (= *Protocoryphantha*-Areolentyp) und erst bei den jüngsten Taxa, die Furche rasch bis zur Axille gebildet wird, entweder in Form einer kontinuierlichen Ausbildung in sehr kurzer Zeit (*Escobaria*-Typ) oder als plötzliches, abruptes Auftreten (*Protomammillaria*- und *Ortegocactus*-Typ). Die Individualentwicklung (Ontogenese) vom Jugendtyp zur „zweigeteilten" Areole rekapituliert demgemäss die stammesgeschichtliche Entwicklung (Phylogenese).

Die These, die Friedrich aufgrund seiner Analyse des *Protomammillaria*-Areolentyps (*Coryphantha clavata*) erarbeitete, lässt sich sehr wohl auf sämtliche Areolentypen innerhalb der *Mammillaria*-Phylade, also insbesondere auch auf die Gattungen *Coryphantha* und *Mammillaria* anwenden, allerdings muss sie noch erweitert werden, da sie nur von der Einzelbeobachtung einer *Coryphantha clavata* ausgeht.

Entwicklungsgeschichtlich erscheint die Trennung in periphere Bedornung und möglichst weit innen geschützt liegende Blüten ökologisch sinnvoll. In diesem Sinn kann die Blütenverlagerung von der Areole in die Axille phylogenetisch nachvollzogen werden. Gemäss Friedrichs Interpretation besteht kein prinzipieller Unterschied zwischen Coryphanthen- und Mammillarienaxille, beide sind identische Organe, der Mammillariatypus ist jedoch der eindeutig abgeleitetere, weil hier die Blütenverlagerung in die Axille vollendet ist.

Um die bei der Gattung *Coryphantha* ausgebildeten Organe der Areole, beziehungsweise des Podariums, nämlich die Furche auf der Warzenoberseite, die Nektardrüsen in der Furche und Axille, aber auch die Haarbildung zu erklären, ist in der Tat ein durchgehendes meristematisches Gewebe von der Dornenareole bis zur Axille auf der Oberseite der Warze zu postulieren mit axillopetaler Entwicklungsrichtung und Beiknospenbildung in serialer Folge. Angesichts der progressiv sich verlängernden Furche lässt sich ein solches auch problemlos in seiner ganzen Entwicklungsgeschichte innerhalb der Gattung nachvollziehen und bestätigt sich sowohl phylogenetisch als auch ontogenetisch.

In der höchsten Entwicklungsstufe, dem *Mammillaria*-Areolentyp ist das Areolenmeristem dann am weitesten differenziert und bis auf die Bildung einer Dornenareole und einer Blütenanlage in der Axille reduziert. Erst hier verlagert sich auch die mögliche Sprossbildung von der Areolennähe in die Axille und die axilläre Blütenanlage wird erst aktiv, wenn das Dornenwachstum vollständig abgeschlossen ist.

Die erweiterte Friedrichsche These führt zu einer neuen Interpretation der Zimmermanschen Areolentypen innerhalb der *Mammillaria*-Phylade, die nach unseren eigenen Beobachtungen durch einen weiteren, bereits erwähnten Areolentyp ergänzt werden müssen: den *Protocoryphantha*-Typ.

Areolentypen nach Zimmermann: Neuinterpretation

Alle Areolentypen werden auf den Farbtafeln 6 und 7 gezeigt. Der Aufbau wird auf Farbtafel 6 erläutert und das Erscheinungsbild auf Farbtafel 7 dargestellt:

1. **Ferocactus-Typ:** Aus kurzen, breiten Areolenfurchen blühend, also aus dem adaxialen Teil einer mit dem Alter immer länger werdenden Areole. Areolen noch auf Rippen angeordnet. Bildung von Honigdornen in der Furche. Dornenwachstum über Blütenbildung hinaus.

2. **Macromeris-Typ:** Auflösung der Rippen in einzelne Warzen mit gradueller Ausbildung einer schmalen Furche nicht auf der ganzen Länge (bei *Coryphantha macromeris* nur auf der halben Länge) zwischen Areole und Axille auf der Oberseite der Warze und erst blühfähig nach Erreichen der maximalen Furchenlänge. Bildung von Nektardrüsen und Wollhaaren auf der ganzen Furchenlänge möglich. Sprossbildung in Areolennähe.
3. **Protocoryphantha-Typ:** Wie Typ 2., mit Ausbildung immer längerer Furchen, mit Verharren auf ca. ¾ der Länge über längere Zeit (Jahre) vor Erreichen der Adultphase und Verbleib verkürzter Furchen auf alten Warzen. Blühfähigkeit erst nachdem die Furchen die ganze Länge bis zur Axille erreicht haben (wie Typ 6.).
4. **Ortegocactus-Typ:** Völlig abrupter Übergang zur Furchenbildung, also ohne Übergangsstadium mit allmählich länger werdenden Furchen, aber auch Blütenbildung vor Bildung der Verbindungsfurche möglich. Nektardrüsen und Wollhaare in der Axille sind auch vor der Furchenbildung möglich, später auch in der Furche.
5. **Protomammillaria-Typ:** Wie Typ 4., aber mit obligatorischer Verbindungsfurche bei Erreichen des Adultstadiums. Nektardrüsen und Wollhaare in der Furche.
6. **Escobaria-Typ:** Ausbildung immer längerer Furchen innerhalb kurzer Zeit (höchstens 1 Jahr) bis zur Axille durchgehend und ohne Persistenz verkürzter Furchen. Blühfähigkeit erst, nachdem die Furchen die ganze Länge bis zur Axille erreicht haben. Nektardrüsenbildung reduziert und nur noch unmittelbar hinter der Areole möglich.
7. **Mammillaria-Typ:** Blühfähigkeit erst, wenn die Dornenareole das Wachstum eingestellt hat, aus dem Meristem in Axillen des Vorjahres. Verbindungsmeristem zwischen Areole und Axille vollständig inaktiv und ohne Furchen-, Wollhaar- oder Nektardrüsen-Bildung. Fähigkeit der Sprossbildung ebenfalls in die Axille verlegt.

Phylogenetische Interpretation der Gattung Coryphantha

Die *Ferocactus*-Linie wurde durch Zimmerman als Abstammungsgemeinschaft bestätigt und die *Coryphantha*- und *Neobesseya*-Linie beziehungsweise *Mammillaria*-Linie als eine weitere Abstammungslinie zusammengefasst, die sich von den *Ferocacti* durch in Warzen aufgelöste Rippen, Verlust der schuppenförmigen äusseren Perianthsegmente sowie nicht abfallende, saftige Früchte unterscheidet.

Diese Interpretation der beiden Abstammungsgemeinschaften geht auf ein wichtiges, phylogenetisch sehr ursprüngliches Merkmal nicht ein: die Ausbildung von extrafloralen Nektardrüsen. Je nach Gewichtung dieses Merkmals ergibt sich so eine ganz andere Einteilung, indem *Coryphantha* s. str. mit ihrer Potenz zur Nektardrüsenbildung zur *Ferocactus*-Abstammungsgemeinschaft gezählt werden muss.

Die Produktion des zuckerhaltigen Nektardrüsensaftes dient der Anlockung von Ameisen, wodurch verschiedene Pflanzen- insbesondere Knospen fressende Tiere von der Pflanze abgehalten werden. Dies ist vor allem unmittelbar vor und während der Blütezeit von besonderer Bedeutung. Innerhalb der *Mammillaria*-Phylade, also den Arten mit konkaven bis tabular-konkaven, beziehungsweise grubigen oder netzgrubigen Testazellen (foveolate seeds) finden sich solche Nektardrüsen nur bei den Ferocacteen und den Coryphanthen, nie aber bei den übrigen Gattungen. Die Drüsenausbildung der Coryphanthen s. str. zeigt eine deutliche Entwicklungstendenz: bei den ursprünglichen *Lepido*-Coryphanthen (*C. macromeris*) sowie den *Proto*-Coryphanthen (*C. poselgeriana* und *C. robustispina*) beschränkt sie sich auf die ganze Furchenlänge, erfasst beim *Protomammillaria*- und *Ortegocactus*-Typ auch die Axillen und bildet sich beim *Escobaria*-Typ zurück, wobei noch fakultativ areolennahe Drüsen um die Blütezeit (perifloral) auftreten können. Die Entwicklung von extrafloralen Nektardrüsen stellt somit ein ursprüngliches Merkmal dar.

Da es sich bei der Nektardrüsenbildung um einen sehr komplizierten Prozess handelt, vergleichbar mit dem Latex-Syndrom bei der Gattung *Mammillaria* (J. LÜTHY 1995), kommt ihr ein viel höherer phylogenetischer Interpretationswert zu als ihm frühere Autoren zuteilten (ZIMMERMAN 1985). In diesem Sinn muss die *Mammillaria*-Phylade in zwei Hauptzweige unterteilt werden, nämlich in die „Drüsenbildenden" (*Ferocactus, Coryphantha*) und die „Nicht-Drüsenbildenden" (*Acharagma, Cumarinia, Escobaria, Mammillaria*).

Aufgrund der Furchenentwicklung stellt sich der drüsenbildende Zweig als Kontinuum dar mit einer gemeinsamen Vorstufe mit Ausbildung sehr kurzer (*Ferocactus*), halblanger (*Macromeris*) und schliesslich durchgehender (*Coryphantha*) Warzenfurchen mit Endpunkt *Protomammillaria*- beziehungsweise *Ortegocactus*-Areolentyp.

Bei den Nicht-Drüsigen zeigt sich eine Parallelentwicklung mit Ausbildung verkürzter (*Cumarinia*) Warzenfurchen, durchgehender Warzenfurchen (*Escobaria, Protomammillaria, Ortegocactus*) und schliesslich der höchstentwickelten Form mit Ausbleiben einer Furchenbildung (*Mammillaria*).

Diese phylogenetische Interpretation wird vor allem durch die Testa-Morphologie bestätigt und führt die Gattung *Escobaria* weg von *Coryphantha* und in die Nähe von *Mammillaria*. Die Unterscheidung zwischen *Escobaria* und *Coryphantha* beschränkt sich also nicht mehr nur auf die Testastruktur (HUNT & TAYLOR 1990), sondern dehnt sich auch auf die Nektardrüsenbildung aus und weist die beiden Gattungen unterschiedlichen Abstammungsgemeinschaften zu (*Ferocactus-/Coryphantha*-Linie beziehungsweise *Escobaria-/Mammillaria*-Linie). Die Cladogramme auf Seite 41 und 42, Abb. 38, 39 geben diese neue Interpretation wieder.

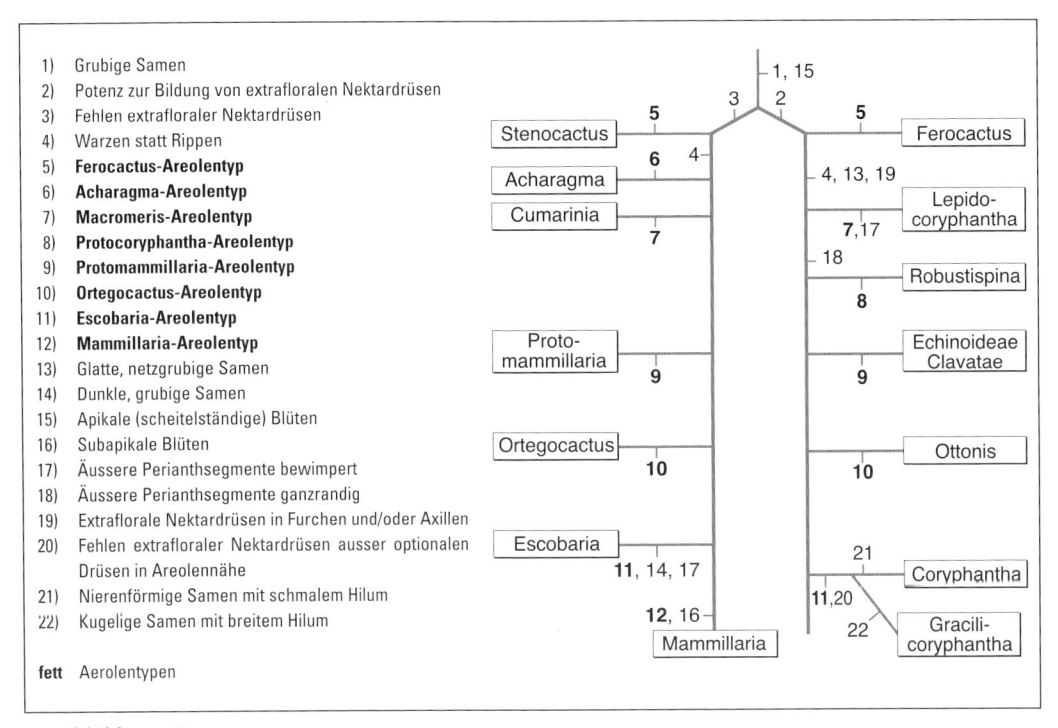

1) Grubige Samen
2) Potenz zur Bildung von extrafloralen Nektardrüsen
3) Fehlen extrafloraler Nektardrüsen
4) Warzen statt Rippen
5) **Ferocactus-Areolentyp**
6) **Acharagma-Areolentyp**
7) **Macromeris-Areolentyp**
8) **Protocoryphantha-Areolentyp**
9) **Protomammillaria-Areolentyp**
10) **Ortegocactus-Areolentyp**
11) **Escobaria-Areolentyp**
12) **Mammillaria-Areolentyp**
13) Glatte, netzgrubige Samen
14) Dunkle, grubige Samen
15) Apikale (scheitelständige) Blüten
16) Subapikale Blüten
17) Äussere Periantsegmente bewimpert
18) Äussere Periantsegmente ganzrandig
19) Extraflorale Nektardrüsen in Furchen und/oder Axillen
20) Fehlen extrafloraler Nektardrüsen ausser optionalen Drüsen in Areolennähe
21) Nierenförmige Samen mit schmalem Hilum
22) Kugelige Samen mit breitem Hilum

fett Aerolentypen

Abbildung 38

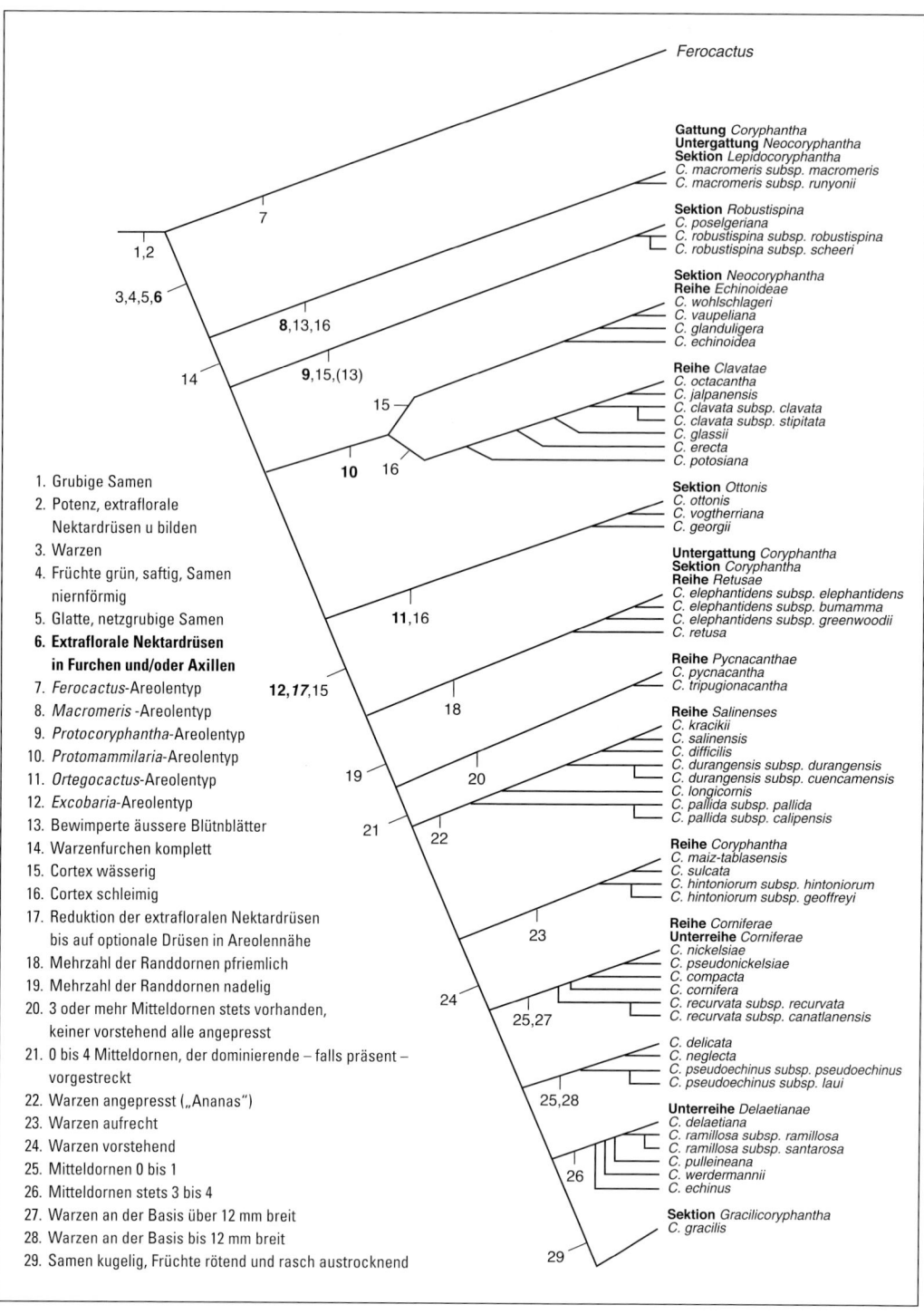

Stellung und Abgrenzung der Gattung Coryphantha

Ferocactus

Gattung *Coryphantha*
Untergattung *Neocoryphantha*
Sektion *Lepidocoryphantha*
C. macromeris subsp. macromeris
C. macromeris subsp. runyonii

Sektion *Robustispina*
C. poselgeriana
C. robustispina subsp. robustispina
C. robustispina subsp. scheeri

Sektion *Neocoryphantha*
Reihe *Echinoideae*
C. wohlschlageri
C. vaupeliana
C. glanduligera
C. echinoidea

Reihe *Clavatae*
C. octacantha
C. jalpanensis
C. clavata subsp. clavata
C. clavata subsp. stipitata
C. glassii
C. erecta
C. potosiana

Sektion *Ottonis*
C. ottonis
C. vogtherriana
C. georgii

Untergattung *Coryphantha*
Sektion *Coryphantha*
Reihe *Retusae*
C. elephantidens subsp. elephantidens
C. elephantidens subsp. bumamma
C. elephantidens subsp. greenwoodii
C. retusa

Reihe *Pycnacanthae*
C. pycnacantha
C. tripugionacantha

Reihe *Salinenses*
C. kracikii
C. salinensis
C. difficilis
C. durangensis subsp. durangensis
C. durangensis subsp. cuencamensis
C. longicornis
C. pallida subsp. pallida
C. pallida subsp. calipensis

Reihe *Coryphantha*
C. maiz-tablasensis
C. sulcata
C. hintoniorum subsp. hintoniorum
C. hintoniorum subsp. geoffreyi

Reihe *Corniferae*
Unterreihe *Corniferae*
C. nickelsiae
C. pseudonickelsiae
C. compacta
C. cornifera
C. recurvata subsp. recurvata
C. recurvata subsp. canatlanensis
C. delicata
C. neglecta
C. pseudoechinus subsp. pseudoechinus
C. pseudoechinus subsp. laui

Unterreihe *Delaetianae*
C. delaetiana
C. ramillosa subsp. ramillosa
C. ramillosa subsp. santarosa
C. pulleineana
C. werdermannii
C. echinus

Sektion *Gracilicoryphantha*
C. gracilis

1. Grubige Samen
2. Potenz, extraflorale Nektardrüsen u bilden
3. Warzen
4. Früchte grün, saftig, Samen niernförmig
5. Glatte, netzgrubige Samen
6. **Extraflorale Nektardrüsen in Furchen und/oder Axillen**
7. *Ferocactus*-Areolentyp
8. *Macromeris*-Areolentyp
9. *Protocoryphantha*-Areolentyp
10. *Protomammilaria*-Areolentyp
11. *Ortegocactus*-Areolentyp
12. *Excobaria*-Areolentyp
13. Bewimperte äussere Blütnblätter
14. Warzenfurchen komplett
15. Cortex wässerig
16. Cortex schleimig
17. Reduktion der extrafloralen Nektardrüsen bis auf optionale Drüsen in Areolennähe
18. Mehrzahl der Randdornen pfriemlich
19. Mehrzahl der Randdornen nadelig
20. 3 oder mehr Mitteldornen stets vorhanden, keiner vorstehend alle angepresst
21. 0 bis 4 Mitteldornen, der dominierende – falls präsent – vorgestreckt
22. Warzen angepresst („Ananas")
23. Warzen aufrecht
24. Warzen vorstehend
25. Mitteldornen 0 bis 1
26. Mitteldornen stets 3 bis 4
27. Warzen an der Basis über 12 mm breit
28. Warzen an der Basis bis 12 mm breit
29. Samen kugelig, Früchte rötend und rasch austrocknend

Abbildung 39

6.3 Systematische Übersicht über die Gattung *Coryphantha*

I. Untergattung Neocoryphantha
Backeberg emend. Dicht & A. Lüthy

I. A Sektion Lepidocoryphantha (Backeberg) Moran

1 a. *C. macromeris* subsp. *macromeris*
1 b. *C. macromeris* subsp. *runyonii*

I. B Sektion Robustispina Dicht & A. Lüthy

2. *C. poselgeriana*
3 a. *C. robustispina* subsp. *robustispina*
3 b. *C. robustispina* subsp. *scheeri*

I. C Sektion Neocoryphantha

I. C. a Reihe Echinoideae Dicht & A. Lüthy
4. *C. wohlschlageri*
5. *C. vaupeliana*
6. *C. glanduligera*
7. *C. echinoidea*

I. C. b Reihe Clavatae Dicht & A. Lüthy
8. *C. octacantha*
9. *C. jalpanensis*
10 a. *C. clavata* subsp. *clavata*
10 b. *C. clavata* subsp. *stipitata*
11. *C. glassii*
12. *C. erecta*
13. *C. potosiana*

I. D Sektion Ottonis Dicht & A. Lüthy

14. *C. ottonis*
15. *C. vogtherriana*
16. *C. georgii*

II. Untergattung Coryphantha

II. A Sektion Coryphantha

II. A. a Reihe Retusae Dicht & A. Lüthy
17 a. *C. elephantidens* subsp. *elephantidens*
17 b. *C. elephantidens* subsp. *bumamma*
17 c. *C. elephantidens* subsp. *greenwoodii*
18. *C. retusa*

II. A. b Reihe Pycnacanthae Dicht & A. Lüthy
19. *C. pycnacantha*
20. *C. tripugionacantha*

II. A. c Reihe Salinenses Dicht & A. Lüthy
21. *C. kracikii*
22. *C. salinensis*
23. *C. difficilis*
24 a. *C. durangensis* subsp. *durangensis*
24 b. *C. durangensis* subsp. *cuencamensis*
25. *C. longicornis*
26 a. *C. pallida* subsp. *pallida*
26 b. *C. pallida* subsp. *calipensis*

II. A. d Reihe Coryphantha
27. *C. maiz-tablasensis*
28. *C. sulcata*
29 a. *C. hintoniorum* subsp. *hintoniorum*
29 b. *C. hintoniorum* subsp. *geoffreyi*

II. A. e Reihe Corniferae Dicht & A. Lüthy

    Unterreihe Corniferae Dicht & A. Lüthy
    30. *C. nickelsiae*
    31. *C. pseudonickelsiae*
    32. *C. compacta*
    33. *C. cornifera*
    34 a. *C. recurvata* subsp. *recurvata*
    34 b. *C. recurvata* subsp. *canatlanensis*
    35. *C. delicata*
    36. *C. neglecta*
    37 a. *C. pseudoechinus* subsp. *pseudoechinus*
    37 b. *C. pseudoechinus* subsp. *laui*

    Unterreihe Delaetianae Dicht & A. Lüthy
    38. *C. delaetiana*
    39 a. *C. ramillosa* subsp. *ramillosa*
    39 b. *C. ramillosa* subsp. *santarosa*
    40. *C. pulleineana*
    41. *C. werdermannii*
    42. *C. echinus*

II. B Sektion Gracilicoryphantha Dicht & A. Lüthy

43. *C. gracilis*

7 Bestimmungsschlüssel der Gattung Coryphantha

A. 1 Extraflorale Nektardrüsen in Furchen und/oder . . . . I. **Untergattung**
   Axillen stets vorhanden   **Neocoryphantha**

   B. 1 Warzen stets nur bis Warzenmitte gefurcht . . . . I. A **Sektion Lepidocory-phantha**

      C. 1 Warzen 15–30 mm lang . . . . 1 a. *C. macromeris* subsp. *macromeris*
      C. 2 Warzen 10–15 mm lang . . . . 1 b. *C. macromeris* subsp. *runyonii*

   B. 2 Warzenfurchen auf der ganzen Länge zwischen Spitze und Axille
      C. 1 Gewebe wässerig

         D. 1 Warzen auf der Oberseite über 20 mm lang . . . . I. B **Sektion Robustispina**

            E. 1 Warzen sehr breit (35–50 mm) sowie . . . . 2. *C. poselgeriana*
               breiter als lang
            E. 2 Warzen sehr lang (25–35 mm) sowie
               länger als breit
               F. 1 Warzen 25–28 mm lang . . . . 3 a. *C. robustispina* subsp. *robustispina*
               F. 2 Warzen 30–35 mm lang . . . . 3 b. *C. robustispina* subsp. *scheeri*

                                                                          I. C **Sektion *Neocoryphantha***

         D. 2 Warzen auf der Oberseite weniger als . . . . I. C. a **Reihe Echinoideae**
            12 mm lang
            E. 1 Mitteldornen 5–7 . . . . 4. *C. wohlschlageri*
            E. 2 Mitteldornen 1–4
               F. 1 Randdornen bis 15 . . . . 5. *C. vaupeliana*
               F. 2 Randdornen mehr als 17
                  G. 1 Körper umgekehrt eiförmig . . . . 6. *C. glanduligera*
                     bis keulig
                  G. 2 Körper halbkugelig bis kugelig . . . . 7. *C. echinoidea*
      C. 2 Gewebe schleimig
         D. 1 Körper säulig oder zylindrisch . . . . I. C. b **Reihe Clavatae**
            E. 1 Mitteldornen dunkler als Randdornen
               F. 1 Warzen unten gekielt oder bauchig
                  G. 1 Warzenoberseite länger als . . . . 8. *C. octacantha*
                     18 mm

Bestimmungsschlüssel der Gattung Coryphantha

      G. 2 Warzenoberseite kürzer als . . . . 9. *C. jalpanensis*
       10 mm
     F. 2 Warzen konisch, drehrund
      G. 1 Vorgestreckter Mitteldorn . . . . 10 a. *C. clavata* subsp.
       gerade   *clavata*
      G. 2 Vorgestreckter Mitteldorn . . . . 10 b. *C. clavata* subsp.
       gehakt   *stipitata*
    E. 2 Mittel- und Randdornen gleich gefärbt
     F. 1 Warzen in 5 und 8 Serien . . . . 11. *C. glassii*
     F. 2 Warzen in 8 und 13 oder 13 und
      21 Serien
      G. 1 Dornen einfarbig gelb . . . . 12. *C. erecta*
      G. 2 Randdornen dunkelbraun . . . . 13. *C. potosiana*
       gespitzt

  D. 2 Körper keulig, kugelig oder flachkugelig . . . . **I. D Sektion Ottonis**
    E. 1 Warzen in 5 und 8 Serien
     F. 1 Mehr als 8 Randdornen . . . . 14. *C. ottonis*
     F. 2 Weniger als 7 Randdornen . . . . 15. *C. vogtherriana*
    E. 2 Warzen in 8 und 13 Serien . . . . 16. *C. georgii*

A. 2 Extraflorale Nektardrüsen fehlend oder fakultativ und nur in . . . . **II. Untergattung**
Areolennähe vorhanden   **Coryphantha**

 B. 1 Warzen an der Basis über 7 mm breit, Samen . . . . **II. A Sektion Coryphantha**
   nierenförmig
    C. 1 Mehrzahl der Randdornen pfriemlich oder dünnpfriemlich . . **II. A. a Reihe Retusae**
     D. 1 Randdornen weniger als 10, Mehrzahl pfriemlich
      E. 1 Pflanzen einzeln . . . . 17 a. *C. elephantidens*
                         subsp. *elephantidens*
      E. 2 Meist gruppenbildend
       F. 1 Warzen 25–27 mm breit . . . . 17 b. *C. elephantidens*
                         subsp. *bumamma*
       F. 2 Warzen 18–22 mm breit . . . . 17 c. *C. elephantidens*
                         subsp. *greenwoodii*
     D. 2 Randdornen mehr als 10, Mehrzahl dünnpfriemlich . . . . 18. *C. retusa*
    C. 2 Mehrzahl der Randdornen nadelig
     D. 1 Stets mit Mitteldornen, keiner vorgestreckt, alle . . . . . . **II. A. b Reihe Pycnacanthae**
       dem Körper zugebogen
      E. 1 5–7 Mitteldornen . . . . 19. *C. pycnacantha*
      E. 2 stets 3 Mitteldornen . . . . 20. *C. tripugionacantha*
     D. 2 Mitteldornen, wenn vorhanden, dann mindestens
       1 vorgestreckt
      E. 1 Warzen anliegend, flachkonisch oder bauchig . . . . . **II. A. c Reihe Salinenses**
       F. 1 Zwei Typen Randdornen (pfriemliche und nadelige)
        G. 1 Warzen konisch-zylindrisch, rundlich
         H. 1 Stets 5–8 Mitteldornen . . . . 21. *C. kracikii*
         H. 2 Höchstens 4 Mitteldornen . . . . 22. *C. salinensis*
        G. 2 Warzen abgeflacht breitkonisch . . . . 23. *C. difficilis*

Bestimmungsschlüssel der Gattung Coryphantha

F. 2 Randdornen alle nadelig
    G. 1 Mitteldorn gerade
        H. 1 Mitteldorn nach oben gerichtet ..... 24 a. *C. durangensis* subsp. *durangensis*
        H. 2 1 Mitteldorn vorgestreckt .... 24 b. *C. durangensis* subsp. *cuencamensis*
    G. 2 Mitteldorn gebogen
        H. 1 Warzen 20 bis 22 mm breit .... 25. *C. longicornis*
        H. 2 Warzen 14–17 mm breit .... 26 a. *C. pallida* subsp. *pallida*
        H. 3 Warzen 25–30 mm breit .... 26 b. *C. pallida* subsp. *calipensis*

E. 2 Warzen aufrecht, konisch .... **II. A. d Reihe Coryphantha**
    F. 1 Mitteldorn fehlend, Randdornen weniger als 7   27. *C. maiz-tablasensis*
    F. 2 Mitteldorn stets vorhanden, Randdornen 7–15
        G. 1 Mitteldorn(en) nie gehakt .... 28. *C. sulcata*
        G. 2 Mitteldorn stets gehakt
            H. 2 Warzen an der Basis über 20 mm ... 29 a. *C. hintoniorum* subsp. *hintoniorum*
            breit
            H. 2 Warzen an der Basis bis 12 mm .... 29 b. *C. hintoniorum* subsp. *geoffreyi*
            breit

E. 3 Warzen vorstehend, konisch .... **II. A. e Reihe Corniferae**
    F. 1 Mitteldornen 0–1 .... **Unterreihe a. Corniferae**
        G. 1 Warzen an der Basis über 12 mm breit
            H. 1 Obere Randdornen gebündelt
                I. 1 Warzen in 5 und 8 Serien ...... 30. *C. nickelsiae*
                I. 2 Warzen in 8 und 13 Serien ..... 31. *C. pseudonickelsiae*
            H. 2 Obere Randdornen nicht gebündelt
                I. 1 Pflanzen einzeln
                    J. 1 Warzenoberseite bis ...... 32. *C. compacta*
                        7 mm lang
                    J. 2 Warzenoberseite über ..... 33. *C. cornifera*
                        8 mm lang
                I. 2 Gruppenbildend
                    J. 1 Mitteldorn nach unten ..... 34 a. *C. recurvata* subsp. *recurvata*
                        gebogen
                    J. 2 Mitteldorn gerade, ... 34 b. *C. recurvata* subsp. *canatlanensis*
                        vorgestreckt
        G. 2 Warzen an der Basis bis 12 mm breit
            H. 1 Obere Randdornen gebündelt
                oder dichter stehend
                I. 1 Warzen an der Basis 7–9 mm ... 35. *C. delicata*
                    breit
                I. 2 Warzen an der Basis 11 mm .... 36. *C. neglecta*
                    breit ....
            H. 2 Randdornen gleichmässig ausstrahlend
                I. 1 Epidermis graugrün .... 37 a. *C. pseudoechinus* subsp. *pseudoechinus*
                I. 2 Epidermis grasgrün .... 37 b *C. pseudoechinus* subsp. *laui*

Bestimmungsschlüssel der Gattung Coryphantha

    F. 2 Mitteldornen stets 3–4 .... **Unterreihe b. Delaetianae**
        G. 1 Warzen an der Basis 15–25 mm breit
            H. 1 Obere Randdornen gebündelt ...... 38. *C. delaetiana*
            H. 2 Randdornen gleichmässig ausstrahlend
                I. 1   Randdornen 14–20 .... 39 a. *C. ramillosa* subsp. *ramillosa*
                I. 2   Randdornen 12–13 .... 39 b. *C. ramillosa* subsp. *santarosa*
        G. 2 Warzen an der Basis bis 12 mm breit
            H. 1 Körper schlanksäulig .... 40. *C. pulleineana*
            H. 2 Körper kugelig bis zylindrisch
                I. 1   Mitteldornen unregelmässig .... 41. *C. werdermannii* vorgestreckt
                I. 2   Mitteldornen in Vogelfussstellung   42. *C. echinus*

B. 2 Warzen an der Basis weniger als 7 mm breit, Samen kugelig ... **II. b Sektion Gracilicoryphantha**
                                        43. *C. gracilis*

8 Die Gattung *Coryphantha* *(Engelmann) Lemaire*

Cactées 32, 1868 *(nom. cons.* ICBN 5411 a) (=) *Aulacothele* (Lemaire) Monville, Cat. Pl. Exot. : 21, 1846.
Basionym: *Mammillaria* subg. *Coryphantha* Engelmann, Syn. Cact. US, 8, 1856; Proc. Amer. Acad. 3: 264, 1857.
Lectotyp: *Coryphantha sulcata* (Engelmann) Britton & Rose (Britton, N. L. & Brown, A., An illustrated Flora of the Northern United States ..., ed. 2, 1–3: 579, 1913; Hunt & Benson, Cact. Succ. J. (US) 48: 72, 1976).
Synonyme: *Mammillaria* Haworth, Syn. Pl. Succ. 177, 1812 *(pro parte)*; *Echinocactus* Link & Otto, Verh. Ver. Bef. 3: 420, 1827 *(pro parte)*; *Mammillaria* [tax. infrag.] *Aulacothelae* Lemaire, Cact. Gen. Nov. 92: 1839; *Mammillaria* subsect. *Aulacothelae* (Lemaire) Lawrence, Gard. Mag. & Reg. Rural Domest. Improv., ser. 3, 6: 313–321, 1841; *Cactus* Kuntze, Rev. Gen. Pl. 1: 261, 1891 *(pro parte)*; *Cactus* sect. *Coryphantha* (Engelmann) Coulter, Contr. U. S. Nat. Herb 3 (2): 95, 1894; *Neolloydia* Britton & Rose, Bull. Torr. Club. 49: 251, 1922 *(pro parte)*; *Lepidocoryphantha* Backeberg, Blätter Kakteenforschung 6: 18, 1938; *Escobrittonia* Doweld, Sukkulenty, 3 (1): 17, 2000 *(pro parte)*.
Definition: Potenz, extraflorale Nektardrüsen auszubilden. Blühfähige Warzen gefurcht. Blüten im Scheitel der Pflanze. Früchte grün, saftig. Samen braun, Testa netzgrubig.

I. Untergattung Neocoryphantha Backeberg *emend.* Dicht & A. Lüthy

Jahrb. Dtsch. Kakt. Ges. 2: 61, 1942 *(pro parte)*. Emend. Cact. Syst. Init. (11): 8, 2001
Typ: *Coryphantha clavata* (Scheidweiler) Backeberg.
Synonyme: *Mammillaria* sect. *Glanduliferae* Salm-Dyck in Walpers [in Suppl. I] Repert. bot. syst. 2 (2): 272, 1843 *(nom. inval.* ICBN art. 52. 1, incl. *M. aulacothele* Lemaire, die Typart der früher und gültig publizierten *Mammillaria* sect. *Aulacothelae* Lemaire, Cact. Gen. Nov. 92, 1839); *Coryphantha* Series *Recurvatae* Britton & Rose, Cactaceae 4: 24, 1923 *(pro parte,* typ. excl.); *Coryphantha* series *Glanduliferae* (Salm-Dyck) Bravo & Sánchez-Mejorada, Las Cactáceas de México 3: 475, 1991 *(nom. inval.* ICBN art. 52. 1).
Definition: Pflanzen mit *Macromeris-, Protocoryphantha-, Protomammillaria-* oder *Ortegocactus*-Areolentyp (Zimmermann 1985, Seite 61), mit Nektardrüsen in den Warzenfurchen und/oder den Axillen. Gewebe (Cortex) wässerig oder schleimig. Samen nierenförmig.

I. A. Sektion Lepidocoryphantha (Backeberg) Moran

Gentes Herb. 8 (4): 318, 1953
Basionym: *Lepidocoryphantha* Backeberg, Blätter Kakteenforschung 6: 18, 1938 *(pro gen.)*
Typ: *Coryphantha macromeris* (Engelmann) Lemaire.

Synonyme: *Coryphantha* series *Macromeres* Britton & Rose, Cactaceae 4: 24, 1923.

Definition: *Macromeris*-Areolentyp (Zimmermann 1985, Seite 61): Pflanzen, die erst nach Ausbildung von Areolenfurchen maximaler Länge blühen, die sich jedoch nur auf ca. halber Länge bis zur Axille ausdehnen. Ränder der äusseren Perianthsegmente bewimpert. Ovar und Frucht mit einzelnen wenigen Schuppen. Gewebe (Cortex) schleimig.

1 a. *Coryphantha macromeris* (Engelmann) Lemaire subsp. *macromeris*

Cactées 35, 1868

Basionym: *Mammillaria macromeris* Engelmann in Wislizenus, Mem. Tour. North. Mex. 97, 1848.

Lectotyp: USA, New Mexico, Donana, 9 may 1846, Wislizenus s. n. (MO); Benson, Cacti US & Canada 959, 1982.

Synonyme: *Echinocactus macromeris* (Engelmann) Poselger, Allg. Gartenz. 21: 102, 1853; *Cactus macromeris* (Engelmann) Kuntze, Rev. Gen. Pl. 1: 260, 1891; *Lepidocoryphantha macromeris* (Engelmann) Backeberg, Cactaceae, Jahrb. DKG 1941 (2): 61, 1942; *Mammillaria heteromorpha* Scheer ex Salm-Dyck, Cact. Hort. Dyck. 1849: 128, 1850; *Echinocactus heteromorphus* (Scheer ex Salm-Dyck) Poselger, Allg. Gartenz. 21: 126, 1853; *Cactus heteromorphus* (Scheer ex Salm-Dyck) Kuntze, Rev. Gen. Pl. 1: 260, 1891; *Mammillaria dactylithele* Labouret, Monogr. Cact. 146, 1853.

Körper sprossend, mattgrün, kugelig bis kurzzylindrisch, 10–15 cm hoch und 5 cm Durchmesser, grosse Gruppen bis 50 cm Durchmesser und 20 cm Höhe bildend. Wurzel im oberen Teil Sprossrübe, in Rübenwurzel übergehend. **Warzen** in 5 und 8 Serien, locker gestellt, konisch, abgerundet, sich gegen die Spitze stark verjüngend, basal 18 mm breit, 11 mm hoch, oberseits 13–20 mm, unterseits 17–30 mm lang, Furche nie durchgehend, kurz oder bis höchstens halbe Warzenlänge, bewollt, mit 1 bis mehreren roten Drüsen, eine davon stets am körpernahen Furchenende. **Areolen** rund, 3–4 mm Durchmesser, mit weissem Wollfilz. **Randdornen** 9 bis 15, unregelmässig angeordnet und vorspreizend, gerade oder leicht gebogen, nadelig, 15–28 mm lang, kürzeste unten, dunkel- bis hellgrau, im Neutrieb auch rötlichbraun. **Mitteldornen** 3 bis 6, unregelmässig vorgestreckt, gerade bis leicht gebogen, derb nadelig, 25–50 mm lang, hell- bis dunkelrotbraun, dann von der Basis her vergrauend. **Blüten** 3 bis 6 cm lang und Durchmesser; Blütenröhre grün mit einigen kleinen Schuppen; äussere Blütenblätter breit lanzettlich, gespitzt, an der Spitze gezähnelt, bewimpert, 25 mm lang und 6 mm breit, purpurrot oder hellrosa mit purpurbraunem Mittelstreifen; innere Blütenblätter breitlanzettlich, gespitzt, gegen die Spitze gezähnelt, ganzrandig, 30 mm lang und 6–9 mm breit, purpurrot oder hellrosa mit dunklerem Mittelstreifen, Staubfäden purpurrot oder rosa bis fast weiss, Staubbeutel gelb, Griffel gelblich, Narbenblätter 7 bis 8, gelblichweiss. **Früchte** grüne, saftige Beeren, 16–25 mm lang, 6–9 mm Durchmesser, mit einigen kleinen, bewimperten Schuppen. **Samen** nierenförmig, 1,2 mm breit, bis 1,8 mm lang, rehbraun, Testa netzgrubig.

Verbreitung: USA: im Süden von New Mexico und Texas, dem Rio Grande entlang. Mexiko: in den Bundesstaaten Chihuahua, Coahuila und San Luis Potosí.

Habitat: Sandige Schwemmebenen, offen oder unter Büschen, auf 750–1500 m ü. M.

Überprüfte Fundorte:

USA: Texas: Big Bend National Park, Presidio County.
New Mexico: Doña Ana County, Eddy County.
Mexiko: Coahuila: Hipolito, Monclova, Laguna de Meyràn, San Juan de Boquillas, Cuatrocienegas, Benito Juarez, Monterrey-Monclova km 40, Ocampo.
Chihuahua: El Sueco, Cuauhtemoc.
San Luis Potosí: Villa de Ramos.

Vorkommen: Ungefährdet.

Abbildungen: Verbreitung siehe Farbtafel 9, Abb. 1; Pflanzenporträt siehe Farbtafel 14, Abb. 1, 3.

1 b. Coryphantha macromeris subsp. runyonii (Britton & Rose) N. P. Taylor

Cact. Cons. Init. (6): 15, 1998.
Basionym: *Coryphantha runyonii* Britton & Rose, Cact. 4: 26, 1923.
Lectotyp: USA, Texas, Rio Grande (City), 10. Aug. 1921, Runyon s. n. (US; NY, dupl.). (Benson, Cact. Suc. J. (US) 41: 188, 1969.)
Synonyme: *Mammillaria runyonii* (Britton & Rose) Cory, Rhodora 38: 407, 1936; *Lepidocoryphantha runyonii* (Britton & Rose) Backeberg, Cactaceae 5: 2975, 1961; *Coryphantha macromeris* var. *runyonii* (Britton & Rose) Benson, Cact. Succ. J. (US) 41: 188, 1969; *Lepidocoryphantha macromeris* subsp. *runyonii* (Britton & Rose) Doweld, Sukkulenty 1999 (1): 28, 1999; *Coryphantha pirtlei* Werdermann, Notizbl. Bot. Gart. Berlin-Dahlem 12: 226, 1934.
Körper kleinbleibend, bis maximal halbe Abmessungen von subsp. *macromeris*, sprossend, niedere Klumpen von manchmal bis 50 cm Durchmesser bildend, gräulichgrün, mit Rübenwurzel. **Warzen** locker gestellt, konisch, abgerundet, basal 11 mm breit, in der Mitte 5 mm, 10–15 mm lang, Furche nie durchgehend, nur in der areolennahen Hälfte. **Areolen** rund, 1–2 mm Durchmesser, mit weissem Wollfilz. **Randdornen** 6 bis 9, unregelmässig angeordnet und vorspreizend, gerade oder gebogen, 7–20 mm lang, kürzeste unten, fein nadelig, gelblich weiss, einzelne bräunlich. **Mitteldornen** 1–2, selten 3, bis 25 mm lang, vorgestreckt, leicht gebogen, nadelig, rot- bis dunkelbraun. **Blüten**, **Früchte** und **Samen** wie subsp. *macromeris*.
Verbreitung: entlang des Unterlaufs des Rio Grande, auf Meereshöhe, zwischen Brownsville und Rio Grande City (Texas), sowie parallel dazu im mexikanischen Bundesstaat Tamaulipas.
Habitat: Sandige Schwemmböden.
Überprüfte Fundorte:
USA: Texas: Jim Hogg County.
Vorkommen: Ungefährdet. Wird wegen ihrer psychoaktiven Alkaloide gesammelt.
Bemerkungen: Die subsp. *runyonii* ist in allen Abmessungen etwa halb so gross wie subsp. *macromeris* und wächst in einem isolierten Areal am Unterlauf des Rio Grande auf Meereshöhe.

Sowohl die Art als auch die Unterart weisen Merkmale auf, die innerhalb der Gattung *Coryphantha* einmalig sind:
- Die Warzenfurchen reichen stets nur bis zur Warzenmitte, sind also nie bis zur Axille durchgehend (*Macromeris*-Areolentyp),
- die äusseren Blütenblätter sind bewimpert,
- der Fruchtknoten und die Frucht weisen vereinzelte Schuppen auf.

Aus diesem Grund stellte BACKEBERG (1938) für die Serie *Macromeres* von Britton & Rose die neue Gattung *Lepidocoryphantha* auf. BUXBAUM (in KRAINZ 1959) zog diese Gattung wieder ein und stellte die *Macromeres* zu *Coryphantha*. Mit den genannten Merkmalen weisen sich die *Macromeres* als älteste Entwicklungsstufe innerhalb der Gattung *Coryphantha* aus. Da auch andere *Coryphantha*-Arten bewimperte äussere Blütenblätter (zum Beispiel *Coryphantha robustispina* subsp. *scheeri*) und Früchte beziehungsweise Fruchtknoten mit vereinzelten Schuppen (Bsp. *Coryphantha clavata*) aufweisen ist aufgrund des eigenständigen Areolentyps eine Abtrennung als eigene Sektion, nicht aber als Untergattung gerechtfertigt.
Abbildungen: Verbreitung siehe Farbtafel 9, Abb. 1; Pflanzenporträt siehe Farbtafel 14, Abb. 2.

I. B Sektion Robustispina Dicht & A. Lüthy

Cact. Syst. Init. 11: 9, 2001.
Typ: *Coryphantha robustispina* (Schott ex Engelmann) Britton & Rose.
Definition: *Protocoryphantha*-Areolentyp: Furchen auf jeder neu gebildeten Warze während der Ontogenese der einzelnen Pflanze zunehmend länger werdend, mit einem länger dauernden (Jahre) Unterbruch wenn die Furchen etwa ¾ der Strecke bis zur Axille erreicht haben und Persistenz unvollständiger Furchen auf alten Warzen, blühfähig erst wenn die

Areolenfurchen ihre Maximallänge bis zur Axille erreicht haben. Gewebe (Cortex) wässerig.

2. *Coryphantha poselgeriana* (Dietrich) Britton & Rose

Cactaceae 4: 28, 1923
Basionym: *Echinocactus poselgerianus* Dietrich, Allg. Gartenz. 19: 346, 1851.
Typ: nicht bezeichnet.
Synonyme: *Mammillaria salm-dyckiana* Scheer in Salm-Dyck, Cact. Hort. Dyck 1849: 134, 1850 *nom. rejic.* (Dicht 2000); *Mammillaria salm-dyckiana brunnea* Salm-Dyck, Allg. Gartenz. 18: 394, 1850 *nom. rejic.*; *Echinocactus salm-dyckianus* Poselger, Allg. Gartenz. 21: 102, 1853 *nom. rejic.*; *Cactus salm-dyckianus* Kuntze, Rev. Gen. Pl. 1: 261, 1891 *nom. rejic.*; *Coryphantha salm-dyckiana* (Scheer) Britton & Rose, Cactaceae 4: 28, 1923 *nom. rejic.*; *Coryphantha salm-dyckiana* (Scheer) Britton & Rose var. *brunnea* (Salm-Dyck) Unger, Kakt. and. Sukk. 37 (5): 85, 1986 *nom. rejic.*; *Echinocactus saltillensis* Poselger, Allg. Gartenz. 21: 101, 1853; *Mammillaria saltillensis* Bödeker, Zeitschar. Sukk. -Kunde 3: 268, 1928; *Coryphantha poselgeriana* var. *saltillensis* (Poselger) Bremer, Cact. Suc. Mex. 22: 16, 1977; *Mammillaria valida* Purpus, Monatsschr. Kakt. 21: 97, 1911, *nom. illeg.* ICBN Art. 53 [Non *Mammillaria valida* Weber, Dict. Hort. Bois 806, 1898. Nec *Mammillaria scheeri* var. *valida* Engelmann, Proc. Amer. Acad. 3: 265, 1857 (= *Coryphantha robustispina* subsp. *scheeri* (Lemaire) Taylor)]; *Coryphantha valida* (Purpus) Bremer, Cact. Suc. Mex. 22: 14, 1977 (siehe ICBN Art. 58. 3); *Coryphantha poselgeriana* (Dietrich) Britton & Rose var. *valida* (Purpus) Heinrich ex Backeberg, Cactaceae 5: 3050, 1961 (siehe ICBN Art. 58. 3) [Non *Coryphantha scheeri* (Kuntze) Benson var. *valida* (Engelmann) Benson, The Cacti of Arizona 25, 1969 (= *Coryphantha robustispina* subsp. *scheeri* (Lemaire) Taylor)]; *Mammillaria kieferiana* Hort. ex Bödeker, Zeitschr. Sukk.-Kunde 3: 270, 1928; *Coryphantha kieferiana* Berger, Kakteen 276, 1929; *Echinocactus salinensis* Poselger 1853 **sensu** Britton & Rose, Cactaceae 4: 28, 1923; *Mammillaria difficilis* Quehl 1908 **sensu** Britton & Rose, Cactaceae 4: 28, 1923. *Coryphantha salm-dyckiana* var. *brunnea* (Salm-Dyck) G. Unger, Kakt. and. Sukk. 37 (5): 85, 1986.

Körper einzeln, halbkugelig bis kurz zylindrisch, 10 bis 30 cm hoch und 13 bis 18 cm Durchmesser, matt grau-blau-grün, Scheitel gerundet, wollig, mit zentraler dünner Pfahlwurzel. **Warzen** in 8 und 13 Spiralen, basal abgerundet 4–6-kantig, gegeneinander furchig abgegrenzt, gegen die Areole konvex-kegelig, oberseits etwas abgeflacht, an der Spitze gerundet, bis 30 mm hoch und 50 mm breit, jüngere schmaler, bis 25 mm lang, mit tiefer, wolliger Furche mit 1–5 gelborange Drüsen auf der ganzen Länge. **Axillen** wollig, mit Drüse. **Areolen** rund, 7 mm Durchmesser, schwach wollig. **Randdornen** 9–12, davon 7–8 radiäre seitlich und unten, leicht vorgestreckt, gerade oder etwas zurückgebogen, kräftig, dick pfriemlich, die stärksten 3–4 unten, abgeflacht, seitlich kantig, 30–40 mm lang, jung weisslich, dann rötlich braun mit dunkler Spitze, schliesslich grau, oberseits oft schwärzlich. Im oberen Areolenteil 4–5 dünnere, aufsteigend, leicht gebogen, im Büschel, wenig kürzer, weisslich mit schwarzen Spitzen, dann gräulich. **Mitteldorn** 1, gerade vorgestreckt, in Form, Dicke, Farbe und Länge wie die unteren Randdornen. **Blüten** trichterförmig, 6–7 cm Durchmesser, äussere Blütenblätter lanzettlich, meist gespitzt, Rand ganz, gegen die Spitze gezähnelt, hellrosa bis karminrot mit dunklerem, manchmal grünlichem Mittelstreifen. Innere Blütenblätter linealisch-lanzettlich, Rand ganz, gegen die Spitze gezähnelt, blassrosa mit karminrotem Schlund. Staubfäden karminrot, Staubbeutel dottergelb, Griffel rötlich, Narben 8–10, 3–5 mm lang, grünlichgelb. **Früchte** grüne, saftige Beeren mit anhaftendem Blütenrest, länglich bis breit eiförmig, 25–50 mm lang und 7–18 mm im Durchmesser. **Samen** nierenförmig, 2–2,5 mm lang und 1,5 mm breit, Testa glänzend, netzgrubig, rotbraun.

Entwicklung: Zuerst sind die Warzen noch flach und nur durch eine tiefe Furche voneinander getrennt („Seeigelform"). Später wachsen sie in die Länge und die Furchenentwicklung setzt ein. Bevor die Pflanze wirklich ausgewachsen ist macht sie sterile Scheinblüten, die sich nie öffnen.

Verbreitung: Mexiko: Coahuila, San Luis Potosí, Durango und Zacatecas.

Habitat: Schwemmebenen mit sandig-gipsigen oder kiesigen, nahezu vegetationslosen Böden.

Überprüfte Fundorte:
Mexiko: Coahuila: Hipolito, Estacion Marte, Saltillo, Cuatrocienegas, El Papalote, Zona de Minas, La Rosa, Nueva Atalaya, Arteaga, Ocampo. San Luis Potosí: Villa de Ramos, Vanegas, Tolosa. Durango: Santa Clara, Cuencamé, Yerbanis. Zacatecas: Rio Grande, Juan Aldama.

Vorkommen: Ungefährdet.

Erläuterungen: Diese kräftig bedornte, an einen Echinocactus erinnernde Art weist, wie *Coryphantha robustispina* subsp. *scheeri* Br. & R., mit der sie immer wieder verwechselt wurde, eine bewegte nomenklatorische Geschichte auf und müsste eigentlich *Coryphantha salm-dyckiana* heissen.

Wie UNGER (1986) richtig feststellte, wurde diese Art nicht, wie die meisten Autoren annahmen, als *Echinocactus poselgerianus* von DIETRICH (1851) erstbeschrieben, sondern bereits ein Jahr zuvor durch SCHEER (1850) als *Mammillaria salm-dyckiana*.

Mammillaria salm-dyckiana Scheer ex Salm-Dyck, Cact. Hort. Dyck 1849: 134, 1850 war die Erstbeschreibung einer kugeligen Pflanze mit sehr grossen Warzen von 27 mm (ein Daumen) Breite (im Alter zusammengedrückt und sogar bis 40,5 mm [1 ½ Daumen] Durchmesser), 8–10 Randdornen von 27 bis 40 mm (1 bis 1 ½ Daumen) Länge und einem einzelnen Mitteldorn von 54 mm (2 Daumen) Länge. Dies war jedoch die ältere Beschreibung von *Echinocactus poselgerianus* Dietrich 1851, dem Basionym von *Coryphantha poselgeriana* (Dietrich) Britton & Rose 1923 (UNGER 1986, DICHT 1996).

Als Britton & Rose die neue Kombination *Coryphantha salm-dyckiana* (Scheer) Britton & Rose in Cactaceae 4: 39, 1923 publizierten, brauchten sie den Namen für eine andere Pflanze mit kleinen Warzen (15 mm Breite) mit 15 Randdornen von 10–15 mm Länge und 1–4 Mitteldornen (der längste davon 20–25 mm lang), die *Coryphantha delaetiana* (Quehl 1908) Berger 1929 entspricht, die von Britton & Rose auch unter den Synonymen von *Coryphantha salm-dyckiana* (Scheer) Britton & Rose erwähnt wurde.

Seit BRITTON & ROSE (1923) wurde *Coryphantha salm-dyckiana* (Scheer) Britton & Rose kontinuierlich und von allen Autoren in ihrem inkorrekten Sinn als Synonym von *Coryphantha delaetiana* (Quehl) Berger verwendet (BERGER 1929, BORG 1937, BACKEBERG 1961, GLASS 1975, BRAVO & SANCHEZ-MEJORADA 1991, PRESTON-MAFHAM 1991) und nie als älteres, und gültiges Synonym von *Coryphantha poselgeriana* (Dietrich) Britton & Rose 1923.

Die Missverständnisse, die verursacht würden, falls *Coryphantha salm-dyckiana* (Scheer) den Namen *C. poselgeriana* (Dietrich) Britton & Rose ersetzen würde, der Mangel eines Typs, die Schwierigkeit, den Namen zu typifizieren und die offensichtliche Falschanwendung des Namens durch Britton & Rose sind genügend Gründe, die einen Vorschlag, Scheers Basionym *Mammillaria salm-dyckiana* zu verwerfen (rejection) rechtfertigen. So entfällt der Konflikt mit dem Namen *Echinocactus poselgerianus* Dietrich und *Coryphantha delaetiana* (Quehl) Berger ersetzt *Coryphantha salm-dyckiana* Britton & Rose.

Ein entsprechender Vorschlag wurde 2000 dem Nomenklaturkomitee für Spermatophyten unterbreitet.

Abbildungen: Verbreitung siehe Farbtafel 9, Abb. 1; Pflanzenporträt siehe Farbtafel 15, 16.

3 a. *Coryphantha robustispina* (Schott ex Engelmann) Britton & Rose subsp. *robustispina*

Cactaceae IV: 33, 1923

Basionym: *Mammillaria robustispina* Schott ex Engelmann, Proc. Amer. Acad. 3: 265, 1856.

Typ: Mexiko: Wüsten auf der Südseite der Baboquivari-Berge, vermutlich auf der Grenzseite von Sonora (Schott 4, MO 01443835, holo; F 42679, iso.).
Synonyme: *Cactus robustispinus* (Schott) Kuntze, Rev. Gen. Pl. 1: 261, 1891; *Mammillaria robustissima* Schott, West. Am. Scient. 21, 1900; *Coryphantha muehlenpfordtii* (Poselger) Britton & Rose var. *robustispina* (Schott ex Engelmann) Marshall, Ariz. Cact. 94, 1953; *Coryphantha muehlenpfordtii* Britton & Rose subsp. *robustispina* (Engelmann) Dicht, Kakt. and. Sukk. 47 (12): 252, 1996; *Coryphantha scheeri* (Kuntze) Benson var. *robustispina* (Schott ex Engelmann) Benson, Cact. Arizona 25, 1969; *Coryphantha scheeri* Lemaire var. *robustispina* Benson, Cacti of the United States and Canada 820, 1982; *Mammillaria brownii* Toumey, Bot. Gaz. 22: 253, 1896; *Cactus brownii* Toumey, Bot. Gaz. 22: 253, 1896.
Körper einzeln oder gruppenbildend, kugelig oder wenig höher als breit, 5–15 (–20) cm hoch, matt graugrün, Scheitel abgeflacht. **Warzen** in 8 und 13 Serien, konisch, gerundet, oben etwas abgeflacht, ältere basal rhombisch, Breite basal 20 mm, Höhe 17 mm, Länge oberseits 22 mm, unterseits 25 mm, oberseits durchgehend gefurcht, jung weisswollig, mit kleinen, verborgenen Drüsen. **Areolen** rund, 7 mm Durchmesser, jung weisswollig. **Randdornen** 8–12, untere und seitliche 6–8 radiär, horizontal, gerade, pfriemlich, starr, 30 mm lang, obere in 2 Reihen dichter gestellt, etwas dünner und länger, alle jung bräunlich, dann von der Basis her vergrauend, obere heller mit dunkler Spitze. **Mitteldorn** 1, kräftiger als Randdornen, gerade vorgestreckt, Spitze gebogen bis gehakt, 30 mm lang, Farbe wie untere Randdornen. **Blüten** 5 bis 7 cm Durchmesser, 5–6 cm lang, trichterförmig, äussere Blütenblätter lanzettlich, gespitzt, Rand bewimpert, gegen die Spitze gezähnelt, gelb mit rötlichem Mittelstreifen, innere Blütenblätter lanzettlich, gespitzt, Rand ganz, gegen die Spitze gezähnelt, gelb, manchmal basal rötlich, Staubfäden rötlich, Staubbeutel gelb, Griffel und Narben hellgelb. **Früchte** grüne, saftige, längliche Beeren, 30–55 mm lang, 12–20 mm dick. **Samen** nierenförmig, 3,2 mm lang, 2,5 mm breit, glänzend braun, netzgrubige Testa.
Verbreitung: USA: Im Süden von Arizona in einem umschriebenen Areal von ca. 70 km Ost-West- und 80 km Nord-Süd-Ausbreitung sowie in den angrenzenden Gebieten des Mexikanischen Bundesstaats Sonora.
Habitat: Ebenes Grasland mit spärlicher Vegetation oder auf flachen Hügelkuppen.
Überprüfter Fundort:
USA: Arizona: Pima County.
Vorkommen: Gefährdet, insbesondere durch Urbanisierung, Strassenbau, Brände, Lehmans Lovegrass, illegale Aufsammlung, Offroad-Fahrzeuge.
   Diese in den USA Pima Pineapple Cactus genannte Art ist seit dem 20. 4. 1992 auf der Liste bedrohter Arten der USA.
Erläuterungen: Die Einziehung von *Coryphantha robustispina* Br. & R. als Varietät von *Coryphantha muehlenpfordtii* (MARSHALL 1953) beziehungsweise von *Coryphantha scheeri* (BENSON 1969) stiess nicht überall auf Verständnis, da sie in der gesamten Literatur, im Gegensatz zu *Coryphantha scheeri*, ohne Nektardrüsen erwähnt war und somit zur Serie *Aulacothelae* Lemaire (*Sulcolanatae* Britton & Rose) und nicht wie die genannten Arten zu den *Glanduliferae* Salm-Dyck (*Recurvatae* Britton & Rose beziehungsweise *Neocoryphantha* Backeberg) gehörte.
   Nach eigenen Beobachtungen bildet aber *C. robustispina* subsp. *robustispina* sehr wohl Drüsen aus. Diese sind zwar viel kleiner als jene der subsp. *scheeri* und oft durch Wollfilz in den Furchen verdeckt, so dass auch diese Art oft von Russpilzen befallen wird.
Abbildungen: Verbreitung siehe Farbtafel 9, Abb. 1; Pflanzenporträt siehe Farbtafel 17, Abb. 1.

3 b. *Coryphantha robustispina* subsp. *scheeri* (Lemaire) N. P. Taylor
Cact. Cons. Init. 6: 18, 1998.
Basionym: *Coryphantha scheeri* Lemaire, Cactées 35, 1868.

Lectotyp: Allg. Gartenz. 15 (3): t. 2, 1847 (Taylor, Cact. Cons. Init. 6: 18, 1998).
Synonyme: *Mammillaria scheeri* Mühlenpfordt, Allg. Gartenz. 5: 97, 1847 [non *Mammillaria scheeri* Mühlenpfordt, Allg. Gartenz. 13: 346, 1845 (= *Neolloydia conoidea*)]; *Mammillaria scheeri* Mühlenpfordt var. *valida* Engelmann, Proc. Amer. Acad. 3: 265, 1856 [non *Mammillaria valida* Weber, Dict. Hort. Bois 806, 1898, nec *Mammillaria valida*, Purpus, Monatsschr. Kakt. 21: 97, 1911, nec *Coryphantha valida* (Purpus) Bremer, Cact. Suc. Mex. 22: 14, 1977]; *Coryphantha engelmannii* Lemaire, Cactées 34, 1868. *Cactus scheeri* (Mühlenpfordt) Kuntze, Rev. Gen. Pl. 1: 261, 1891; *Coryphantha scheeri* (Kuntze) Benson, Cact. Succ. J. (US) 41: 234, 1969; *Coryphantha scheeri* (Kuntze) Benson var. *valida* (Engelmann) Benson, Cact. Arizona 25, 1969; *Coryphantha scheeri* (Kuntze) Benson var. *uncinata* Benson, Cact. Succ. J. (US) 41: 234, 1969; *Coryphantha scheeri* Lemaire var. *uncinata* Benson, Cacti of the United States and Canada: 820, 1982; *Echinocactus muehlenpfordtii* Poselger, Allg. Gartenz. 21: 102, 1853 [non *Mammillaria muehlenpfordtii* Förster, ex Otto & Dietr., Allg. Gartenz. 15: 49, 1847, nec *Echinocactus muehlenpfordtii* Fennel, Allg. Gartenz. 9: 65, 1847 (= *Thelocactus setispinus*)]; *Coryphantha muehlenpfordtii* (Poselger) Britton & Rose, Cactaceae 4 : 28, 1923; *Coryphantha muehlenpfordtii* Britton & Rose subsp. *muehlenpfordtii* Dicht, Kakt. and. Sukk. 47 (5): 98, 1996; *Coryphantha muehlenpfordtii* subsp. *uncinata* (Benson) Dicht, Kakt. and. Sukk. 47 (5): 98, 1996; *Mammillaria engelmannii* Cory, Rhodora 8: 405, 1936 [non *Coryphantha engelmannii* Lemaire, Cactées 34, 1868, nec *Cactus engelmannii* Kuntze, Rev. Gen. Pl. 1: 261, 1891]; *Coryphantha neoscheeri* Backeberg, Cactaceae 5: 3051, 1961; *Coryphantha robustispina* subsp. *uncinata* (Benson) N. P. Taylor, CCI 6: 18, 1998.
Körper einzeln, selten basal sprossend, kugelig bis eiförmig, dann kurz zylindrisch oder etwas konisch, 10–20 cm hoch und 12 cm Durchmesser, matt grün, Scheitel gerundet, wenig wollig. **Warzen** in 5 und 8 Spiralen, basal prismatisch, dann zylindrisch, Breite basal 15–19 mm, Höhe 12 mm, Länge oberseits und unterseits 30–35 mm, mit tiefer, durchgehender Furche mit weisser Wolle und bis zu 4 unregelmässig angeordneten, rötlich braunen Drüsen. **Axillen** jung weisswollig, dann kahl und etwas in die Breite gezogen. **Areolen** oval, 3,5 mm breit, 5 mm lang, jung wollig, dann kahl. **Randdornen** 8 bis 11, davon im oberen Areolenteil bis 3 dünnere, enger stehende, übrige horizontal und radiär angeordnet, gerade, steif nadelig, 20–25 mm lang, gelblich weiss mit dunklen Spitzen, untere manchmal bräunlich. **Mitteldornen** 1–4, 1 dominanter gerade vorgestreckt, dünnpfriemlich, bis 35 mm lang, die übrigen gerade nach oben und leicht auswärts gerichtet, etwas dünner und kürzer, alle etwas dunkler und kräftiger gefärbt als die Randdornen. **Blüten**, **Frucht** und **Samen**: wie *C. robustispina* subsp. *robustispina*.
Verbreitung: USA: im Süden der Staaten New Mexico und Texas. Mexiko: in den angrenzenden Gebieten von Chihuahua.
Habitat: Grasland in Halbwüsten auf flachen Ebenen mit spärlicher Vegetation oder auf flachen Hügelkuppen.
Überprüfte Fundorte:
USA: New Mexico: Las Cruces, Carlsbad, Eddy County. Texas: Pecos County.
Mexiko: Chihuahua: Ciudad Chihuahua, Villa Ahumada, El Sueco und Benito Juarez.
Vorkommen: Ungefährdet.
Erläuterungen: Die nomenklatorische Geschichte dieser grosswüchsigen, langwarzigen Art mit den bronzefarbenen Blüten war schon von Anfang an von Unklarheiten und Verwirrungen geprägt. Bereits die Erstbeschreibung (mit Illustration) als *Mammillaria scheeri* durch MÜHLENPFORDT 1847 war ein illegitimes Homonym, denn unter demselben Namen hatte MÜHLENPFORDT selber 1845 schon *Neolloydia conoidea* beschrieben.

Dieser Umstand dürfte POSELGER 1853 bewogen haben, *Mammillaria scheeri* neu als *Echinocactus muehlenpfordtii* zu publizieren, allerdings unterlief ihm dabei derselbe Fehler wie Mühlenpfordt zuvor, auch dieser Name war durch den von FENNEL 6 Jahre früher beschriebenen *Echinocactus muehlenpfordtii* (ein Synonym von *Thelocactus setispinus*) bereits belegt. Der neue Name Poselgers sollte *Mammillaria scheeri* Mühlenpfordt als Synonym ersetzen, jedoch unterliess Poselger eine Präzisierung, welche der beiden Mühlenpfordtschen Publikationen gemeint war. Aus diesen Gründen ist Poselgers Name als ungültig zu erachten.

1856 beschrieb ENGELMANN *Mammillaria scheeri* var. *valida* aus Texas ohne *Mammillaria scheeri* Mühlenpfordt gesehen zu haben. Seine Kenntnisse um diese Art entnahm er der Beschreibung des Fürsten SALM-DYCK 1850. Engelmann äusserte selber die Vermutung, dass die var. *valida* möglicherweise nur eine etwas grössere und stärker bedornte nördliche Form der *Mammillaria scheeri* aus Chihuahua sei. Ein Besuch der Sammlung des Fürsten Salm-Dyck, wo er Originalpflanzen der *Mammillaria scheeri* vorfand, die seiner var. *valida* genau entsprachen, brachte ihm dann die Bestätigung (cf. J. COULTER 1894).

Wie also schon Engelmann selber erkannte, weist die var. *valida* keine genügenden Unterscheidungskriterien auf, die die Abgrenzung als Varietät beziehungsweise Subspecies gerechtfertigen würden, eine Ansicht die unter anderem auch Coulter, Quehl, Britton & Rose und Backeberg teilten.

Als Lemaire 1868 *Mammillaria scheeri* in die Gattung *Coryphantha* einbezog, erwähnte er weder Mühlenpfordt als Klammerautor, noch präzisierte er, welche der beiden früheren *Mammillaria scheeri*-Versionen gemeint war.

LEMAIRE (in Cactées 35 ff., 1868) wies darauf hin, dass er sich auf SALM-DYCK (1850) beziehe. In Salm-Dycks Arbeit gehört *Mammillaria scheeri* Muehlenpfordt 1847 zur Gruppe jener Arten, zu der unter anderen auch *Mammillaria aulacothelae* zählte, und die Lemaire als *Coryphantha* (Engelmann) Lemaire auf Gattungsrang erhob, während *Mammillaria (Neolloydia) conoidea* (syn. *M. scheeri* Muehlenpfordt 1845) bei beiden in derselben infragenerischen Gruppe von *Mammillaria* (viz. §6, Centrispinae) eingereiht wird. Dieser Umstand entging einer ganzen Reihe späterer Autoren, denn er macht *Coryphantha scheeri* Lemaire zum gültigen *nomen novum*.

KUNTZE zog 1891 *Mammillaria scheeri* Muehlenpfordt unter Verweisung auf diesen Autor, jedoch ohne Angabe, ob die Beschreibung von 1845 oder 1847 gemeint war, unter *Cactus scheeri* ein. Auch dieser Name war somit ungültig.

1923 erschien in BRITTON & ROSES Cactaceae IV: 28, 1923 erstmals *Coryphantha muehlenpfordtii* Britton & Rose als Neukombination. Die beiden Autoren hatten zwar die Probleme um *Mammillaria scheeri* Mühlenpfordt erkannt und den Namen *Coryphantha scheeri* gemieden, doch war ihnen offenbar entgangen, dass es sich bei *Echinocactus muehlenpfordtii* ebenfalls um einen ungültigen Namen handelte und die Neukombination zu *Coryphantha muehlenpfordtii* somit unzulässig war.

Als gültigen Namen findet man 1936 *Mammillaria engelmannii* Cory, den auch BENSON 1950 in The Cacti of Arizona als Synonym zu *Coryphantha mühlenpfordtii* sensu Britton & Rose verwendet.

In BACKEBERGS Cactaceae V: 3051 (1961) erscheint noch ein weiteres Epithet: *Coryphantha neoscheeri*. Damit wollte Backeberg möglicherweise der Verwirrung um die Namensgebung der *Coryphantha scheeri* entgehen. Er hatte bemerkt, dass es sich bei *Mammillaria scheeri* und *Mammillaria muehlenpfordtii* um Homonyme handelte und war ebenfalls der Ansicht, dass Lemaires *Coryphantha scheeri* ungültig war. *Coryphantha neoscheeri* ist als an und für sich gültige, jedoch überflüssige Beschreibung zu erachten.

1969 wurde dann die Neukombination *Coryphantha scheeri* (Kuntze) L. Benson in Cact. Succ. J. (US.) 41: 234 vorgenommen mit der Begründung, gemäss Artikel 72 des Internationalen Codes für Botanische Nomenklatur müsse *Cactus scheeri* Kuntze, Rev. Gen. Pl. 1:

261, 1891 als erste gültige Publikation dieser Art angesehen werden. Wie oben erwähnt ist jedoch der Name *Cactus scheeri* Kuntze wegen des Verweises auf Mühlenpfordt ohne Präzisierung der Publikation ungültig und somit auch Bensons Neukombination.

Benson (1982) selber wies als erster auf die Zusammenhänge hin, die *Coryphantha scheeri* Lemaire zum gültigen *Nomen novum* machen und kombinierte entsprechend die Varietäten *valida*, *uncinata* und *robustispina* um. Dabei entging ihm, wie später auch Dicht (1996) der Umstand, dass *Mammillaria robustispina* Engelmann (1856) ja älter ist als *Coryphantha scheeri* Lemaire (1868) und so nicht als Unterart, sondern als eigentlich gültige Art gelten muss mit Lemaires *Coryphantha scheeri* als Unterart. Diese Zusammenhänge stellte dann Nigel P. Taylor 1998 richtig und kombinierte die beiden Subspecies *scheeri* und *uncinata* um. Die Unterart *valida* war schon 1996 durch Dicht 1996 eingezogen worden

Die heutige Nomenklatur entspricht nun endlich vollständig den Regeln des ICBN.
Abbildungen: Verbreitung siehe Farbtafel 9, Abb. 1; Pflanzenporträt siehe Farbtafel 17, Abb. 2, 3.

I. C. Sektion Neocoryphantha

Typ: *Coryphantha clavata* (Scheidweiler) Bakkeberg
Definition: *Protomammillaria*-Areolentyp (Zimmerman 1985, Seite 61) mit abruptem Übergang vom vollständig furchenlosen Zustand zu Areolen mit fertilen Areolenfurchen vollständiger Länge, erst nach Entwicklung der Furchen blühfähig.

I. C. a Reihe Echinoideae Dicht & A. Lüthy
Cact. Syst. Init. 11: 10, 2001.
Typ: *Coryphantha echinoidea* (Quehl) Britton & Rose.
Definition: modifizierter *Protomammillaria*-Areolentyp (Zimmerman 1985) mit abruptem Übergang vom vollständig furchenlosen sterilen Zustand mit präaxillärer meristematischer Aktivität (Nektardrüsen) zu Areolen mit fertilen Areolenfurchen vollständiger Länge, Blüten erscheinen zwischen der präaxillären Drüse und der Axille. Cortex wässerig.

4. *Coryphantha wohlschlageri* Holzeis
Kakt. and. Sukkulenten 41 (3): 50, 1990
Typ: Mexico, San Luis Potosí, San Francisco, M. Wohlschlager WM 223, (WU, holo.).
Körper einzeln, 10–11 cm hoch, 6 cm breit, verkehrt eiförmig bis kurz zylindrisch, dunkelolivgrün. Rübenwurzel, bis 7 cm lang und 3,5 cm dick, mit auffallend verjüngtem, oft nur 5 mm im ⌀ aufweisendem Übergang zum oberirdischen Pflanzenteil. **Warzen** in 5 und 8 Spiralen, kegelig bis konisch-zylindrisch, 18–20 mm hoch, basal 7–12 mm breit, oberseits 8 mm, unterseits 12–14 mm lang, oberseits mit durchgehender Warzenfurche mit roten, weisswollig umrandeten Drüsen im axillennahen Drittel. **Axillen** jung wollig. **Areolen** rund, 2–3 mm ⌀, in der Jugend weisswollig, im Alter völlig verkahlend. **Randdornen** bei Jungpflanzen 7–10, radiär angeordnet, gerade, nadelig, 4 bis 11 mm lang, weisslich mit dunkler Spitze. Bei ausgewachsenen Pflanzen bis 20, gerade, nadelige Randdornen, 3 nach unten gerichtet, je 2 seitlich, die übrigen nach oben in einem Bündel, alle weisslich mit dunkler Spitze. **Mitteldornen** bei Jungpflanzen nur 1, später jedoch 5–7, der dominante vorgestreckt, die übrigen leicht gegen den Körper gebogen, der längste unten, bis 25 mm lang, übrige bis 18 mm lang, alle dünn pfriemlich, abgeflacht, hornfarben mit brauner Spitze. **Blüten** trichterförmig, 4 cm lang, 5–6 cm ⌀, Fruchtknoten kugelig-zylindrisch, 5 × 6 mm, aussen hellgrün, innen weiss, Nektarkammer dickwandig (2,5–3 mm), äussere Blütenblätter lanzettlich, 8–13 mm lang, 3 mm breit, grünlichgelb mit olivbraunem Mittelstreifen, innere Blütenblätter hellgelb, lanzettlich, gegen die Spitze gezähnelt, gespitzt, 20–22 mm lang, 4 mm breit, Staubfäden lachsrosa, Staubbeutel dottergelb,

Stempel 21 mm lang, weissgelb, 7–8 weissgelbe Narben. **Früchte** saftige, oben olivfarbene, unten hellere Beeren mit anhaftenden Blütenresten, ca. 10 mm breit, 20 mm lang. **Samen** nierenförmig, braun, glänzend, netzgrubig, 1,4 mm lang, 1 mm breit; Hilum seitlich unterhalb der Spitze sitzend, als Ecke vorspringend, Mikropyle apikal, vom Hilum etwas abgesetzt.
Typstandort: Im Staate San Luis Potosí, nordöstlich der Stadt Rio Verde, in den Bergen bei Rio Verde-San Francisco-Estación Las Tablas, auf einer Hügelkette am Rande von Büschen und niedrigem Gehölz im trockenen, schottrigen Gestein.
Verbreitung: Mexiko: im Südosten des Bundesstaates San Luis Potosí und in angrenzenden Gebieten von Tamaulipas.
Habitat: Kiesige Abhänge und Ebenen.
Überprüfte Fundorte:
Mexiko: San Luis Potosí: Angostura, La Gavia, Villa Juárez.
Tamaulipas: südlich von Tula.
Vorkommen: Ungefährdet.
Abgrenzung: *C. vaupeliana* (5.): hat 8 und 13 Warzenserien, nur 3–4 oder weniger Mitteldornen, Warzen nicht rund, sondern abgerundet gekielt.
Abbildungen: Verbreitung siehe Farbtafel 9, Abb. 2; Pflanzenporträt siehe Farbtafel 18, Abb. 1, 2.

5. *Coryphantha vaupeliana* **Bödeker**
Zeitschr. Sukk. -Kunde 3: 206, 1928
Lectotyp: Illus. Bödeker l. c. (Dicht & A. Lüthy Cact. Syst. Init. 11: 11, 2001).
Synonym: *Coryphantha daemenoceras Jaumavei* Fric, Möllers Dtsch. Gartenz. 23: 6, 1925–26, *nom. nud.*
Körper einzeln oder sprossend, kugelig bis kurz eiförmig, bis 7 cm Durchmesser, matt blaugrün, mit verdickter Pfahlwurzel und dünnerem Hals, Scheitel eingesenkt, von schräg zusammengeneigten Stacheln überragt, wenig wollig. **Warzen** in 8 und 13 Spiralen geordnet, locker, 3-kantig bis fast kegelig, mit abgestumpfter schiefer Spitze, abstehend, unterseits mit etwas abgerundeter Kielkante, oben mehr abgeflacht, 16 mm breit, 11 mm hoch, oberseits 8 mm lang, unterseits 20 mm lang, Furche scharf, kahl, mit roter, wolliger Drüse in Axillennähe. **Axillen** kahl bis sehr schwach wollig. **Areolen** etwas unterhalb der Warzenspitze nach aussen gerichtet, rund, 3 mm Durchmesser, anfangs weisswollig. **Randdornen** 12–15, untere und seitliche 8–9 horizontal, radiär, gerade oder etwas zum Körper gebogen, derb nadelig, basal verdickt, 8–10 mm lang, hornfarben mit braunen Spitzen; die oberen in 2 Reihen stehend, gebüschelt, dünner, steifnadelig, länger, bis 15 mm lang, schmutzig weiss mit brauner Spitze. **Mitteldornen** 4, davon 3 dominante vorspreizend, gebogen, 1 nach unten, 2 seitwärts gerichtet, pfriemlich, basal verdickt, 13–18 mm lang, braun, dann hornfarben mit dunkler Spitze, der 4. (= oberste), etwas dünner, weniger vorspreizend und gebogen, kürzer. **Blüten** mit süsslichem Blütenduft, 5,5 cm Durchmesser, äussere Blütenblätter breit lanzettlich, gespitzt, hellgelb mit grünbraunem 3–4 mm breitem Mittelstreifen, innere Blütenblätter breit lanzettlich, gespitzt, gegen die Spitze auch leicht gefranst, 30 mm lang, glänzend hellgelb; Blüte im Verblühen lachsfarben. Staubfäden gelbrötlich, Staubbeutel gelb, Griffel gelb mit 9 gelben Narben. **Früchte** keulig, 16 mm lang, 9 mm breit, saftig, grün, gegen den Ansatz heller. **Samen** nierenförmig, dunkelbraun, glänzend, netzgrubig, 1,5 mm lang, 0,8 mm breit.
Verbreitung: Mexico: Tamaulipas bei Jaumave.
Habitat: Unter Büschen in sandig-kiesigen Schwemmböden in Flussnähe.
Überprüfte Fundorte:
Mexiko: Tamaulipas: San Vicente, San Antonio, Palmillas.
Vorkommen: Ungefährdet.
Abgrenzung: *Coryphantha wohlschlageri* (4.): hat 5 und 8 Warzenserien, meist 5–7 Mitteldornen und rundere Warzen.
Abbildungen: Verbreitung siehe Farbtafel 9, Abb. 2; Pflanzenporträt siehe Farbtafel 18, Abb. 3, 4.

6. *Coryphantha glanduligera* (Otto) Lemaire

Cactées 34, 1868

Basionym: *Mammillaria glanduligera* Otto (in Dietrich), Allg. Gartenz. 16: 298, 1848.

Neotyp: Illus. Monatsschr. DKG 1 (10): 191, 1929 (Dicht, Kakt. and. Sukk. 48 (10): 221, 1997).

Synonyme: *Echinocactus glanduligerus* (Otto) Poselger, Allg. Gartenz. 21: 102, 1853; *Cactus glanduliger* (Otto) Kuntze, Rev. Gen. Pl. 1: 260, 1891; *Coryphantha bergeriana* Bödeker, Monatsschr. DKG 1 (10): 191, 1929.

Körper einzeln, verkehrt eirund bis kurz keulenförmig, bis 6 cm im Durchmesser und 12 cm Höhe, matt dunkellaubgrün. Scheitel etwas eingesenkt und von den sich hier zusammenneigenden hauptsächlich Randdornen, schopfförmig überragt und geschlossen, rübige Wurzel mit dünnerem Hals. **Warzen** in 8 und 13 Spiralen locker geordnet, kegelförmig, leicht konkav, Basis vierkantig, 12 mm hoch, 14 mm breit, oberseits 10 mm, unterseits 12 mm lang, oberseits mit kahler Furche, mit 1–2 roten, weisswollig umrandeten Drüsen. **Axillen** jung weisswollig, später kahl, mit 1–2 roten Drüsen. **Areolen** oval, 3 mm lang, 2 mm breit, im Scheitel schwach wollig, später kahl. **Randdornen** 17–20, horizontal spreizend, steif nadelig, leicht zum Körper gebogen, untere und seitliche radiär, 10–12 mm lang, obere 6–8 in 2 Reihen gebüschelt, bis 16 mm lang, alle gelblich, obere oft heller mit dunklen Spitzen. **Mitteldornen** 4, 1 dominanter gerade vorgestreckt, schwach nach unten gebogen, pfriemlich, starr, 18–20 mm lang, die 3 oberen auseinander und wenig vorspreizend, gerade, etwas feiner und kürzer, alle gelbbraun mit dunklerer Spitze. **Blüten** mit süsslichem Duft, ausgebreitet trichterförmig, etwa 4 cm lang und 7 cm im Durchmesser, äusserste Blütenblätter linealisch-lanzettlich, scharfrandig, schlank und scharf zugespitzt, etwa 2–3 cm lang und 3 mm breit, olivgrün mit gelblichem Rand. Nächste Reihe der Blütenblätter wenig länger und breiter, aber mit Stachelspitze, hellgelb mit bräunlichem Mittelstreifen, innere Blütenblätter gleich lang und breit, am Grunde schmaler, ganzrandig, gespitzt, rein gelb, Staubfäden gelblich weiss, Staubbeutel dottergelb, Griffel hellgelb, mit 7–12 etwa 3 mm langen, ausgebreiteten, weisslich-gelben Narben. **Früchte** hellgrüne, saftige Beeren, länglich, ca. 20 mm lang, 8 mm breit. **Samen** nierenförmig, glänzend, netzgrubig, dunkelbraun, 1,3 mm lang, 0,7 mm breit

Verbreitung: Mexiko: Südwesten von Nuevo León sowie in den angrenzenden Randgebieten der benachbarten Bundesstaaten San Luis Potosí und Tamaulipas.

Habitat: Kiesige Hügelabhänge, oft geschützt durch Büsche, Agaven oder Opuntien.

Überprüfte Fundorte:

Mexiko: Nuevo León: Nueva Primavera, Ascensiòn-Sandia, Jesus Maria de Aguirre, La Zorra, Salinas del Refugio, nördlich Dr. Arroyo, El Milagro, Los Pocitos, San Francisco, La Escondida, Mier y Noriega, Sierra las Vaillas.

San Luis Potosí: nördlich Matehuala, El Fraile, Tinaja, Matehuala-Dr. Arroyo, Cedral, Cuatro Milpas.

Tamaulipas: La Tapona

Vorkommen: Ungefährdet.

Abgrenzung: *C. echinoidea* (7.): siehe Vergleichstabelle im Anhang.

Erläuterungen: Die Erstbeschreibung, die durch OTTO (1848) im Rahmen eines Artikels von Dietrich über „Beiträge zur Kakteenkunde" in der Allgemeinen Gartenzeitung als *Mammillaria glanduligera* erfolgte und bei der sich mit „granduligera" offenbar ein Druckfehler einschlich, wurde 1850 durch den Fürsten SALM-DYCK ergänzt und auch bei LABOURET (1858) und FÖRSTER-RÜMPLER (1886) mit wenigen Änderungen wiedergegeben. Nachdem POSELGER (1853) die Art zu *Echinocactus glanduliger* umbenannt hatte, nahm LEMAIRE (1868) die Neukombination zu *Coryphantha glanduligera* vor. Wie QUEHL (1913 b) schrieb, war *Mammillaria glanduligera* aus allen Sammlungen verschwunden, als SCHUMANN

(1898) die „Gesamtbeschreibung" in Arbeit hatte; dieser habe sie daher nur mit dem Namen aufgeführt, sich jedes weiteren Urteils enthaltend.

Nach der Erstbeschreibung von *Mammillaria echinoidea* durch Quehl (1913 a) kam es in der Monatsschrift für Kakteenkunde zu einer ausgedehnten Auseinandersetzung zwischen Quehl (1913, 1914) und E. Weidlich (1913, 1914), der die neu beschriebene *Mammillaria echinoidea* nur als Wiederbeschreibung von *Coryphantha glanduligera* ansah.

Nach dem Erscheinen von Britton & Roses Cactaceae (1923), in dem *Coryphantha glanduligera* fälschlicherweise als Synonym von *Coryphantha exsudans* eingezogen wurde, verschwindet dieser Name aus der Kakteenliteratur oder findet nur noch im Britton & Roseschen Sinn Verwendung. Erst Zimmerman (1985) nimmt den Namen *Coryphantha glanduligera* wieder auf, nämlich als Synonym von *Coryphantha echinoidea*.

1929 hatte Bödeker *Coryphantha bergeriana* erstbeschrieben, doch gibt es in der Literatur keinen Hinweis, dass *Coryphantha glanduligera* mit dieser Art verwandt oder gar identisch sein könnte.

Wie eine neuere Vergleichsanalyse zeigte (Dicht 1997) ist jedoch *Coryphantha bergeriana* Bödeker (1929) ein jüngeres Synonym von *Coryphantha glanduligera*.

Bemerkungen: Der Blütenaufbau von *Coryphantha glanduligera* entspricht, genau wie ihr süsslicher Duft, weitgehend jenem von *Coryphantha echinoidea*, ihrer am nächsten verwandten Art. Im Feld findet man auch mutmassliche Naturhybriden zwischen *C. glanduligera* und *C. vaupeliana* im Jaumave-Tal (Zimmerman 1985), sowie, nach eigenen Beobachtungen, zwischen *C. glanduligera* und *C. echinoidea* nördlich von Dr. Arroyo sowie bei Mier y Noriega (beides Nuevo León).

Entwicklung: Sämlinge keulig-kurzsäulig, ca. 3–4 mal so hoch wie breit.

Abbildungen: Verbreitung siehe Farbtafel 9, Abb. 2; Pflanzenporträt siehe Farbtafel 19.

7. *Coryphantha echinoidea* (Quehl) Britton & Rose

Cactaceae 4: 30, 1923
Basionym: *Mammillaria echinoidea* Quehl, Monatsschr. Kakt. 23: 42, 1913.
Lectotyp: Illus. Monatsschr. Kakt. 23: 42, 1913 (Dicht & A. Lüthy, Cact. Syst. Init. 11: 11, 2001).

Körper einzeln, kugelig bis eiförmig, 5–6 cm breit und 4,5–6 cm hoch, mattgrün, Scheitel durch Dornen abgerundet, mit wenig Wolle, Wurzeln faserig. **Warzen** in 8 und 13 Spiralen, zuerst konisch, leicht gestutzt, im Alter abflachend, basal rhombisch werdend, 10 mm hoch, 11 mm breit, oberseits 9 mm lang, unterseits 13 mm lang, Furche mit bis zu 5 roten bewollten Drüsen. **Axillen** in der Jugend wollig, dann nackt, mit mindestens 1 roten Drüse. **Areolen** elliptisch, 3 mm lang, 2 mm breit. **Randdornen** 20–24, verflochten, untere und seitliche radiär, horizontal, gerade oder sanft gegen den Körper gebogen, nadelig, 8–10 mm lang, obere 7–9 in 2 Reihen büschelig gruppiert, gerade oder leicht gegen den Körper gebogen, nadelig, biegsam, wenig feiner und länger, 12–14 mm, alle weiss, später grau, mit dunklen Spitzen. **Mitteldornen** 1–3, der dominante vorgestreckt, leicht nach unten gebogen, pfriemlich, basal verdickt, 13–15 mm lang, 2 weitere darüber, V-förmig spreizend, weniger vorgestreckt, leicht zum Körper gebogen, etwas dünner und kürzer, alle hornfarben bis braun, gegen die Spitze dunkler, dann vergrauend. **Blüten** mit süsslichem Blütenduft, trichterförmig, 5–6 cm breit und lang, äussere Blütenblätter breit lanzettlich, gespitzt, ganzrandig, zitronengelb mit grüngelbem, dorsalem Mittelstreifen, innere Blütenblätter breit lanzettlich, gespitzt, ganzrandig, zitronengelb, Staubfäden blass grünlichweiss, gegen die Basis rötlich, Staubbeutel orangegelb, Griffel blass gelbgrün mit 9–10 cremeweissen 2–4 mm langen Narben. **Früchte** grüne, saftige Beere mit anhaftendem Blütenrest, breit keulig, 15 mm lang und 11 mm im Durchmesser, hell mattgrün bis

sehr blassgrün an der Basis, Haftstelle 2 mm im Durchmesser. **Samen** dunkelbraun, nierenförmig, glänzend, 1,3 mm lang und 0,8 mm breit.
Vorkommen: Mexiko: San Luis Potosí. Gemäss Angaben in der Erstbeschreibung im Osten des Bundesstaates Durango, wo bisher aber kein Fundort bekannt geworden ist.
Habitat: Untere Abhänge von Hügeln mit Kalkstein–Schotter.
Überprüfte Fundorte:
Mexiko: San Luis Potosí: Huizache, Monte de Caldera, Sta. Gertrudis, Sta. Teresa, Tulillo, Ventura.
Vorkommen: Ungefährdet.
Abgrenzung: *C. glanduligera* (6.): siehe Vergleichstabelle im Anhang.
Entwicklung: Sämlinge kugelig, erst mit ca. 3 Jahren einen einzelnen, vorgestreckten Mitteldorn bildend, dann ein zweiter darüber, schliesslich der dritte neben dem zweiten.
Abbildungen: Verbreitung siehe Farbtafel 9, Abb. 2; Pflanzenporträt siehe Farbtafel 20.

I.C.b Reihe Clavatae
Dicht & A. Lüthy
Cact. Syst. Init. 11: 11, 2001
Typ: *Coryphantha clavata* (Scheidweiler) Backeberg
Definition: Typischer *Protomammillaria*-Areolentyp (ZIMMERMAN 1985, Seite 61). Gewebe (Cortex) schleimig.

8. *Coryphantha octacantha* (De Candolle) Britton & Rose
Cact. 4: 30, 1923
Basionym: *Mammillaria octacantha* De Candolle, Mém. Mus. Hist. Nat. Paris 17: 113, 1828.
Typ: nicht bezeichnet.
Synonyme: *Cactus octacanthus* (De Candolle) Kuntze, Rev. Gen. Pl. 1: 261, 1891; *Mammillaria leucacantha* De Candolle, Mém. Mus. Hist. Nat. Paris 17: 113 1828; *Mammillaria exsudans* Zuccarini ex Pfeiffer, Enum. Cact. 15, 1837; *Aulacothele exsudans* (Zuccarini) Monville, Cat. Pl. Exot., 21, 1846; *Coryphantha exsudans* (Zuccharini) Lemaire ex Rümpler, Handb. Cact. ed. 2: 395, 1885; *Cactus exsudans* (Zuccharini) Kuntze, Rev. Gen. Pl. 1: 260, 1891; *Mammillaria curvata* Pfeiffer, Enum. Cact. 15, 1837; *Mammillaria lehmanni* Pfeiffer, Enum. Cact. 15, 1837; *Aulacothele lehmannii* (Otto) Monville, Cat. Pl. Exot., 21, 1846; *Coryphantha lehmannii* (Pfeiffer) Lemaire, Cactées 34, 1868; *Cactus lehmannii* (Pfeiffer) Kuntze, Rev. Gen. Pl. 1: 260, 1891; *Mammillaria macrothele* Martius ex Pfeiffer, Enum. Cact 24, 1837; *Echinocactus macrothele* (Martius) Poselger, Allg. Gartenz. 21: 125, 1853; *Mammillaria macrothele lehmanni* Salm-Dyck, Cact. Hort. Dyck 1849: 19, 1850; *Echinocactus macrothele lehmanni* (Salm-Dyck) Poselger, Allg. Gartenz. 21: 125, 1853; *Mammillaria macrothele biglandulosa* Salm-Dyck, Cact. Hort. Dyck 1849: 19, 1850; *Echinocactus macrothele biglandulosus* (Salm-Dyck) Poselger, Allg. Gartenz. 21: 125, 1853; *Cactus macrothele* (Martius) Kuntze, Rev. Gen. Pl. 1: 260, 1891; *Coryphantha macrothele* (Martius ex Pfeiffer) Kümmler, AfM 22 (2): 109, 1998; *Mammillaria plaschnickii* Otto ex Pfeiffer, Enum. Cact. 24, 1837; *Aulacothele plaschnickii* (Otto) Monville, Cat. Pl. Exot., 21, 1846; *Mammillaria plaschnickii straminea* Salm-Dyck, Cact. Hort. Dyck 1849: 19, 1850; *Echinocactus plaschnickii* (Otto) Poselger, Allg. Gartenz. 21: 125, 1853; *Cactus plaschnickii* (Otto) Kuntze, Rev. Gen. Pl. 1: 261,1891; *Mammillaria brevimamma* Zuccarini ex Pfeiffer, Enum. Cact. 34, 1837; *Echinocactus brevimammus* (Zuccarini ex Pfeiffer) Poselger, Allg. Gartenz. 21: 102,1853; *Mammillaria brevimamma exsudans* Salm-Dyck, Cact. Hort. Dyck 1849: 19, 1850; *Coryphantha brevimamma* (Zuccarini) Lemaire ex Rümpler, Handb. Cact. ed. 2: 394, 1885; *Cactus brevimammus* (Zuccarini) Kuntze, Rev. Gen. Pl. 1: 260, 1891; *Mammillaria aulacothele* Lemaire, Cact. Aliq. Nov. 8, 1838; *Coryphantha aulacothele* (Lemaire) Lemaire, Cactées 34, 1868; *Mammillaria aulacothele multispina* Scheidw., Bull. Acad. Sci. Brux. 6: 92, 1839; *Mammillaria aulacothele spinosior* Monville ex Lem., Cact. Gen. Nov. Sp. 93, 1839;

Mammillaria aulacothele sulcimamma Pfeiffer in Walpers, Bot. Repert. 2: 302, 1843; *Mammillaria aulacothele flavispina* Salm-Dyck, Cact. Hort. Dyck. 1844: 13, 1845; *Cactus aulacothele* (Lemaire) Kuntze, Rev. Gen. Pl. 1: 260, 1891; *Mammillaria biglandulosa* Pfeiffer, Allg. Gartenz. 6: 274, 1838; *Aulacothele biglandulosa* (Pfeiffer) Monville, Cat. Pl. Exot., 21, 1846; *Cactus biglandulosus* (Pfeiffer) Kuntze, Rev. Gen. Pl. 1: 260,1891; *Mammillaria sulcimamma* Pfeiffer, Allg. Gartenz. 6: 274, 1838; *Mammillaria lehmanni sulcimamma* Miquel, Linnaea 12: 9, 1838; *Aulacothele sulcimamma* (Pfeiffer) Monville, Cat. Pl. Exot., 21, 1846; *Mammillaria martiana* Pfeiffer, Linnaea 12: 140, 1838; *Cactus martianus* (Pfeiffer) Kuntze, Rev. Gen. Pl. 1: 261,1891; *Mammillaria thelocamptos* Lehmann, Linneae, 13: 101, 1839; *Mammillaria clava* Pfeiffer, Allg. Gartenz. 8: 282, 1840; *Echinocactus clavus* (Pfeiffer) Poselger, Allg. Gartenz. 21: 125, 1853; *Aulacothele clava* (Pfeiffer) Monville, Cat. Pl. Exot., 21, 1846; *Coryphantha clava* (Pfeiffer) Lemaire, Cactées 34, 1868; *Cactus clavus* (Pfeiffer) Kuntze, Rev. Gen. Pl. 1: 260, 1891; *Mammillaria schlechtendalii* Ehrenberg, Linnaea 14: 377, 1840; *Aulacothele schlechtendahlii* (Ehrenberg) Monville, Cat. Pl. Exot., 21, 1846; *Echinocactus schlechtendalii* (Ehrenberg) Poselger, Allg. Gartenz. 21: 125, 1853; *Coryphantha schlechtendalii* (Ehrenberg) Lemaire, Cactées 34, 1868; *Mammillaria schlechtendalii levior* Salm-Dyck, Cact. Hort. Dyck 1849: 127, 1850; *Cactus schlechtendalii* (Ehrenberg) Kuntze, Rev. Gen. Pl. 1: 261, 1891; *Coryphantha clava* var. *schlechtendalii* (Ehrenberg) Heinrich ex Backeberg, Cactaceae 5: 3040, 1961; *Mammillaria polymorpha* Scheer ex Muehlenpfordt, Allg. Gartenz. 14: 373, 1846; *Mammillaria glanduligera* Otto et Dietr. 1848 sensu Britton & Rose, Cactaceae 4: 31, 1923; *Echinocactus glanduligerus* Poselger 1853 sensu Britton & Rose, Cactaceae 4: 31, 1923; *Coryphantha glanduligera* Lemaire 1868 sensu Britton & Rose, Cactaceae 4: 31, 1923; *Cactus glanduliger* Kuntze, Rev. Gen. Pl. 1: 260, 1891 sensu Britton & Rose, Cactaceae 4: 31, 1923; *Mammillaria asterias* Cels ex Salm-Dyck 1850 sensu Britton & Rose, Cactaceae 4: 31, 1923.

Körper einzeln bis gruppenbildend, keulig bis zylindrisch, säulenförmig, bis 50 cm hoch und 10 cm Durchmesser, dunkelgrün, Scheitel leicht eingesenkt mit spärlicher gelblich weisser Wolle. **Warzen** in 5 und 8 Spiralen, kegelig, unterseits gekielt, oft mit konkaven Seitenflächen, oberseits abgeflacht, das heisst im Ansatz fast dreikantig, gegen aussen mehr gerundet, schief gestutzt, gegen aussen und oben gerichtet, Länge oberseits 18–25 mm, unterseits 20–30 mm, Breite basal 12–18 mm, mit 1–4 roten Drüsen mit weissem Filzrand in der Furche, Axille oder areolennah. **Axillen** mit bis zu 4 roten Drüsen besetzt, jung mit weisser Wolle. **Areolen** rund, 4 mm Durchmesser, jung weisswollig. **Randdornen** 7–10, unregelmässig horizontal strahlend oder etwas abstehend, im unteren Areolenteil kürzer, 5–10 mm, im oberen länger, 10–15 mm, anfangs alle honiggelb, dann untere heller, oft mit braunen Spitzen, obere dunkler, nadelig, gerade. **Mitteldornen** 1–3, länger und kräftiger, der untere, längste, kräftigste bis 25 mm (vereinzelt 40 mm) lang, gerade, vorgestreckt, basal verdickt, derb nadelig, obere 1–2 schräg nach oben, bis 18 mm lang, alle hellbraun, rotbraun bis dunkelbraun, dann vergrauend mit dunkler Spitze. **Blüten** 3 cm lang, 7 cm Durchmesser, Blütenröhre hellgrün, äussere Blütenblätter lanzettlich, 7 mm breit, 26 mm lang, gelblich grün mit rötlichem Mittelstreifen, innere Blütenblätter linear-oblong, gespitzt, gelb. Staubfäden rötlich, Staubbeutel dottergelb, Griffel gelblich, Narben 8 mm lang, gelb, 6–7 oder mehr. **Früchte** grüne, saftige Beeren, 20–25 mm lang, 10 mm breit, Blütenrest breit aufgesetzt. **Samen** rehbraun, 1,8 mm lang, 1,2 mm breit, netzgrubig, nierenförmig.

Verbreitung: Mexiko: Hidalgo und Querétaro, sowie vereinzelt in San Luis Potosí und Tamaulipas.

Habitat: Schwemmböden mit kalkhaltigem Kies an Hügelfüssen und auf Hügelrippen.

Überprüfte Fundorte:
Mexiko: Hidalgo: Pachuca, Actopan-Ixmiquilpan, Patria Nueva, San Francisco, Ixmiquilpan, San Pablo Tetlapayac, San Cristobal.
Querétaro: Vista Hermosa, Altamira, Cerro Prieto, Tolantongo.
San Luis Potosí: Alaquines.
Tamaulipas: José Maria Morelos.
Vorkommen: Ungefährdet.
Abgrenzung: *C. clavata* (10.) und *C. georgii* (16.): siehe Vergleichtabelle im Anhang.
Erläuterungen: Keine andere Art der Gattung weist eine solch grosse Anzahl an Synonymen auf. In ihrem doch recht grossen Verbreitungsgebiet gehört diese imposante Gruppen bildende Art zu den auffallendsten Kakteen und wurde so schon früh gesammelt und nach Europa versandt. Darunter waren offenbar auch viele Jungpflanzen, die spärlicher bedornt sind als erwachsene Exemplare und so zu verschiedenen neuen Beschreibungen Anlass gaben.

Die erste Beschreibung, die die Art eindeutig identifizieren lässt ist *Mammillaria macrothele* Martius ex Pfeiffer 1837. Britton & Rose gaben jedoch dem älteren Basionym *Mammillaria octacantha* De Candolle 1828 den Vorzug. De Candolle hatte unter diesem Namen offenbar eine noch nicht voll entwickelte Jungpflanze beschrieben, eine Beschreibung, die der vorliegenden Art zwar nicht widerspricht, aber ebenso auch etwa auf *Coryphantha clavata* (Scheidweiler) Backeberg zutreffen würde.

Für das Vorgehen von Britton & Rose spricht vor allem die Tatsache, dass *Mammillaria octacantha* De Candolle in allen wichtigen Kakteenwerken des letzten Jahrhunderts als identisch mit den übrigen erwähnten Synonymen erachtet wurde, von denen insbesondere *Mammillaria lehmannii, macrothele, plaschnickii* und *aulacothele* weit verbreitet waren. Bei keinem Autor jedoch wurde sie unter *Mammillaria clavata* oder deren Synonym *Mammillaria raphidacantha* erwähnt. Ein weiteres Indiz für *Mammillaria octacantha* als Basionym dieser Art stellt die Tatsache dar, dass diese von Thomas Coulter, der in Mineral del Monte sowie in Zimapan arbeitete, also inmitten des Verbreitungsgebietes von *Coryphantha octacantha*, als Nummer 39 aufgesammelt und an De Candolle nach Genf gesandt wurde. Unter Coulter's von De Candolle beschriebenen Pflanzen findet sich sonst keine einzige, die auf *Coryphantha octacantha* zutreffen würde und es ist doch anzunehmen, dass Coulter eine derart dominierende Art kaum übersehen hätte.

1840 beschrieb PFEIFFER eine weitere, wie er selber schrieb, „vom Herrn Ehrenberg aus Mexico gesandte Art der Gruppe von *M. lehmannii, aulacothele* etc." als *Mammillaria clava*. *Coryphantha clava* (Pfeiffer) Lemaire hielt sich bis heute in der gesamten Kakteenliteratur als eigene Art, obwohl sich deren Beschreibung von jenen des Komplexes um *M. octacantha, macrothele, lehmannii* etc. nicht absetzt und deren rapportierte Verbreitungsgebiete identisch sind. Schumann liess *Mammillaria macrothele* und *Mammillaria clava* als gültige Arten stehen, Britton & Rose, Backeberg und Bravo *Coryphantha octacantha* und *Coryphantha clava*. Unseres Erachtens gibt es keinerlei Unterscheidungskriterien zur Aufrechterhaltung zweier Arten dieses Komplexes, so dass als gültiges Basionym *Mammillaria octacantha* De Candolle und als gültige Kombination *Coryphantha octacantha* (De Candolle) Britton & Rose unter Einschluss von *Coryphantha clava* (Pfeiffer) Lemaire als jüngerem Synonym verbleibt.

Coryphantha octacantha weist eine im Vergleich zu anderen Coryphanthen nicht grössere Variabilität auf. Natürlich kommt dem Mikrostandort besonders bei grosswachsenden Arten grosse Bedeutung zu und führt zu einer gewissen Bandbreite bezüglich Wuchsform und Dornenanzahl. Das Verbreitungsgebiet der Art ist jedoch gut umschrieben und lückenlos und selbst die von uns aufgefundenen Extremformen finden in der von uns gegebenen Beschreibung Platz. Umso erstaunlicher ist die grosse Anzahl Beschreibungen dieser Art aus dem letzten Jahrhundert, die vor allem auf die Dichte des Vorkommens in einer Gegend,

aus der damals besonders viele Pflanzen nach Europa gelangten, zurückzuführen ist.
Abbildungen: Verbreitung siehe Farbtafel 10, Abb. 1; Pflanzenporträt siehe Farbtafel 21.

9. *Coryphantha jalpanensis* Buchenau
Cact. Suc. Mex. 10: 36, 1965
Typ: Mexico, Querétaro, auf Hügeln nahe Jalpán, 1350 m ü. M., Buchenau s. n. (MEXU).
Körper basal sprossend, Gruppen bis 25 cm Durchmesser bildend, zylindrische Einzelköpfe bis 15 cm hoch und 5–6 cm Durchmesser, mattgrün, Scheitel eingesenkt, wenig bewollt. **Warzen** in 5 und 8 Serien, zylindrisch-konisch, oben etwas abgeflacht, unten bauchig, aufsteigend, basal 10–12 mm breit, 9–10 mm hoch, oberseit 7 mm lang. Warzenfurche nur an älteren Haupttrieben, mit grauweissem Filz und mit 1–2 orangenen Drüsen. **Axillen** mit weisser Wolle und 1 orangenen, manchmal roten Drüse. **Areolen** rund, 1 mm Durchmesser, in schräger oder vertikaler Lage unterhalb der Warzenspitze gelegen, jung mit weisser Wolle, dann nackt. **Randdornen** 10–12, 6–10 mm lang, horizontal radiär, nadelig, basal leicht verdickt, weiss mit dunkler Spitze. **Mitteldornen** 1–3, davon 1 dominanter 10–17 mm lang, nach unten vorgestreckt, zwei weitere seitlich nach oben, 6–10 mm lang, alle gerade, basal verdickt, braun, später grau, dunkel gespitzt. **Blüten** 4–4,5 cm lang und 3–4,5 cm breit, in den Monaten April–Juni erscheinend. Blütenröhre nackt, grün, 8 mm lang und 5 mm Durchmesser, gegen unten blasser. Äussere Blütenblätter lanzettlich, gespitzt, die unteren kürzer, hellgelb mit grünlich-roter Mitte und Spitzen; innere Blütenblätter 7 mm breit, breit lanzettlich, gegen die Spitze gefranst, rein blassgelb. Staubfäden blassgelb, rötlich angehaucht, Staubbeutel intensiv gelb, Griffel blass grün bis gelblich, 6–7 Narben von 4–5 mm Länge, blass gelb. **Früchte** saftige Beere, oben olivgrün, unten blass grün, 15–20 mm lang und 10–12 mm Durchmesser, mit anhaftenden Blütenresten, erscheint im Oktober/November. **Samen** nierenförmig, netzgrubig, 1,5–1,7 mm lang und 1 mm breit, rehbraun.
Verbreitung: Mexiko: Querétaro und angrenzende Gebieten von San Luis Potosí.
Habitat: Auf Kalkfelsen auf Weiden und in Wäldern, in organischem Material in Furchen.
Überprüfte Fundorte:
Mexiko: Querétaro: Jalpán, Mazcazintla, Landa de Matamoros.
San Luis Potosí: Rio Verde-Jalpàn km 45, Rayón.
Vorkommen: Ungefährdet.
Abgrenzung: *C. glassii* (11.): siehe Vergleichstabelle im Anhang.
Abbildungen: Verbreitung siehe Farbtafel 10, Abb. 1; Pflanzenporträt siehe Farbtafel 22.

10 a. *Coryphantha clavata* (Scheidweiler) Backeberg subsp. *clavata*
Jahrb. Deutsch. Kakt. Ges. 1941 (2): 61, 1942
Basionym: *Mammillaria clavata* Scheidweiler, Bull. Acad. Sci. Brux. 5: 494, 1838.
Neotyp: Mexiko, San Luis Potosí, Sierra de Alvarez, Municipio de Villa de Zaragoza, Francisco Rene Sanchez Barra 178 (SLPM 26217).
Synonyme: *Neolloydia clavata* (Scheidw.) Britton & Rose, Cactaceae 4: 15,1923; *Coryphantha clavata ancistracantha* Marshall, Cact. Succ. J. (US) 19: 10, 1947; *Mammillaria raphidacantha* Lemaire, Cact. Gen. Nov. Spec. 36, 1839; *Aulacothele raphidacantha* (Lemaire) Monville, Cat. Pl. Exot., 21, 1846; *Mammillaria scolymoides raphidacantha* Salm-Dyck, Cact. Hort. Dyck. 1849: 128, 1850; *Echinocactus corniferus raphidacanthus* Poselger, Allg. Gartenz. 21: 102, 1853; *Coryphantha raphidacantha* (Lemaire) Lemaire, Cactées 34, 1864; *Cactus raphidacanthus* (Lemaire) Kuntze, Rev. Gen. Pl. 1: 261, 1891; *Mammillaria sulcoglandulifera* Jacobi, Allg. Gartenz. 24: 62, 1856; *Cactus maculatus* Coulter, Contr. U. S. Nat. Herb. 3: 117, 1894; *Mammillaria maculata* (Coulter) Vaupel, Monats. Kakt. 56, 1920; *Cactus brunneus* Coulter, Contr. U. S. Nat. Herb. 3: 117, 1894; *Mammillaria brunnea* (Coulter) Vaupel, Monats. Kakt. 56, 1920; *Mammillaria radicantissima* Quehl, Monatsschr. Kakt. 22:

Tafel 9: Verbreitungsgebiete

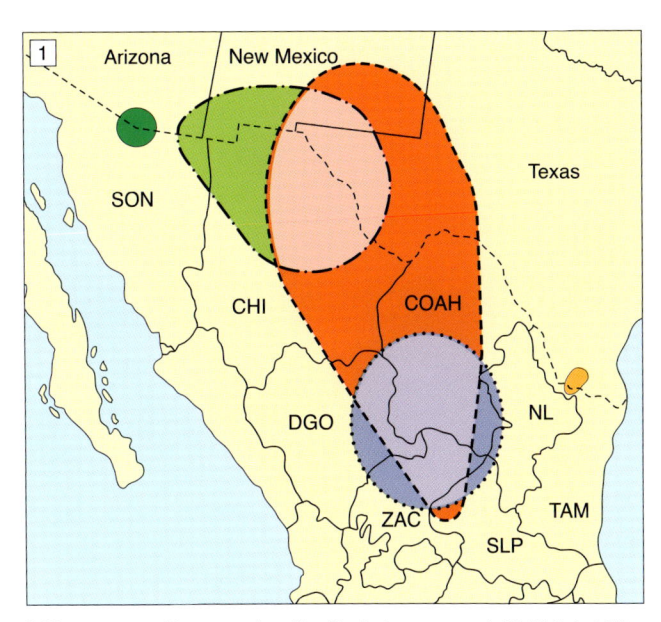

I. Untergattung **Neocoryphantha** Backeberg emend. Dicht & A. Lüthy
I. A. Sektion **Lepidocoryphantha** (Moran) Backeberg

- *Coryphantha macromeris* subsp. *macromeris*
- *Coryphantha macromeris* subsp. *runyonii*

I. B. Sektion **Robustispina** Dicht & A. Lüthy

- *Coryphantha poselgeriana*
- *Coryphantha robustispina* subsp. *robustispina*
- *Coryphantha robustispina* subsp. *scheeri*

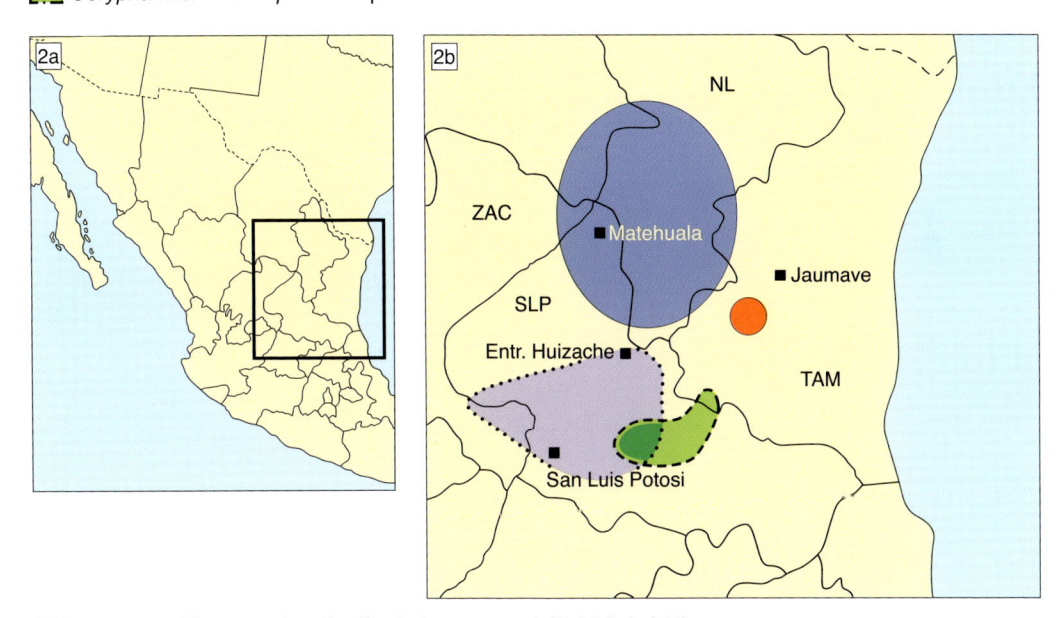

I. Untergattung **Neocoryphantha** Backeberg emend. Dicht & A. Lüthy
I.C. Sektion **Neocoryphantha**
I. C. a. Reihe **Echinoideae** Dicht & A. Lüthy

- *Coryphantha wohlschlageri*
- *Coryphantha vaupeliana*
- *Coryphantha echinoidea*
- *Coryphantha glanduligera*

Tafel 10: Verbreitungsgebiete

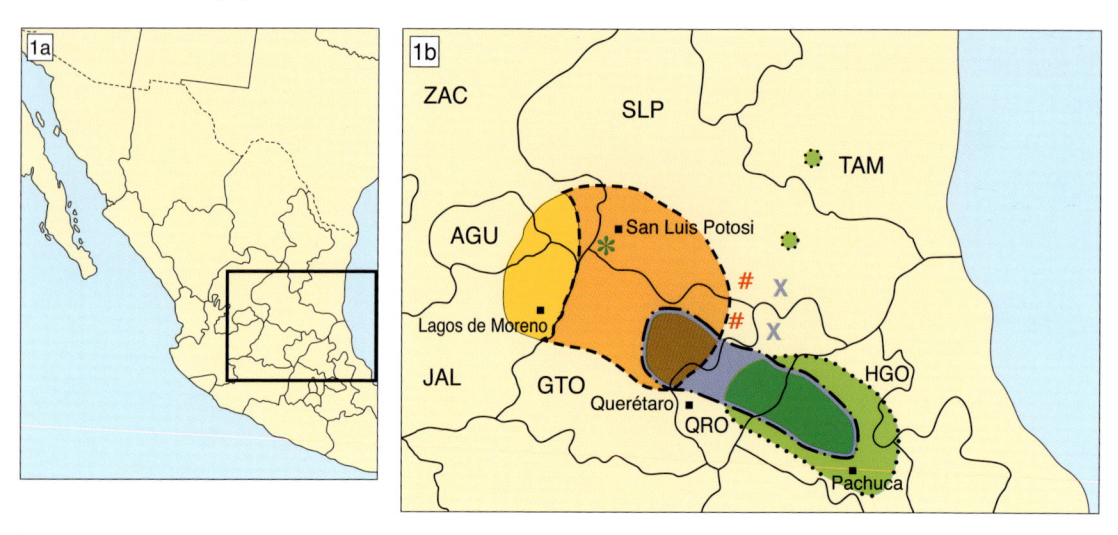

I. Untergattung Neocoryphantha Backeberg emend. Dicht & A. Lüthy
I. C. Sektion Neocoryphantha
I. C. b. Reihe Clavatae Dicht & A. Lüthy

- *Coryphantha octacantha*
- *Coryphantha erecta*
- *Coryphantha clavata* subsp. *clavata*
- *Coryphantha clavata* subsp. *stipitata*
- X *Coryphantha jalpanensis*
- # *Coryphantha glassii*
- * *Coryphantha potosiana*

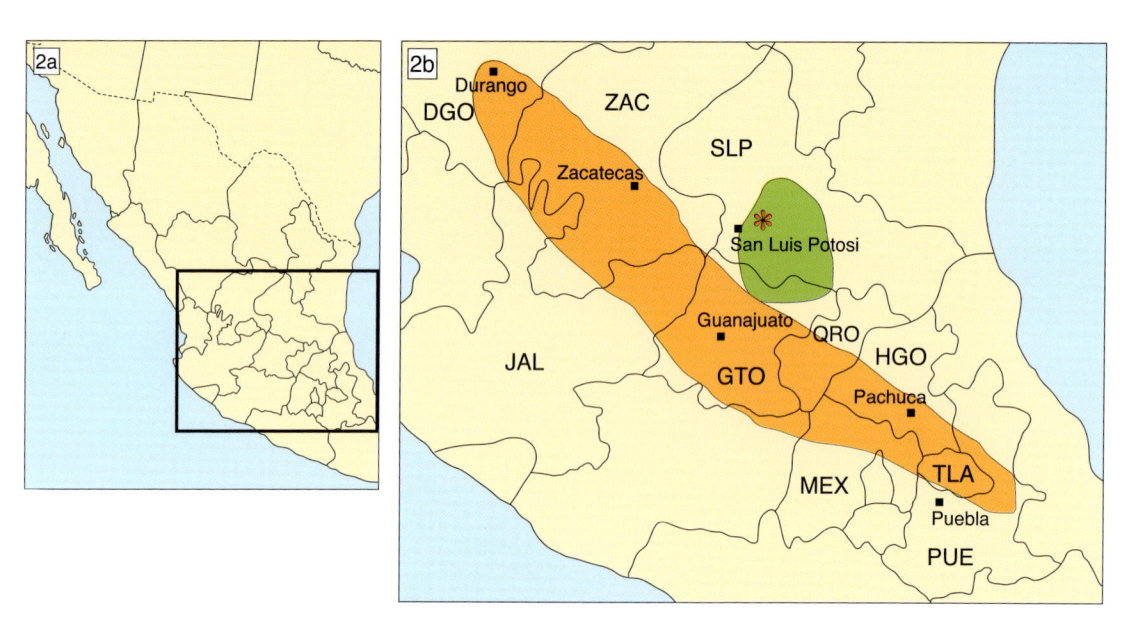

I. Untergattung Neocoryphantha Backeberg emend. Dicht & A. Lüthy
I. D. Sektion Ottonis Dicht & A. Lüthy

- *Coryphantha ottonis*
- *Coryphantha georgii*
- * *Coryphantha vogtherriana*

Tafel 11: Verbreitungsgebiete

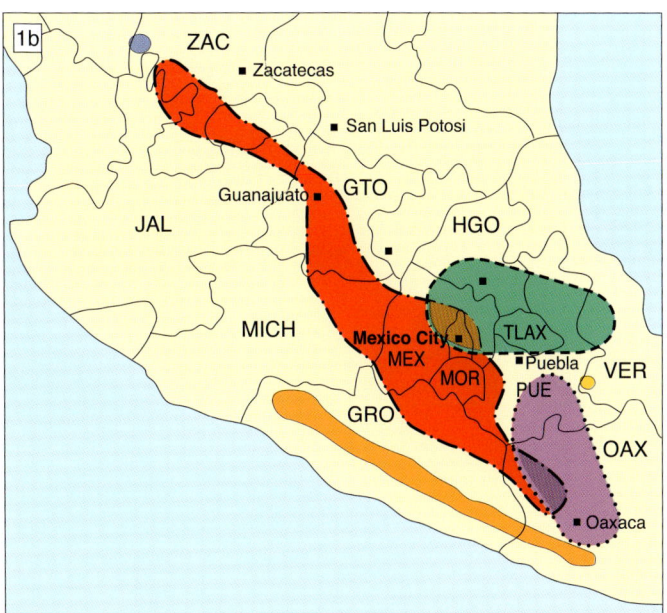

II. Untergattung **Coryphantha**
II. A. Sektion **Coryphantha**
II. A. a. Reihe **Retusae** Dicht & A. Lüthy

- *Coryphantha elephantidens* subsp. *elephantidens*
- *Coryphantha elephantidens* subsp. *bumamma*
- *Coryphantha elephantidens* subsp. *greenwoodii*
- *Coryphantha retusa*

II. A. b. Reihe **Pycnacanthae** Dicht & A. Lüthy

- *Coryphantha pycnacantha*
- *Coryphantha tripugionacantha*

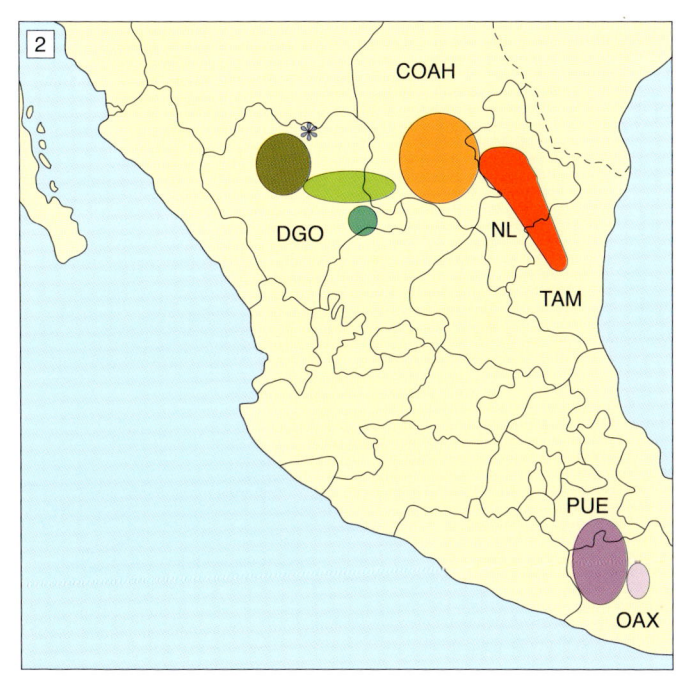

II. Untergattung **Coryphantha**
II. A. Sektion **Coryphantha**
II. A. c. Reihe **Salinenses** Dicht & A. Lüthy

- *Coryphantha kracikii*
- *Coryphantha salinensis*
- *Coryphantha difficilis*
- *Coryphantha durangensis* subsp. *durangensis*
- *Coryphantha durangensis* subsp. *cuencamensis*
- *Coryphantha longicornis*
- *Coryphantha pallida* subsp. *pallida*
- *Coryphantha pallida* subsp. *calipensis*

Tafel 12: Verbreitungsgebiete

II. Untergattung **Coryphantha**
II. A. Sektion **Coryphantha**
II. A. d. Reihe **Coryphantha**

- *Coryphantha maiz-tablasensis*
- *Coryphantha sulcata*
- *Coryphantha hintoniorum* subsp. *hintoniorum*
- *Coryphantha hintoniorum* subsp. *geoffreyi*

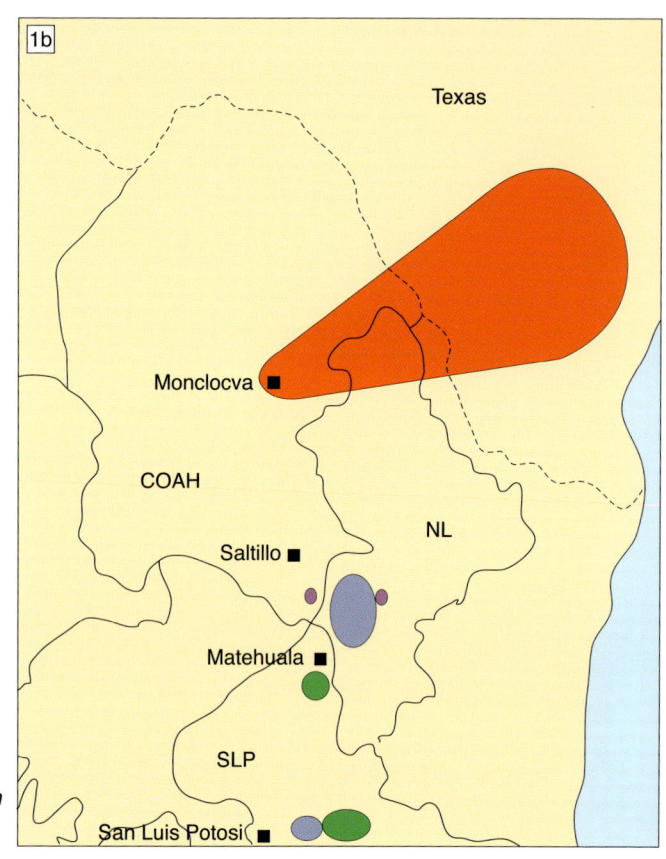

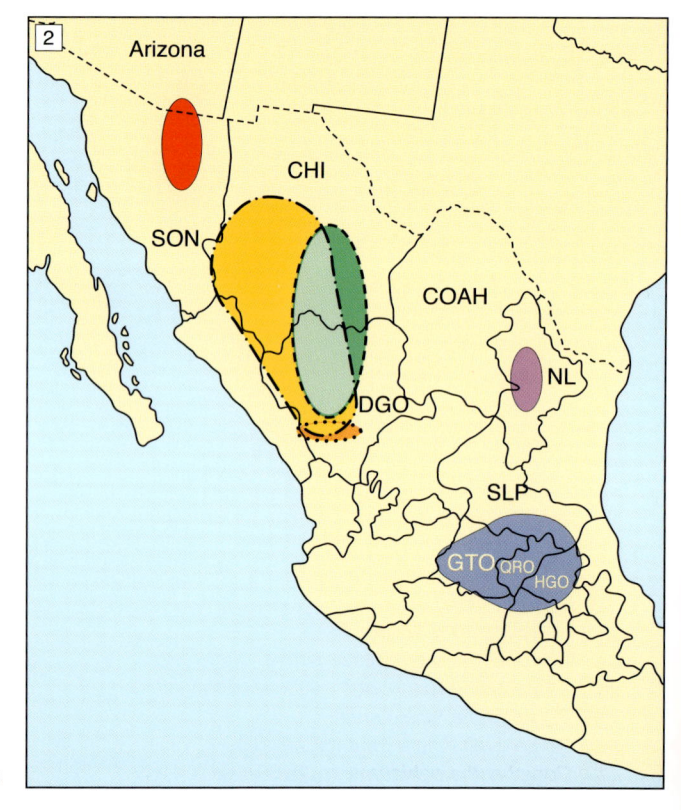

II. Untergattung **Coryphantha**
II. A. Sektion **Coryphantha**
II. A. e. Reihe **Corniferae** Dicht & A. Lüthy
Unterreihe **Corniferae,** Teil 1

- *Coryphantha nickelsiae*
- *Coryphantha pseudonickelsiae*
- *Coryphantha compacta*
- *Coryphantha cornifera*
- *Coryphantha recurvata* subsp. *recurvata*
- *Coryphantha recurvata* subsp. *canatlanensis*

Tafel 13: Verbreitungsgebiete

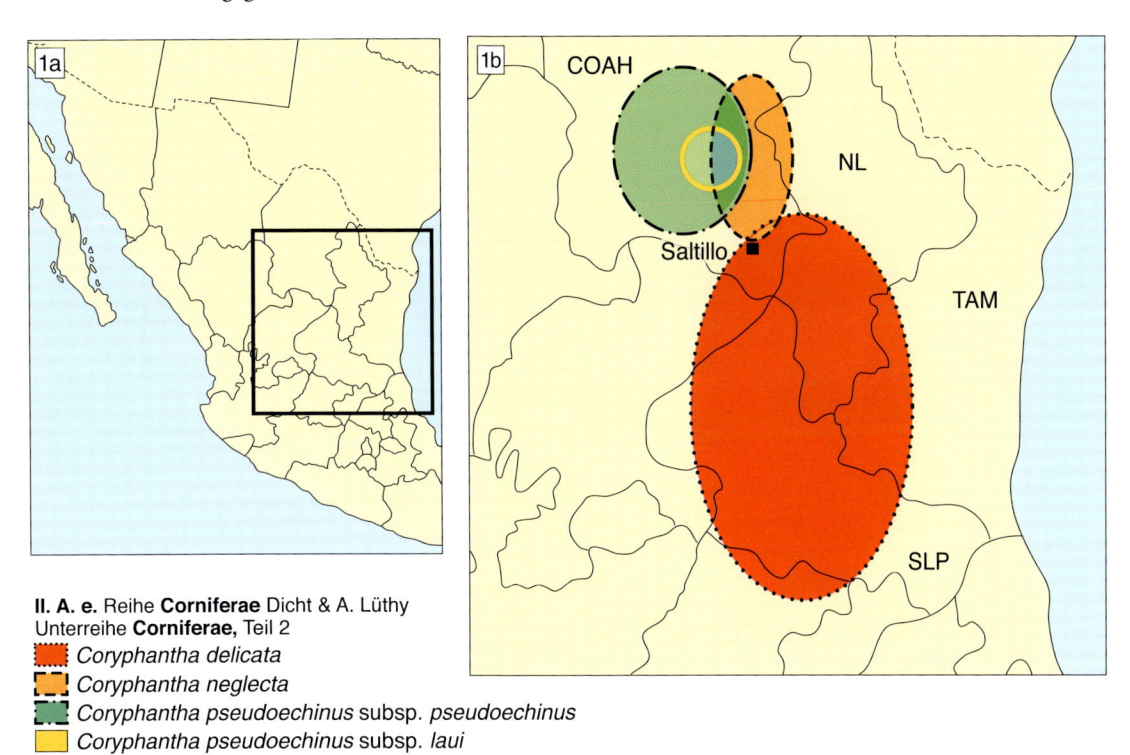

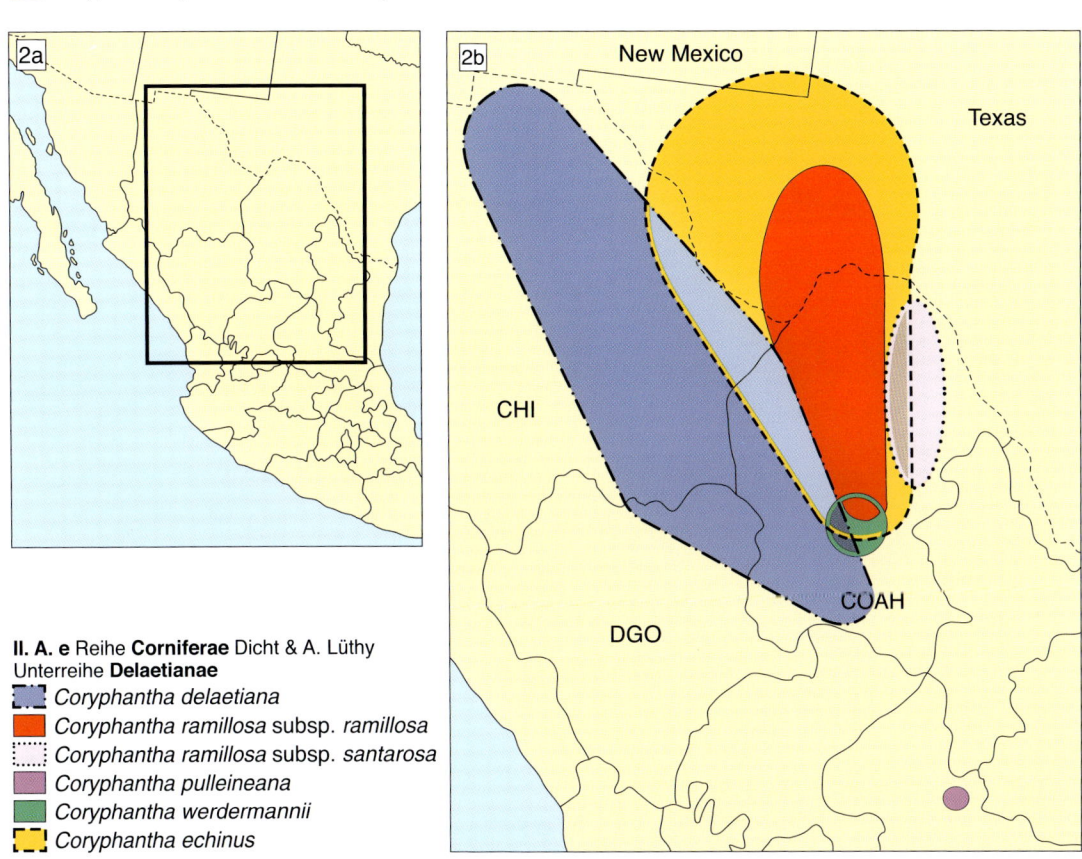

II. A. e. Reihe **Corniferae** Dicht & A. Lüthy
Unterreihe **Corniferae,** Teil 2
- *Coryphantha delicata*
- *Coryphantha neglecta*
- *Coryphantha pseudoechinus* subsp. *pseudoechinus*
- *Coryphantha pseudoechinus* subsp. *laui*

II. A. e Reihe **Corniferae** Dicht & A. Lüthy
Unterreihe **Delaetianae**
- *Coryphantha delaetiana*
- *Coryphantha ramillosa* subsp. *ramillosa*
- *Coryphantha ramillosa* subsp. *santarosa*
- *Coryphantha pulleineana*
- *Coryphantha werdermannii*
- *Coryphantha echinus*

Tafel 14: *Coryphantha macromeris*
1: *C. macromeris* subsp. *macromeris* (Kultivar)
2: *C. macromeris* subsp. *runyonii* (Kultivar)
3: *C. macromeris* subsp. *macromeris* bei Kilometer 40 der Strasse Monterrey-Monclova COAH

Tafel 15: Blütenfarbe von *Coryphantha poselgeriana*
1 bis **3**: Die Blütenfarbe von
C. poselgeriana variiert von Rot bis Gelb.
Rein gelbe Blüten bei Villa de Ramos SL
(Foto M. Sotomayor)

Tafel 16: Formen von *Coryphantha poselgeriana* an verschiedenen Fundorten
1: Cuatrocienegas COAH. 2: Saltillo COAH
3: Hipolito COAH. 4: Hipolito COAH
5: Cuencamé DGO

Tafel 17: *Coryphantha robustspina*
1: *C. robustispina* subsp. *robustispina*, Pima County Arizona USA (Foto L. Moore).   **2**: *C. robustispina* subsp. *scheeri* in Blüte, Benito Juarez (Foto A. Böcker)
3: *C. robustispins* subsp. *scheeri*, Benito Juarez (Foto R. Römer)

Tafel 18: *Coryphantha wohlschlageri* und *Coryphantha vaupeliana*
1: Sämlingspfanze von *C. wohlschlageri*, Villa Juarez SLP
2: *C. wohlschlageri*, Angostura SLP. **3**: Sämlingspflanze von *C. vaupeliana*, San Antonio, TAM. **4**: *C. vaupeliana*, San Antonio TAM

Tafel 19: *Coryphantha glanduligera*
1: *C. glanduligera*, San Rafael NL (Foto G. Hinton)
2: *C. glanduligera* (Kultivar), Matehuala SLP. **3**: *C. glanduligera*, Sandia NL. **4**: Der Fundort von *C. gladuligera* bei Sandia NL

Tafel 20: *Coryphantha echinoidea*
1: Sämlingspflanze von *C.echinoidea*, Sta. Gertrudis SLP
2: *C. echinoidea*, Rancho Zapata SLP. **3**: *C. echinoidea*, Mina San Pedro SLP. **4**: Der Fundort von *C. echinoidea* bei Mina San Pedro SLP

Tafel 21: *Coryphantha octacantha*
1: *C. octacantha* (Kultivar). **2**: *C. octacantha* (Kultivar). **3**: *C. octacantha*, Pachuca HGO **4**: *C. octacantha*, Pachuca HGO. **5**: *C. octacantha*, Vista Hermosa QRO

Tafel 22: *Coryphantha jalpanensis*
1: *C. jalpanensis* (Kultivar). **2**: Fundort von *C. jalpanensis* auf Kalkfelsen, Mazcazintla QRO. **3**: *C. jalpanensis*, Mazcazintla QRO

Tafel 23: *Coryphantha clavata*
1: *C. clavata* subsp. *clavata* (Kultivar). **2**: *C. clavata* subsp. *stipitata* (Kultivar). **3**: *C. clavata* subsp. *clavata*, Cañon de las Calabassas SLP

Tafel 24: *Coryphantha glassii*
1: *C. glassii* mit dem Pickel ihres Entdeckers Charles Glass, Xichú GTO. **2**: *C. glassii* mit Blüten (Foto: M. Sotomayor). **3**: *C. glassii* am Typfundort, Sanguijuela SLP. **4**: *C. glassii,* Las Magdalenas SLP

Tafel 25: *Coryphantha erecta*
1: Blüten von *C. erecta* (Kultivar). **2**: *C. erecta*, San Joaquín QRO. **3**: *C. erecta*-Gruppe, San Luis de la Paz GTO. **4**: *C. erecta*, San Luis de la Paz GTO. **5**: *C. erecta*, in der Nähe von Jalpán QRO

Tafel 26: *Coryphantha erecta*
1, 2: Gruppen von *C. erecta* an ihrem Fundort bei San Joaquín QRO

Tafel 27: *Coryphantha potosiana*
1 bis **4**: *C. potosiana* an ihrem Typfundort an der Strasse von San Luis Potosí nach Aguascalientes SLP

Tafel 28: *Coryphantha ottonis*
1: *C. ottonis* (Forma *bussleri*), Tlaxco TLX
2: *C. ottonis*, Otumba MX. **3**: *C. ottonis* (Kultivar)
4: *C. ottonis* (Kultivar). **5**: *C. ottonis* (Forma *guerkeana*), Rancho Olguin ZAC. **6**: *C. ottonis* (Forma *guerkeana*), La Providencia ZAC

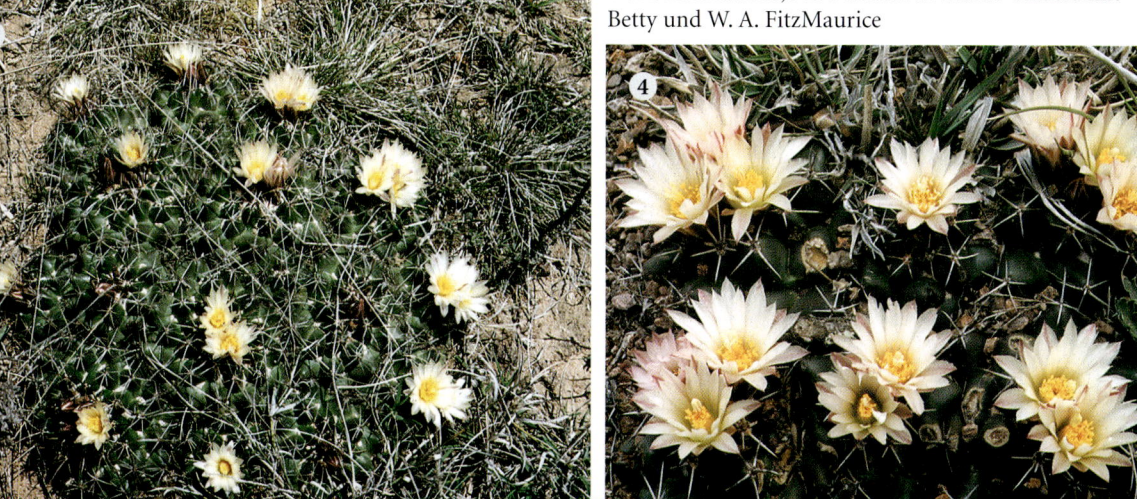

Tafel 29: *Coryphantha vogtherriana*
1, 3 und **4**: *C. vogtherriana*, Monte Caldera SLP (Fotos W. A. FitzMaurice). **2**: Fundort in Monte Caldera mit Betty und W. A. FitzMaurice

Tafel 30: *Coryphantha georgii*
1: *C. georgii*, Estación Villar SLP. **2:** *C. georgii* (Kultivar)
3: *C. georgii* (Kultivar). **4:** *C. georgii*, Monte Caldera SLP
5: *C. georgii* an der Strasse nach Xichú GTO

Tafel 31: Blütenfarbe von *Coryphantha elephantidens*
1 bis **4**: Die Variabilität der Blütenfarbe von *C. elephantidens* subsp. *elephantidens* von Rot bis Gelb

Tafel 32: *Coryphantha elephantidens*
1: *C. elephantidens* subsp. *elephantidens*, Tepalcingo MOR. **2**: *C. elephantidens* subsp. *elephantidens*, Zacatepec MOR. **3**: *C. elephantidens* subsp. *elephantidens* (2 × vorne) im Vergleich mit *C. elephantidens* subsp. *greenwoodii* (hinten). **4**: *C. elephantidens* subsp. *elephantidens* Las Estacas MOR. **5**: *C. elephantidens* subsp. *elephantidens* (Forma *garessii*), Tepetongo ZAC

Tafel 33: *Coryphantha elephantidens*
1: *C. elephantidens* subsp. *bumamma* (Kultivar von Felix Krähenbühl). **2**: *C. elephantidens* subsp. *bumamma* Detailansicht, Totolapán OAX
3: Fundort von *C. elephantidens* subsp. *bumamma* in Totolapán OAX mit Julian Dicht. **4**: *C. elephantidens* subsp. *bumamma*-Gruppe, Totolapán OAX

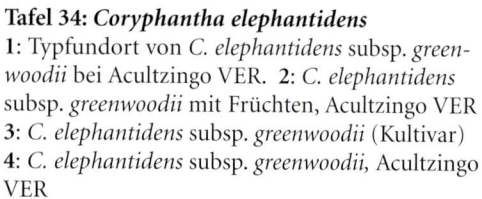

Tafel 34: *Coryphantha elephantidens*
1: Typfundort von *C. elephantidens* subsp. *greenwoodii* bei Acultzingo VER. **2**: *C. elephantidens* subsp. *greenwoodii* mit Früchten, Acultzingo VER
3: *C. elephantidens* subsp. *greenwoodii* (Kultivar)
4: *C. elephantidens* subsp. *greenwoodii*, Acultzingo VER

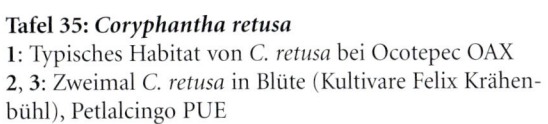

Tafel 35: *Coryphantha retusa*
1: Typisches Habitat von *C. retusa* bei Ocotepec OAX
2, 3: Zweimal *C. retusa* in Blüte (Kultivare Felix Krähenbühl), Petlalcingo PUE

Tafel 36: Die Variabilität der Bedornung von *Coryphantha retusa* an verschiedenen Fundorten.
1: Chazumba OAX. **2**: Acatlán PUE. **3**: Nördlich von Acatlán PUE. **4**: Xuyacatlán PUE. **5**: Ocotepec OAX **6**: Tehuitzingo PUE

Tafel 37: *Coryphantha pycnacantha*
1: *C. pycncantha* östlich von Tecamachalco PUE
2: *C. pycnacantha* südlich von Ciudad Shahogun HGO
3: Ein durch Menschen zerstörtes Habitat von *C. pycnacantha* bei Zempoala HGO. **4**: *C. pycnacantha*, südlich von Zempoala HGO. **5**: *C. pycnacantha* mit Früchten, San Miguel Regla HGO

Tafel 38: *Coryphantha pycnacantha*
1 bis **3**: *C. pycnacantha* mit Blüten und Früchten (Kultivare)

Tafel 39: *Coryphantha tripugionacantha*
1: *C. tripugionacantha* am Typfundort San Juan Capistrano ZAC (Foto J. Chalet)
2: *C. tripugionacantha* in Blüte (Kultivar und Foto A. Böcker). **3**: Sämlinge von *C. tripugionacantha* (Foto A. Böcker)

Tafel 40: *Coryphantha kracikii*
1: *C. kracikii* in Blüte (Kultivar und Foto K. Kracik)
2, 3: *C. kracikii* am Typfundort El Diamante DGO (Fotos K. Kracik)

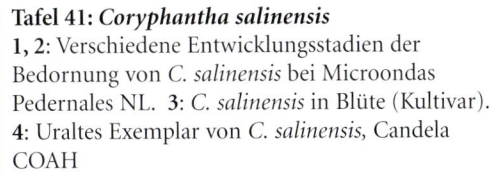

Tafel 41: *Coryphantha salinensis*
1, 2: Verschiedene Entwicklungsstadien der Bedornung von *C. salinensis* bei Microondas Pedernales NL. **3**: *C. salinensis* in Blüte (Kultivar). **4**: Uraltes Exemplar von *C. salinensis*, Candela COAH

Tafel 42: *Coryphantha salinensis*
1: Typfundort von *C. salinensis* bei Salinas Victoria NL (Foto J. Lüthy). **2**: Alte Pflanze von *C. salinensis* in Blüte (Kultivar). **3**: Jungpflanze von *C. salinensis* in Blüte (Kultivar). **4**: *C. salinensis*, Las Crucitas TAM
5: Blüte von *C. salinensis* (Kultivar)

Tafel 43: *Coryphantha difficilis*
1: Jungpflanze von *C. difficilis* in Blüte (Kultivar). **2, 3** : *C. difficilis*, La Rosa COAH. **4**: *C. difficilis* aus der Sierra Paila COAH. **5**: *C.difficilis*, Hipolito COAH. **6**: Alte Pflanze von *C. difficilis* in Blüte (Kultivar).

Tafel 44: *Coryphantha durangensis*
1: Habitat von *C. durangensis* subsp. *durangensis* bei Nazas DGO
2: *C. durangensis* subsp. *durangensis* mit aufgerichtetem Mitteldorn, Nazas DGO. **3**: *C. durangensis* subsp. *durangensis* (Kultivar SB 453), Lerdo DGO. **4**: *C. durangensis* subsp. *durangensis* ohne Mitteldorn, Nazas DGO

Tafel 45: *Coryphantha durangensis*
1, 2: Vergleich von *C. durangensis* subsp. *durangensis* mit *C. durangensis* subsp. *cuencamensis*. **3**: *C. durangensis* subsp. *cuencamensis* am Typfundort, Cuencamé DGO. **4**: Habitat am Typfundort Cuencamé DGO

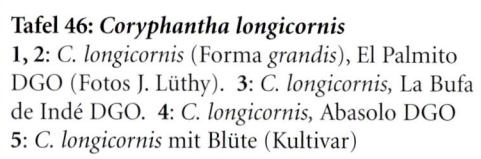

Tafel 46: *Coryphantha longicornis*
1, 2: *C. longicornis* (Forma *grandis*), El Palmito DGO (Fotos J. Lüthy). **3**: *C. longicornis*, La Bufa de Indé DGO. **4**: *C. longicornis*, Abasolo DGO
5: *C. longicornis* mit Blüte (Kultivar)

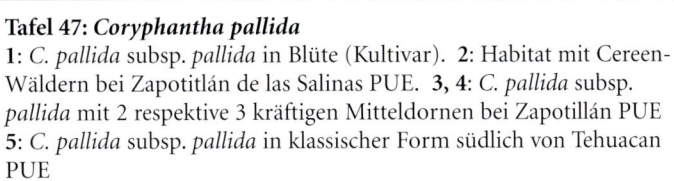

Tafel 47: *Coryphantha pallida*
1: *C. pallida* subsp. *pallida* in Blüte (Kultivar). **2**: Habitat mit Cereen-Wäldern bei Zapotitlán de las Salinas PUE. **3, 4**: *C. pallida* subsp. *pallida* mit 2 respektive 3 kräftigen Mitteldornen bei Zapotillán PUE
5: *C. pallida* subsp. *pallida* in klassischer Form südlich von Tehuacan PUE

Tafel 48: *Coryphantha pallida*
1 bis **5**: Die Variabilität der Bedornung von
C. pallida subsp. *pallida* mit keinem oder bis drei
Mitteldornen bei Azumbilla

Tafel 49: *Coryphantha pallida*
1: *C. pallida* subsp. *pallida* am Typfundort von *C. pseudoradians* in Suchixtlahuaca OAX. **2, 3**: *C. pallida* subsp. *pallida* mit und ohne Mitteldornen, Nochixtlán OAX. **4**: *C. pallida* subsp. *pallida* in Blüte (Kultivar)

Tafel 50: *Coryphantha pallida*
1: *C. pallida* subsp. *calipensis*, Chilac PUE
2, 3: *C. pallida* subsp. *calipensis* mit Blüten (Kultivare)

Tafel 51: *Coryphantha maiz-tablasensis*
1: *C. maiz-tablasensis* mit Blüten (Kultivar).
2: Habitat von *C. maiz-tablasensis* nördlich von Rio Verde SLP. **3**: Nördliche Form von *C. maiz-tablasensis* (Kultivar) bei Matehuala SLP
4, 5: *C. maiz-tablasensis* in der Lagune von Las Tablas SLP

Tafel 52: *Coryphantha sulcata*
1: *C. sulcata*, San Alberto COAH. **2, 4**: *C. sulcata* in Blüte (Kultivare SB 486, Val Verde County Texas USA). **3**: *C. sulcata* (Forma *speciosa*) Villafrontera COAH. **5**: Habitat von *C. sulcata* in der Industriezone von Villafrontera COAH

Tafel 53: *Coryphantha hintoniorum*
1 bis **3**: *C. hintoniorum* subsp. *hintoniorum* am Typfundort bei San Rafael NL (Foto 1 G. Hinton). **4**: Habitat von *C. hintoniorum* subsp. *hintoniorum* in der Prärie bei San Rafael NL

Tafel 54: *Coryphantha hintoniorum* **subsp.** *geoffreyi*
1: *C. hintoniorum* subsp. *geoffreyi* (Foto G. Hinton)
2: Geoffrey Hinton (Foto G. Hinton)
3 bis **5**: Am Typenstandort San Pedro Sotolar NL. zusammen mit *Echinocereus knippelianus*

Tafel 55: *Coryphantha nickelsiae*
1: *C. nickelsiae,* Huasteca Cañon NL
2, 3: *C. nickelsiae* mit Blüte (Kultivare)
4: *C. nickelsiae,* Candela COAH

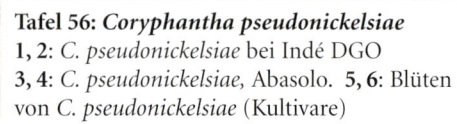

Tafel 56: *Coryphantha pseudonickelsiae*
1, 2: *C. pseudonickelsiae* bei Indé DGO
3, 4: *C. pseudonickelsiae*, Abasolo. **5, 6**: Blüten von *C. pseudonickelsiae* (Kultivare)

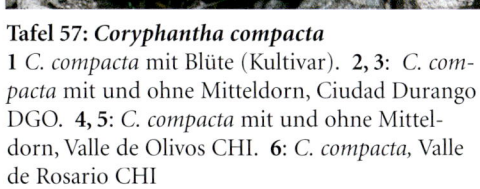

Tafel 57: *Coryphantha compacta*
1 *C. compacta* mit Blüte (Kultivar). **2, 3**: *C. compacta* mit und ohne Mitteldorn, Ciudad Durango DGO. **4, 5**: *C. compacta* mit und ohne Mitteldorn, Valle de Olivos CHI. **6**: *C. compacta,* Valle de Rosario CHI

Tafel 58: *Coryphantna cornifera*
1: *C. cornifera*, Tolantongo HGO. **2**: *C. cornifera* (Forma *schwarziana*), San Felipe GTO. **3** bis **5**: Verschieden bedornte *C. cornifera* in Blüte (Kultivare)

Tafel 59: *Coryphantha recurvata*
1: *C. recurvata* subsp. *recurvata*, Sycamore Canyon Arizona USA (Foto R. Römer). **2**: *C. recurvata* subsp. *recurvata*, Moctezuma SON (Foto R. Römer). **3, 4**: Variierende Bedornung von *C. recurvata* subsp. *recurvata*, bei Moctezuma SON (Fotos R. Römer). **5**: *C. recurvata* subsp. *recurvata* Jungpflanze mit Blüte (Kultivar). **6**: *C. recurvata* subsp. *recurvata*, Nacozari SON (Foto R. Römer)

Tafel 60: *Coryphantha recurvata*
1: Habitat westlich von Ciudad Durango DGO
2: *C. recurvata* subsp. *canatlanensis* westlich Ciudad Durango DGO. **3**: *C. recurvata* subsp. *canatlanensis* mit dem einzelnen, geraden Mitteldorn (Kultivar)
4: *C. recurvata* subsp. *canatlanensis* mit Blütenknospen um den Scheitel, westlich Canatlàn DGO (Foto C. Glass). **5, 6**: *C. recurvata* subsp. *canatlanensis* am Typfundort westlich Canatlàn DGO

Tafel 61: *Coryphantha delicata*
1: *C. delicata*, San Antonio TAM. **2**: *C. delicata*, Palmillas TAM. **3**: *C. delicata*, Entronque Huizache SLP. **4**: *C. delicata*, La Escondida NL **5**: *C. delicata* mit und ohne Mitteldorn in Blüte (Kultivare). **6**: *C. delicata*, San Francisco SLP

Tafel 62: *Coryphantha delicata*
1: Grosse Gruppe von *C. delicata*, La Escondida NL. **2**: *C. delicata* mit und ohne Mitteldorn in Arteaga COAH. **3** bis **6**: Vielfältige Formen von *C. delicata* in Blüte (Kultivare)

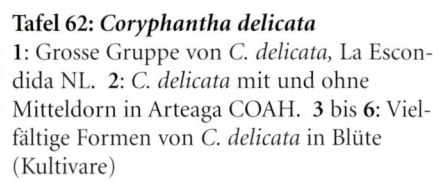

Tafel 63: *Coryphantha neglecta*
1, 2: *C. neglecta*, Casas Coloradas COAH
3: *C. neglecta* am Typfundort bei El Sago COAH
4: *C. neglecta*, El Sacrificio COAH
5: *C. neglecta* westlich von Cuatrocienegas COAH
6: *C. neglecta* in Blüte (Kultivar)

Tafel 64: *Coryphantha pseudoechinus*
1 bis **4:** *C. pseudoechinus* subsp. *pseudoechinus* von verschiedenen Fundorten in der Sierra Paila COAH

Tafel 65: *Coryphantha pseudoechinus*
1, 2: *C. pseudoechinus* subsp. *pseudoechinus* mit der roten Blüte (Kultivare). **3, 4**: *C. pseudoechinus* subsp. *laui* mit gelber Blüte (Kultivare)

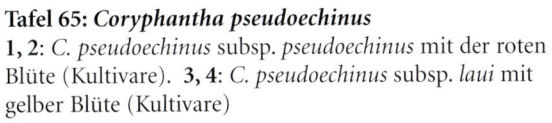

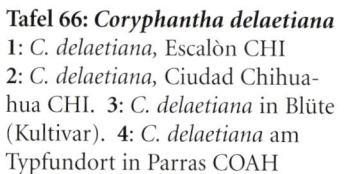

Tafel 66: *Coryphantha delaetiana*
1: *C. delaetiana*, Escalòn CHI
2: *C. delaetiana*, Ciudad Chihuahua CHI. **3**: *C. delaetiana* in Blüte (Kultivar). **4**: *C. delaetiana* am Typfundort in Parras COAH

Tafel 67: *Coryphantha ramillosa*
1: *C. ramillosa* subsp. *ramillosa* westlich von Cuatrocienegas COAH. **2**: Das Habitat von *C. ramillosa* subsp. *ramillosa* bei Cuatrocienegas COAH. **3, 4**: *C. ramillosa* subsp. *ramillosa* mit roter Blüte (Kultivare SB 908, Brewster County Texas USA)

Tafel 68: *Coryphantha ramillosa*
1: *C. ramillosa* subsp. *ramillosa* östlich von Cuatrocienegas COAH
2: *C. ramillosa* subsp. *santarosa*, San Alberto COAH. **3**: *C. ramillosa* subsp. *santarosa*, Minas de Barroteràn COAH
4: *C. ramillosa* subsp. *santarosa* mit gelber Blüte (Kultivar). **5**: *C. ramillosa* subsp. *santarosa* am Typfundort bei La Babia COAH

Tafel 69: *Coryphantha pulleineana*
1, 2: *C. pulleineana* am Typfundort bei Entronque Huizache SLP
3, 4: *C. pulleineana* mit Blüten (Kultivare)

Tafel 70: *Coryphantha werdermannii*
1 bis **4**: *C. werdermannii* westlich Cuatrocienegas COAH von der Jugendform bis zur uralten Pflanze. **5**: *C. werdermannii* in Blüte (Kultivar)

Tafel 71: *Coryphantha echinus*
1, 2: Im Habitat Cuatrocienegas COAH
3, 4: El Paradero CHI (Fotos G. Matuszewski)
5, 6: Blühende SB 391 Pecos County, Texas

Tafel 72: *Coryphantha gracilis*
1, 5: *C. gracilis* in Blüte (Kultivare). **2**: *C. gracilis* am Typfundort in Rancho Pelayo CHI. **3, 4**: Die sich rötende Frucht von *C. gracilis*. **6**: Das Habitat am Typfundort in Rancho Pelayo CHI

164, 1912; *Coryphantha unicornis* Bödeker, Zeitschr. Sukk. -Kunde 3: 205, 1928. *Coryphantha clavata* var. *radicantissima* (Quehl) Heinrich ex Backeberg, Cactaceae 5: 2995, 1961.

Körper einzeln, selten rundlich, meist keulig-zylindrisch bis kurzsäulig, bis 30 cm lang und 9 cm Durchmesser, gräulichgrün, Scheitel wollig, von Dornen bedeckt. Rübenwurzel. **Warzen** in 5 und 8 beziehungsweise in 8 und 13 Spiralen, schief kegelförmig, abgerundet, oben abgeflacht, Länge oberseits 8–12 mm, Breite unterseits 10–14 mm, eine oder mehrere rote Drüsen in der im jungen Trieb wolligen Furche. **Axillen** mit roter Drüse, jung wollig. **Areolen** rund, 3 mm ⌀, jung mit weisslicher Wolle. **Randdornen** 8 bis 12, 8 bis 14 mm lang, regelmässig radiär, etwas vorstehend, gerade, steif nadelig, weisslich, teils von der Spitze her schwarz. **Mitteldornen** 1, 17–25 mm lang, gerade vorgestreckt, stärker als Randdornen, dünn pfriemlich, dunkelbraun-schwarz, dann vergrauend. Auch mit 1–2 zusätzlichen, nach oben leicht abspreizenden geraden, nadeligen Mitteldornen von 10 mm Länge. **Blüten** relativ klein, 25–30 mm lang, 20–30 mm ⌀, weisslichgelb, Blütenröhre nackt, äussere Blütenblätter lanzettlich, bis 12 mm lang, 3,5 mm breit, hellgelb mit breitem, rötlichem Mittelstreifen, rot gespitzt; innere Blütenblätter schmal lanzettlich, bis 2 mm breit, inwendig hellgelb bis cremeweiss, aussen mit angedeutetem purpurrotem Mittelstreifen, Staubfäden unten gelblich, gegen oben rötlich, zahlreich, reizbar, viel kürzer als Blütenblätter, Staubbeutel gelb, Griffel gelb, oben rosa angehaucht mit 5–6 grünlichgelben Narben. **Früchte** zuerst saftig, grün, 10 mm lang und 5 mm breit, dann rasch vertrocknend, rötlichbraun, pergamentartige Hülle, Blütenrest anhaftend. **Samen** 1,4 mm lang, 0,8 mm breit, braun, nierenförmig, netzgrubig.

Jugendform: Als junger Sämling wächst die Pflanze schon schlanksäulig und bildet von Anfang an eine Rübenwurzel aus. Der Mitteldorn fehlt, es werden nur radiäre Randdornen von reinweisser Farbe ausgebildet. Bis zur Bildung des Mitteldorns nur selten blühfähig.

Verbreitung: Mexiko: San Luis Potosí, Zacatecas, Querétaro und Guanajuato.

Habitat: Untere Abhänge von Kalksteinhügeln, oft unter Büschen.

Überprüfte Fundorte:

Mexiko: San Luis Potosí: Balneario Lourdes, San Anton Martinez, Südlich Rio Verde, Tolosa, San Luis Potosí-Aguascalientes km 28, Villa de Zaragosa.

Guanajuato: Cañada Moreno, Querétaro-SLP (km 104), Abzweigung San Luis de la Paz-Xichú, San Luis de la Paz-Xichú (km 28), km 110 nordöstlich San Felipe Torres Rochas, Jofre.

Vorkommen: Ungefährdet.

Abgrenzung: *C. octacantha* (8.) und *C. georgii* (16.): siehe Vergleichstabelle im Anhang.

Erläuterungen: Die Erstbeschreibung ist sehr rudimentär, aber trotzdem eindeutig wegen der Merkmale: 1 Mitteldorn, 10 Randdornen, rote Drüsen.

Abbildungen: Verbreitung siehe Farbtafel 10, Abb. 1; Pflanzenporträt siehe Farbtafel 23, Abb. 1, 3.

10 b. *Coryphantha clavata* subsp. *stipitata* (Scheidweiler) Dicht & A. Lüthy

Cact. Syst. Init. 11: 12, 2001.

Basionym: *Mammillaria stipitata* Scheidw., Bull. Acad. Sci. Brux. 5: 495, 1838.

Neotyp: Mexico, San Luis Potosí, Municipio de San Luis Potosí, northwest of La Amapola, Rosa Elia Hernandez 282 (SLPM 19396).

Synonyme: *Mammillaria ancistracantha* Lemaire, Cact. Gen. Nov. Sp. 36, 1839; *Aulacothele raphidacantha ancistracantha* (Lemaire) Monville, Cat. Pl. Exot., 21, 1846; *Coryphantha ancistracantha* (Lemaire) Lemaire, Cactées 34, 1864; *Cactus ancistracanthus* (Lemaire) Kuntze, Rev. Gen. Pl. 1: 261, 1891; *Mammillaria rhaphidacantha humilior* Salm-Dyck ex Förster, Handb. Cact. 244, 1846; *Mammillaria rhaphidacantha ancistracantha* Schumann, Gesamtb. Kakt. 506, 1898; *Coryphantha clavata* var. *ancistracantha* (Lemaire) Heinrich ex Backeberg, Cactaceae 5: 2995, 1961; *Coryphantha rhaphidacantha ancistracantha* (Schumann) Ito, 1952.

Weist einen (selten bis 4!) stets nach unten gehakten Mitteldorn auf. Die Blüten sind fast weiss und wenig grösser (30–35 mm Durchmesser) als bei subsp. *clavata*. Alle anderen Charakteristiken wie subsp. *clavata*.
Verbreitung: Mexiko: Zacatecas, Guanajuato, vor allem in der Gegend von Lagos de Moreno JAL.
Habitat: Untere Abhänge vulkanischer Hügel, unter Büschen, Agaven und Hechtien.
Überprüfte Fundorte:
Mexiko: Zacatecas: Villa Garcia, Milagros.
Jalisco: Lagos de Moreno.
San Luis Potosí: Ojuelos, La Amapola.
Vorkommen: Ungefährdet.
Erläuterungen: Wurde erstmals von SCHEIDWEILER (1838) als *Mammillaria stipitata* beschrieben, ein Jahr später von Lemaire als *Mammillaria raphidacantha* sowie auch als *Mammillaria ancistracantha*.

Die Verbreitungsareale von subsp. *clavata* und von subsp. *stipitata* sind stets disjunkt, die beiden kommen also nirgendwo zusammen vor.
Abbildungen: Verbreitung siehe Farbtafel 10, Abb. 1; Pflanzenporträt siehe Farbtafel 23, Abb. 2.

11. *Coryphantha glassii* Dicht & A. Lüthy

Kakt. and. Sukk. 51 (1): 1, 2000.
Typ: Mexiko, San Luis Potosí, Sanguijuela, Alberto Arredondo 527 (SLPM 28287).

Durch Stolone grosse Gruppen bis 50 cm ⌀ bildend, säulige Einzelköpfe bis 30 cm hoch, 6 cm ⌀, lindengrün, Scheitel flach mit sehr spärlicher Wolle, schmaler Wurzelhals mit Übergang in Rübenwurzel mit faserigen Verzweigungen. **Warzen** in 5 und 8 Serien, locker gestellt, zylindrisch-konisch, gekielt, aufsteigend, basal 6 mm breit, 14 mm hoch, oberseit 9 mm, unterseits 20 mm lang, Oberseite ausser im Neutrieb gegen aussen abfallend bis höchstens waagrecht, Warzenfurche nur an älteren Haupttrieben, mit Filz und areolennahen Drüsen. **Axillen** nur im Neutrieb mit sehr wenig Wolle, mit einer infolge der lockeren Warzenstellung stark exponierten, gelb-orangen, weisswollig umrandeten Drüse. **Areolen** rund, 1,5 mm Durchmesser, jung mit viel Wollfilz. **Randdornen** 10–13, davon 10–11 untere und seitliche radiär, leicht vorstehend, untere 8 mm lang, seitliche 7 mm, alle nadelig, gelblich weiss, oft weissfleckig, oben 1–2 lange, dünnnadelige, gerade, 12 mm lang, fast weiss. **Mitteldornen** 2–3, davon 1 dominanter gerade, nach unten weisend vorgestreckt, derb nadelig bis pfriemlich, 16–25 mm lang, gelbbraun-hornfarben, weisslich gefleckt, die anderen etwas dünner, schräg nach oben weisend, 11 mm lang, gelbbräunlich-hornfarben. **Blüten** 3,5 cm lang, 3 cm breit, Blütenröhre nackt, hellgrün. Äussere Blütenblätter lanzettlich, gespitzt, Ränder ganz, hellgelb mit braunrotem dorsalem Mittelstreifen. Innere Blütenblätter lanzettlich, Ränder ganz, gegen die Spitze gezähnelt, gespitzt, hellgelb. Staubfäden rötlichgelb, Staubbeutel gelb, Griffel grünlichgelb, 5–7 gelbe, bis 7 mm lange Narben. **Früchte** olivgrüne, saftige Beeren mit anhaftenden Blütenresten, sehr klein, 10 mm lang, 8 mm breit. **Samen** nierenförmig, rehbraun, 1,5 mm lang und 1 mm breit.
Verbreitung: Mexiko: Guanajuato and San Luis Potosí.
Habitat: Hügel und Berge mit kalkhaltigem Kies, an Abhängen und auf Kuppen.
Überprüfte Fundorte:
Mexiko: Guanajuato: in der Gegend von Xichú. – San Luis Potosí: bei Sanguijuela (Typstandort) und bei San Ciro de Acosta.
Vorkommen: Ungefährdet.
Abgrenzung: *C. jalpanensis* (9.): siehe Vergleichstabelle im Anhang.
Erläuterungen: Die Hauptunterscheidungskriterien zu *Coryphantha jalpanensis* wurden in der Vergleichstabelle (siehe Seite 113 ff.) fett hervorgehoben, es sind dies vor allem: Rübenwurzel, Stolonenbildung, längere, säulige Kör-

per, schmälere, gekielte, sehr locker gestellte Warzen mit mit Ausnahme des Neutriebs gegen aussen abfallender bis waagrechter Oberseite, sehr gut sichtbare Axillendrüsen, gelbliche Randdornen und gelbliche, längere Mitteldornen sowie kleinere Früchte.

Die Wuchsform mit den dünnen Säulen erinnert an *Coryphantha erecta* (Lemaire) Lemaire, die aber keine Stolone und keine Rübenwurzel bildet, viel kleinere, dichter gestellte Warzen in höheren Serien aufweist, und eine andere Bedornung sowie viel grössere Blüten hat.

Zur näheren Verwandtschaft von *Coryphantha glassii* gehört noch eine andere grosse, säulige Gruppen bildende Art: *Coryphantha octacantha* (De Candolle) Br. & R. Sie unterscheidet sich aber durch die viel kräftigeren Körper, die spärlichere Randbedornung, grössere Blüten und insbesondere durch die grösseren, kantigeren Warzen und die fehlende Stolonenbildung.

Die kleinen, trichterförmigen Blüten sowie die Rübenwurzel hat die Art mit *Coryphantha clavata* (Scheidweiler) Backeberg gemein.

Abbildungen: Verbreitung siehe Farbtafel 10, Abb. 1; Pflanzenporträt siehe Farbtafel 24.

12. *Coryphantha erecta* (Lemaire) Lemaire
Cactées 34, 1869

Basionym: *Mammillaria erecta* Lemaire ex Pfeiffer, Allg. Gartenz. 5: 369, 1837.

Lectotyp: Lemaire, Iconogr. descr. des Cactées, Part 2, t. 3, 1843 (Dicht & A. Lüthy, CSI 11: 13, 2001).

Synonyme: *Aulacothele erecta* (Lemaire) Monville, Cat. Pl. Exot., 21, 1846; *Cactus erectus* Kuntze, Rev. Gen. Pl. 1: 260, 1891; *Echinocactus erectus* Poselger, Allg. Gartenz. 21: 126, 1853; *Mammillaria evanescens* Hort. belg.; *Mammillaria ceratocentra* Berg, Allg. Gartenz. 8: 130, 1840; *Cactus ceratocentrus* (Berg) Kuntze, Rev. Gen. Pl. 1: 260, 1891.

Körper zylindrisch-säulig, aufrecht, bis 50 cm hoch und 6–8 cm Durchmesser, sprossend, grosse Gruppen bildend, Scheitel weisswollig, hellgrüne Epidermis. **Warzen** in 8 und 13 oder 13 und 21 Serien, schief kegelig, oben abgeflacht, Basis rhombisch, oberseit 5–7 mm lang, basal 10 mm breit, 9 mm hoch, die meisten mit, einige ohne Furche. **Axillen** mit weisser Wolle und braunen Drüsen. **Areolen** elliptisch, 3 mm lang, 2 mm breit, jung mit weisser Wolle. **Randdornen** 11–17, 8–12 mm lang, nadelig, starr, horizontal strahlend, leicht gegen den Körper gebogen, gelb, wenig durchscheinend, verflochten. **Mitteldornen** 0–4, der untere bis 20 mm lang, abwärts gebogen, obere schräg nach oben und leicht vorgestreckt, kürzer, dünner, alle gleiche Farbe wie Randdornen, später dunkler gelbbraun. **Blüten** 6–7,5 cm Durchmesser, gelb, äussere Blütenblätter lanzettlich, stachelspitzig, schmal, blassgelb, innere Blütenblätter kanariengelb, am Grunde grünlich, Filamente unten gelb, oben rötlich, Staubbeutel safrangelb. **Früchte** intensiv grün, basal heller, klein, 12 mm lang und 8 mm breit. **Samen** nierenförmig, 1,8 mm lang, 1,5 Hidalgo, 1,5 mm breit, rehbraun, netzgrubig.

Verbreitung: Mexiko: Hidalgo, Querétaro, Guanajuato und San Luis Potosí.

Habitat: Abhänge mit Kalkkies, wenigen Bäumen und Agaven.

Überprüfte Fundorte:
Mexiko: Hidalgo: Metztitlàn.
Querétaro: San Joaquín, Colón, Bucareli, Peña Miller, Rio Blanco, Vizarrón.
Guanajuato: San Luis de la Paz, Mineral de Pozos, Atarjea, Cañada Morenos.
San Luis Potosí: Rio Bagres, Rancho Santa Rita.

Vorkommen: Ungefährdet.

Abbildungen: Verbreitung siehe Farbtafel 10, Abb. 1; Pflanzenporträt siehe Farbtafel 25, 26.

13. *Coryphantha potosiana* (Jacobi) Glass & Foster,
Cact. Succ. J. (US) 43 (1): 7, 1971.

Basionym: *Mammillaria potosiana* Jacobi, Allg. Gartenz. 24: 92, 1856 (*non Mammillaria potosina* Hort. = *Mammillaria muehlenpfordtii* Foerster*).

Typ: nicht bezeichnet.

Körper zylindrisch bis kurzsäulig, bis 25 cm hoch und 8 cm Durchmesser, dunkel graugrün mit feinen weissen Punkten; **Warzen** in 13 und 21 Spiralen, klein, 8 mm lang, basal 7 mm breit, konisch, mit durchgehender Furche mit 2–3 gelb-orangen Drüsen. **Axillen** jung wollig, mit gelb-oranger Drüse. **Areolen** ohne Mitteldorn elliptisch, 2 mm breit, 4 mm lang, mit Mitteldorn rund, 3 mm Durchmesser, alle jung wollig. **Randdornen** 15 bis 18, 10–12 mm lang, nadelig, weisslich, an der Basis gelblich, an der Spitze bräunlich, ungleichmässig radiär, verwoben, leicht zurückgebogen; selten 1 **Mitteldorn** vorhanden, gerade vorstehend, 8–15 mm lang, gelblich, Basis und Spitze bräunlich. **Blüten** klein, 22 mm lang, 20 mm Durchmesser. Äussere Blütenblätter lanzettlich, 2 mm breit, 12 mm lang, cremefarben mit breitem purpurrotem Mittelstreifen. Innere Blütenblätter breit lanzettlich, ganzrandig, gespitzt, 4 mm breit, blassgelb bis cremeweiss, Staubfäden rötlich, mit gelben Staubbeuteln, Griffel rötlich mit 6 grünlichen Narbenblättern. **Früchte** mattgrün, dann gelblich, klein, 12 mm lang, 6 mm Durchmesser, saftig, dünnwandig. **Samen** klein, 1 mm, hellbraun.
Verbreitung: Mexiko: San Luis Potosí.
Habitat: Flache Hügelrücken, in fast nacktem Lavaboden, vor allem in der Nähe von Opuntien und Agaven.
Überprüfter Fundort:
Mexiko: San Luis Potosí, neben der Carretera 80 nach Aguascalientes.
Vorkommen: Ungefährdet.
Abgrenzung: Gegenüber *Coryphantha clavata* (Scheidweiler) Backeberg: *Coryphantha potosiana* macht einen sehr dicht bedornten Eindruck, da die Warzen zahlreicher (13 und 21 Serien), kleiner und dichter gestellt sind, ferner hat sie auch wesentlich mehr Randdornen. Auffällig sind zudem der in der Regel fehlende Mitteldorn und die länglichen, fast pectinat wirkenden Areolen.
Abbildungen: Verbreitung siehe Farbtafel 10, Abb. 1; Pflanzenporträt siehe Farbtafel 27.

I. D. Sektion Ottonis Dicht & A. Lüthy

Cact. Syst. Init. 11: 13, 2001
Typ: *Coryphantha ottonis* (Pfeiffer) Lemaire.
Definition: *Ortegocactus*-Areolentyp (ZIMMERMAN 1985, Seite 61) mit abruptem Wechsel zu Areolenfurchen voller Länge nach einem *Mammillaria*-artigen Zustand, aber blühfähig mit Areolen beider Entwicklungszustände. Gewebe (Cortex) schleimig.

14. *Coryphantha ottonis* (Pfeiffer) Lemaire
Cactées 34, 1868
Basionym: *Mammillaria ottonis* Pfeiffer, Allg. Gartenz. 6: 274, 1838.
Typ: nicht bezeichnet.
Synonyme: *Aulacothele ottonis* (Pfeiffer) Monville, Cat. Pl. Exot., 21, 1846; *Echinocactus ottonianus* Poselger, Allg. Gartenz. 21: 102, 1853; *Cactus ottonis* Kuntze, Rev. Gen. Pl. 1: 261, 1891; *Mammillaria asterias* Cels ex Salm-Dyck, Cact. Hort. Dyck. 1849: 129, 1850; *Corphantha asterias* (Cels) Bödeker ex Berger, Kakteen 274, 1929; *Mammillaria bussleri* Mundt, Monatsschr. Kakt. 11: 47, 1902; *Coryphantha bussleri* (Mundt) Scheinvar, Phytologia 49: 3, 1981; *Mammillaria golziana* Haage, Monatsschr. Kakt. 19: 101, 1909; *Mammillaria guerkeana* Bödeker, Monatsschr. Kakt. 24: 53, 1914; *Coryphantha guerkeana* (Bödeker) Britton & Rose, Cact. 4: 29, 1923.
Körper einzeln, kugelig bis kurz zylindrisch, ca. 10–12 cm hoch und 8 cm Durchmesser, dunkel graugrün, Scheitel eingesenkt mit weisser Wolle. **Warzen** in 5 und 8 Serien, abgerundet, breit kegelig, 18 mm breit, 10 mm hoch, 10 mm lang, Furche durchgehend, aber auch an blühfähigen Pflanzen oft nicht an allen Warzen vorhanden, wollig. **Axillen** wollig, mit roten Drüsen. **Areolen** rund, 3 mm Durchmesser, jung weisswollig. **Randdornen** 8–12, radiär, angelegt bis unregelmässig abstehend, gerade, nadelig, die oberen etwas dünner, 9–11 mm lang, gelblich weiss, Spitze braun, dann grau. **Mitteldornen** 1–3, selten 4, fast kreuzständig, 1 dominanter gerade vorgestreckt,

pfriemlich, 1 mm dick, manchmal an der Spitze fast hakig nach unten gekrümmt, 15–18 mm lang; 2–3 im oberen Areolenteil nach oben leicht vorstehend, dünner, gerade, 10–12 mm lang, alle gelbbraun, dann grau. **Blüten** 5 cm Durchmesser, äussere Blütenblätter breit lanzettlich, stumpf, mit Grannenspitze, aussen schmutzigrot mit weissem Rand, innen weisslich, mit schmutzigroter Mittellinie; innere Blütenblätter breit lanzettlich, mit gekerbt-ausgerandeter Spitze, rein weiss. Staubfäden gelb, Staubbeutel safranfarben, Narben 10, zylindrisch, aufrecht, gelb. **Früchte** grüne, saftige Beeren, klein, rundlich, 15 mm lang, 10 mm breit. **Samen** braun, nierenförmig, 1,6 mm lang, 0,8 mm breit.
Verbreitung: Mexiko: Puebla, Mexico, Tlaxcala, Hidalgo, Querétaro, Guanajuato, Zacatecas und Durango.
Habitat: Auf Weiden in flachen Lavaböden, manchmal geschützt unter Büschen.
Überprüfte Fundorte:
Mexiko: Tlaxcala: 6 beziehungsweise 11 km westl. Tlaxco.
Mexico: östlich Otumba.
Guanajuato: Agustin Gonzales, Xoconoxtle.
Zacatecas: El Salto, Monte Escobedo, Rancho Olguin, 48 km nördlich Cd. Zacatecas, Refugio de los Pozos.
Durango: km 5 westlich Cd. Durango
Vorkommen: Ungefährdet.
Erläuterungen: Die Art weist ein sehr grosses Verbreitungsgebiet von Puebla bis Durango auf, wächst auch in der Nähe der Hauptstadt und wurde so auch schon früh aufgesammelt und erstbeschrieben. Im Südosten der Verbreitung (Puebla, Tlaxcala, Mexico, Hidalgo) finden sich spärlicher bedornte Formen mit oft nur 1–2 Mitteldornen, die auch als *Coryphantha asterias* oder *Coryphantha bussleri* beschrieben wurden. Die Übergänge zu den Formen des zentralen Verbreitungsgebietes (Querétaro, Guanajuato) sind aber fliessend und führen nordwestwärts zu immer kräftiger bedornten, als *Coryphantha guerkeana* beschriebenen Standortsformen in Zacatecas und Durango.

Die Grundcharakteristiken sämtlicher Formen, insbesondere Wuchsform, Warzengrösse und -form, Anzahl Randdornen, Blüten, Früchte und Samen sind jedoch identisch, ebenso die extrafloralen Nektardrüsen und der *Ortegocactus*-Areolentyp, auf den bereits die Erstbeschreibung von *Mammillaria asterias* Cels hinweist („ohne Furchen").
Abbildungen: Verbreitung siehe Farbtafel 10, Abb. 2; Pflanzenporträt siehe Farbtafel 28.

15. Coryphantha vogtherriana Werdermann & Bödeker

Monatsschr. DKG 4: 32, 1932.
Lectotyp: Illustration (Fig. 1) in der oben erwähnten Erstbeschreibung (Dicht & A. Lüthy, CSI 11: 13, 2001)

Meist einzeln wachsend, später auch basal sprossend und Gruppen bis 30 cm Durchmesser oder mehr, mit 15 oder mehr Köpfen bildend. **Körper** graugrün, manchmal bläulich, Scheitel etwas eingesenkt, wenig bewollt, gedrückt kugelig, 6–7 cm Durchmesser, 4–5 cm hoch, im Alter gelegentlich aber auch bis 8 cm hoch, wobei ca. ein Viertel des Körpers im Boden vergraben ist und in eine rübige Wurzel übergeht. **Warzen** in 5 und 8 Serien, 10–14 mm hoch, bis 20 mm breit und 10–14 mm lang, meist pyramidal, jung abgerundet, dann flacher, rhombisch, mit flacher Oberseite parallel zum Boden, unterseits etwas bauchig, alle schief gestutzt. Durchgehende Warzenfurchen erst bei älteren Pflanzen auftretend, vorher keine oder nur kurze Furchen, aber Pflanzen auch blühfähig vor Auftreten einer Warzenfurche, gelegentlich mit gelber Drüse am areolennahen Ende. **Axillen** mit weisser Wolle, später nackt, teils mit roten Drüsen. **Areolen** jung mit weisslichem Wollfilz, 2–3 mm Durchmesser, leicht gewinkelt absteigend. **Randdornen** 5–7, gerade oder wenig seitlich gekrümmt, leicht gegen den Körper gebogen, radiär, obere etwas enger beieinander, 5–10 (–15) mm lang, steif, derb nadelförmig, jung weisslich hornfarben bis braun, dann grauweiss, bereift, oft braungespitzt. **Mittel-**

dorn 1, erst bei älteren Pflanzen, 5–20 mm lang, kräftiger als Randdornen, nach abwärts gerichtet, gerade bis leicht nach unten gebogen, selten gehakt, basal knotig verdickt, braun, bald grauweiss. **Blüten** bis 4 cm Durchmesser, 3,5 cm lang, an der Blütenbasis viel Wolle, 24–34 Blütenblätter, bis 3 cm lang, 2,5–4 mm breit, breit lanzettlich, Ränder ganz. Äussere Blütenblätter mit kräftigem, dunkelrotem Mittelstreifen (bis 80 % der Breite). Innere Blütenblätter weiss, auch gelblich weiss, manchmal mit schwach pinkfarbenem Mittelstreifen und oft mit rötlichen Spitzen. Narbenblätter 5–8, hellgelb, Staubbeutel dunkelgelb, Ovar. klein, oval. **Frucht:** grüne, saftige Beere, sehr klein, 8 mm lang, 5 mm Durchmesser, mit viel weisser Wolle an der Basis und anhaftenden Blütenresten. **Samen:** nierenförmig, 1,2 × 0,8 mm, hellbraun, Testa netzgrubig.
Verbreitung: Mexiko: San Luis Potosí nahe der Stadt San Luis Potosí.
Habitat: Lehmiges Grasland mit flach gewölbten Pferdeweiden mit roten Erosionsgräben und Ameisenhügeln. Begleitpflanze: *Mammillaria heyderi*.
Überprüfte Fundorte:
Mexiko: San Luis Potosí: Monte de Caldera (ca. 20 km nordöstlich der Stadt San Luis Potosí), Ventura, Fatima und San Antonio del Guia.
Vorkommen: Stark gefährdet durch Erosion und Landwirtschaft.
Herbarbeleg: WAF 2401, Monte de Caldera SLP, hinterlegt im Herbarium G. B. Hinton unter der Nummer G. B. Hinton et al. 27033.
Abgrenzung: *C. maiz-tablasensis* (27.): hat keine Drüsen, keine Mitteldornen, rundere Warzen.
Erläuterungen: Nach der Erstbeschreibung blieb diese Art weitgehend unbekannt und verschollen und in der Kakteenliteratur findet sich einzig eine Zusammenfassung der Erstbeschreibung bei BACKEBERG 1961 sowie bei BRAVO 1991.

Erst Anfang der 90er Jahre fanden W. A. und Betty Fitz Maurice ca. 20 km nordöstlich der Stadt San Luis Potosí bei Monte de Caldera Pflanzen, von denen A. Zimmerman und auch Charles Glass vermuteten, es handle sich um *Coryphantha vogtherriana*, deren Herkunft von Bödeker mit „... in der Nähe der Stadt San Luis Potosí in etwas lehmigem Boden und in etwa 2000 m Höhe ..." angegeben worden war. Unsere Standortsuntersuchungen bestätigten die Vermutung, insbesondere konnten bei voll im Turgor stehenden Pflanzen auch die roten Nektardrüsen sowie der für Nektardrüsen tragende Coryphanthen typische schleimige Cortex nachgewiesen werden. Die Illustrationen der Erstbeschreibung hatten uns zuvor etwas irritiert, da sie zwei wahrscheinlich durch den Transport havarierte Pflanzen zeigen.

Die Art erinnert an die nektardrüsenlose *Coryphantha maiz-tablasensis* Backeberg, in deren Erstbeschreibung Backeberg (1949) seinerseits eine Ähnlichkeit mit *Coryphantha vogtherriana* erwähnte, hat aber einen Mitteldorn sowie etwas kantigere, abgeflachtere Warzen. Bezüglich Warzenfurche weist die Art ein von *Ortegocactus* her bekanntes, sonst bei der Gattung *Coryphantha* nur noch bei *Coryphantha ottonis* und *Coryphantha georgii* beobachtetes Phänomen auf: die relativ grossen Warzen können selbst im blühfähigen Alter nicht oder nur kurz gefurcht sein, die Furchenbildung findet meist erst bei sehr alten Pflanzen statt. Diese Eigenart wurde auch in der Erstbeschreibung durch Werdermann und Bödeker erwähnt.

Seit der Erstbeschreibung gab es bisher nur eine einzige korrekte Wiedergabe der Art, nämlich bei PRESTON-MAFHAM (1991).

In der Kakteenliteratur findet sich noch eine zweite, ältere Erstbeschreibung, die weitgehend auf die Monte de Caldera-Pflanzen zutrifft: *Coryphantha cornuta* (Hildmann ex SCHUMANN 1898) BERGER (1929). Leider gibt es in der gesamten Kakteenliteratur keine Illustration dieser Art, obschon sie von den meisten Autoren (BRITTON & ROSE 1923, SCHELLE 1926, BORG 1937, BACKEBERG 1961, BRAVO-HOLLIS 1991) erwähnt wird. Bei *Coryphantha cornuta* sind aber keine Nektardrüsen beschrieben und der namengebende Mitteldorn ist „hornartig nach unten gekrümmt", was auf *Coryphantha vogtherriana* mit ihrem zwar nach unten weisenden, aber zumeist geraden oder leicht gebogenen Mitteldorn nur selten zutrifft. Die Diskrepanz dieser beiden Charakteristiken verbietet eine Neotypifizierung von *Coryphantha cornuta* durch die Pflanzen von Monte de Caldera. Unseres Erachtens entspricht *Coryphantha cornuta* einer extremen Form von *Coryphantha cornifera*, wie sie bei Tolantongo in Hidalgo vorkommt.

Abbildungen: Verbreitung siehe Farbtafel 10, Abb. 2; Pflanzenporträt siehe Farbtafel 29.

16. *Coryphantha georgii* Bödeker
Monatsschr. DKG 3: 163, 1931.
Lectotyp: Illustration in der oben zitierten Erstbeschreibung (Dicht & A. Lüthy, CSI 11: 13, 2001).
Synonyme: *Coryphantha villarensis* Backeberg, Feddes Repert. 51: 64, 1942; *Coryphantha grata* Bremer, Cact. Succ. J. (US) 53: 276, 1981.
Körper meist einzeln, auch sprossend, kugelförmig bis breitkeulig ca. 13 cm hoch und 13 cm im Durchmesser, glänzend dunkel-laubgrün. Scheitel etwas eingesenkt, mehr oder weniger reichlich weisswollig, von den hier fast aufrechtstehenden Mitteldornen überragt. **Warzen** in 8 und 13 Serien, abstehend kegelförmig, schief, rundlich gestutzt, unterseits rundlich bauchig, Länge oberseit 12–18 mm, am Ansatz 16–26 mm breit und 12–15 mm hoch, durchgehende Furche mit orangefarbener Drüse in Areolennähe. **Axillen** jung bewollt, dann kahl, mit orangeroter Drüse. **Areolen** rund, 4 mm Durchmesser, jung weisswollig, bald vollständig kahl. **Randdornen** 8–11, untere und seitliche regelmässig und horizontal angeordnet, 17 mm lang, nadelig, gerade, matt grau bis hornfarbig, obere enger beieinander, auch in zwei Reihen gebüschelt, in Länge und Form wie untere Randdornen, aber im jungen Trieb meist braun, dann vergrauend mit dunklen Spitzen. **Mitteldornen** 1 (–4), 1 dominanter leicht nach unten vorgestreckt, gerade bis schwach nach unten gebogen, bis 28 mm lang, derb nadelig, braun, dann vergrauend. Gelegentlich im oberen Areolenteil 1–3 weitere Mitteldornen, wenig vorspreizend, nadelig, gerade, Farbe wie der dominante, aber halb so lang. **Blüten** zahlreich aus der Scheitelwolle, etwa 40 mm hoch und 40 mm im Durchmesser. Äussere Blütenblätter lineal, scharfrandig und schlank zugespitzt, 4 mm breit, karminrot mit gelblichweissem Rande, die unteren grün mit rötlicher Spitze. Innere Blütenblätter breit lanzettlich, gespitzt, 8 mm breit, weisslichgelb, aussen mit dünnem karminrotem Mittelstreifen, innen seidenglänzend. Staubfäden gelblichweiss, Staubbeutel dottergelb, Griffel 20 mm lang, unten grünlichweiss, mit 5–7 grünlichen Narbenblättern. **Früchte** grüne, saftige Beeren, fast rund, 15 mm lang, 10 mm breit mit anhaftendem Blütenrest. **Samen** 2,1 mm lang, 1,3 mm breit, nierenförmig, rehbraun, netzgrubig.
Verbreitung: Mexiko: San Luis Potosí, Guanajuato und Tamaulipas.
Habitat: Lavaböden auf Ebenen und an Abhängen sowie in Eichenwäldern.
Überprüfte Fundorte:
Mexiko: San Luis Potosí: Monte de Caldera, Estacion Villar, Rancho Hernandez, Realejos, Armadillo Infante, San Antonio de las Martinez, San José.
Guanajuato: km 26 Cañada Morenos-Xichú, Cañada Morelos.
Tamaulipas: Westlich von Tula
Vorkommen: Ungefährdet.
Abgrenzung: *C. octacantha* (8.) und *C. clavata* (10.): siehe Vergleichstabelle im Anhang.
Erläuterungen: Die Erstbeschreibung gibt eine mehr kugelige Form wieder, wie sie zumeist an sonnigen Standorten vorgefunden wird. Die mehr keuligen Formen, wie sie BACKEBERG 1942 als *Coryphantha villarensis* beschrieb kommen im gesamten Verbreitungsgebiet vor, vor allem jedoch an schattigen Stellen, wie etwa unter Büschen. Eine genaue Überprüfung der Art an ihren Standorten, insbe-

sondere auch in Villar SLP, dem Typstandort von *Coryphantha villarensis*, sowie in der Nähe von Alvárez SLP, dem Typstandort von *Coryphantha georgii*, hat ausser der durch den Mikrostandort bedingten Wuchsform keine Unterschiede gezeigt und auch die Erfahrungen in Kultur bestätigen die Identität von *Coryphantha georgii* und *Coryphantha villarensis*.

Jugendform: Nur 6 radiäre Randdornen, obere Randdornen und Mitteldornen oft mit abruptem Farbübergang von braun zu kreidigweisser Spitze.

Abbildungen: Verbreitung siehe Farbtafel 10, Abb. 2; Pflanzenporträt siehe Farbtafel 30.

II. Untergattung Coryphantha

Typ: *Coryphantha sulcata* (Engelmann) Britton & Rose (Typ der Gattung).
Synonyme: *Mammillaria* Sektion *Aulacothelae* Salm-Dyck (syn. *Brachythelae* Pfeiffer, *Aulacothelae* Lemaire) in Walpers, Repert. bot. syst., Suppl. 1: 272, 1843; *Coryphantha* Serie *Sulcolanatae* Britton & Rose, Cact. 4: 24, 1923; *Coryphantha* series *Recurvatae* Br. & R. l. C. pro parte, tantum quoad typ. (Art. 22. 6); *Coryphantha* Serie *Aulacothelae* (Lemaire) Bravo & Sánchez-Mejorada, Cact. Méx. 3: 431, 1991; *Escobrittonia* Doweld, Sukkulenty, 3 (1): 17, 2000, pro parte tantum quoad typ.
Definition: *Escobaria*-Areolentyp (Zimmermann 1985, Seite 61), nur aus schmalen Areolenfurchen voller Länge blühend nach einer sterilen Übergangsphase. Furchen und Axillen ohne Nektardrüsen ausser optionalen Drüsen nahe des Dornen tragenden (abaxialen) Areolenteils. Samen nierenförmig. Früchte saftig, grün. Gewebe (Cortex) wässerig.

II. A Sektion *Coryphantha*

Typ: *Coryphantha sulcata* (Engelmann) Britton & Rose (Lectotyp der Gattung).
Definition: Früchte saftig, grün. Samen nierenförmig

II. A. a Reihe Retusae Dicht & A. Lüthy
Cact. Syst. Init. 11: 14, 2001
Typ: *Coryphantha elephantidens* (Lemaire) Lemaire.
Definition: Mehrzahl der Randdornen pfriemlich.

17 a. *Coryphantha elephantidens* (Lemaire) Lemaire subsp. *elephantidens*
Cactées 35, 1868
Basionym: *Mammillaria elephantidens* Lemaire, Cact. Aliq. Nov. 1, 1838.
Lectotyp: Lemaire, Iconogr. descr. des Cactées, Part 5, t. 9, 1841 (Dicht & A. Lüthy, CSI 11: 14, 2001).
Synonyme: *Mammillaria retusa* Pfeiffer, Allg. Gartenz. 5: 369, 1837 *(nom. rejic. prop.)*; *Aulacothele elephantidens* (Lemaire) Monville, Cat. Pl. Exot., 21, 1846; *Echinocactus elephantidens* (Lemaire) Poselger, Allg. Gartenz. 21: 102, 1853; *Cactus elephantidens* (Lemaire) Kuntze, Rev. Gen. Pl. 1: 260, 1891; *Coryphantha elephantidens* var. *barciae* Bremer, Cact. Suc. Mex. 18: 55, 1973; *Mammillaria sulcolanata* Lemaire, Cact. aliqu. nov. 2, 1838; *Aulacothele sulcolanata* (Lemaire) Monville, Cat. Pl. Exot., 21, 1846; *Echinocactus sulcolanatus* (Lemaire) Poselger, Allg. Gartenzeitung 21: 102, 1853; *Cactus sulcolanatus* (Lemaire) Kuntze, Rev. Gen. Pl. 1: 261, 1891; *Mammillaria recurvispina* De Vriese, Tijdscht. Nat. Gesch. 6: 53, 1839; *Cactus recurvispinus* (De Vriese) Kuntze, Rev. Gen. Pl. 1: 261, 1891; *Coryphantha recurvispina* (De Vriese) Bremer, Cact. Suc. Mex. 21: 12, 1976; *Coryphantha garessii* Bremer, Cact. Succ. J. (US) 52: 82, 1980.
Körper einzeln, gedrücktkugelig bis kugelig, Scheitel abgeflacht und stark weisswollig, ca. 8 cm hoch und 10 cm Durchmesser, matt dunkelgrün. **Wurzeln** rübig, tief, Sekundärwurzeln faserig. **Warzen** in 5 und 8 oder 8 und 13 Serien, breitkonisch, abgerundet, oben abgeflacht, gestutzt, basal 22–30 mm breit, 15–20 mm hoch, Länge oberseits 14–20 mm,

unterseits 15–20 mm, mit tiefer, jung weisswolliger Furche. **Axillen** sehr wollig. **Areolen** eingesenkt, länglich, 8x4 mm, jung weisswollig. **Randdornen** 8–10, davon 2–3 seitliche und ein zurückversetzter nach unten pfriemlich, gerade, leicht zum Körper gebogen, 18–22 mm lang, oben 1–4 viel dünnere, zurückversetzte, gerade oder leicht zur Seite gebogene 12–14 mm lang, alle Randdornen hornfarben bis braun, gegen die Spitze dunkler, matt, später von der Basis vergrauend. **Blüten** 5–8 (–10) cm Durchmesser, 5 cm lang, hellpurpur oder gelb. Äussere Blütenblätter breit lanzettlich, gespitzt, purpur mit hellen Rändern oder gelb mit rotbraunem Mittelstreifen dorsal, innere Blütenblätter breit lanzettlich, Rand ganz, gegen die Spitze gezähnt, gespitzt, hellpurpur, gegen den Schlund heller bis fast weiss, manchmal gelblich oder gelb, im Schlund manchmal rötlich, Staubfäden purpur oder weisslich oder weisslich mit purpurner Basis, Staubbeutel gelb, Griffel weisslichgelb, Narben klein, weisslichgelb. **Früchte** länglich, 3,5 cm lang, 1 cm Durchmesser, grüne, saftige Beeren mit anhaftendem Blütenrest. **Samen** langgezogen nierenförmig, 3,5 mm lang, 1,5 mm breit, braun, netzgrubige Testa.
Verbreitung: Mexiko: Morelos, Puebla, Oaxaca, Querétaro, Jalisco, Guanajuato, Aguascalientes und Zacatecas.
Habitat: Lavaböden in Ebenen oder niederen Hügelrücken in Grasland, manchmal im Schutz von Büschen oder Opuntien.
Überprüfte Fundorte:
Mexiko: Morelos: Zacatepec, Tlatizapan, Yautepec, Las Estacas.
Puebla: Tepexco, Izucar de Matamoros, Tejalapa.
Oaxaca: Etla.
Querétaro: Humilpán.
Guanajuato: Irapuato-Cucramaro.
Jalisco: Lagos de Moreno, Huejucar.
Zacatecas: Tepetongo.
Vorkommen: Ungefährdet. An einigen Standorten systematisch durch Bauern vom Weideland entfernt.

Abbildungen: Verbreitung siehe Farbtafel 11, Abb. 1; Pflanzenporträt siehe Farbtafel 31, 32.

17 b. *Coryphantha elephantidens* subsp. *bumamma* (Ehrenberg) Dicht & A. Lüthy

Cact. Syst. Init. 11: 14, 2001.
Basionym: *Mammillaria bumamma* Ehrenberg, Allg. Gartenz. 17: 243, 1849.
Typ: nicht bezeichnet.
Synonyme: *Mammillaria elephantidens bumamma* Schumann, Keys Monogr. Cact. 43, 1903; *Coryphantha bumamma* (Ehrenberg) Britton & Rose, Cact. 4: 33, 1923.
Körper kugelig, etwas abgeflacht, 13 cm Durchmesser, von etwas bläulichgrüner Farbe. Grosse Gruppen von über 50 cm Durchmesser bildend. **Warzen** in 8 und 13 Serien, konisch abgerundet, oben abgeflacht, Breite basal 27 mm, 16 mm hoch, Länge oberseits 13 mm, unterseits 27 mm. **Axillen** jung sehr wollig, dann nackt. **Areolen** länglich, 5 × 3 mm, leicht wollig. **Randdornen** 3 kräftige seitlich, 16–20 mm lang, braun mit dunkler Spitze, dann gräulichbraun bereift mit dunkler Spitze, oben 2 weitere und unten einer je 11 mm lang, alle pfriemlich, der untere und die oberen wenig dünner als die seitlichen. **Blüten** 5–6 cm Durchmesser, äussere und innere Perianthsegmente wie 17. c subsp. *greenwoodii*, Filamente basal rötlich, Narben grünlich, Griffel überragt die Filamente. **Früchte** keulig, 38 mm lang und 13 mm Durchmesser, weisslichgrün mit rötlichem Hauch. **Samen** 4 mm lang und ca. 1 mm Durchmesser, hellbraun.
Verbreitung: Mexiko: Oaxaca und Michoacán.
Habitat: Tiefe, feine Lavaböden mit Gras, manchmal mit Cereus-Wäldern.
Überprüfte Fundorte:
Mexiko: Oaxaca: Totolapán.
Michoacán: El Paradero.
Vorkommen: Ungefährdet.
Abbildungen: Verbreitung Farbtafel 11, Abb. 1; Pflanzenporträt siehe Farbtafel 33.

17 c. *Coryphantha elephantidens* subsp. *greenwoodii* (Bravo) Dicht & A. Lüthy

Cact. Syst. Init. 11: 14, 2001.
Basionym: *Coryphantha greenwoodii* Bravo, Cact. Suc. Mex. 15: 27, 1970.
Typ: Mexiko, Veracruz, bei Acultzingo, 1600 m, Greenwood s. n. (MEXU).
Körper einzeln oder sprossend, gruppenbildend, flachkugelig, ca. 9 cm Durchmesser, grossenteils im Boden eingesenkt; überirdisch 5–6 cm hoch, Scheitel eingesenkt, mit viel weisser Wolle. **Warzen** in 5 und 8 oder 8 und 13 Serien, schief konisch, 18–22 mm breit, 17–19 mm hoch, Länge oberseits 11–12 mm, unterseits 14–20 mm. **Randdornen** etwas vorgespreizt und zurückgebogen, 9 bis 10, davon 5 kräftige seitlich, 1 dünnerer im unteren Areolenteil schräg und 3–4 dünnere im oberen Areolenteil gebüschelt. Die dünnen fast weiss mit dunkler Spitze, die kräftigen braun mit dunkler Spitze. **Blüten** duftend, 5 cm hoch und Durchmesser, äussere Blütenblätter lanzettlich, gelb mit rötlichem Mittelstreifen dorsal, innere Blütenblätter lanzettlich, ganzrandig, gespitzt, 5 mm breit, gelb, Staubfäden gelb, an der Basis schwach rötlich, Staubbeutel dunkelgelb, Griffel weisslich mit 4 sehr kleinen Narben. **Früchte** wie 17. a subsp. *elephantidens*. **Samen** nierenförmig, 1,2 mm breit, 2 mm lang, netzgrubige Testa.
Verbreitung/Überprüfter Fundort:
Mexiko, Veracruz, in der Umgebung von Acultzingo, auf 1600 m Höhe, in grasigem Boden.
Habitat: Lavaboden mit Gras und kleinen Büschen.
Vorkommen: Gefährdet. Kleines Verbreitungsgebiet, ein einziger Fundort, andauernde Bedrohung durch menschliche Aktivitäten wie Landwirtschaft, Strassenbau; Weidsäuberung durch Feuer beobachtet.
Erläuterungen: Die Art ist zu Ehren von Ing. Edward W. Greenwood benannt, einem Kakteen- und Orchideenfreund sowie Fotografen, der H. Bravo auf zahlreichen Exkursionen begleitete und die Art als erster fand.

Subsp. *greenwoodii* ist auf den ersten Blick *Coryphantha pycnacantha* sehr ähnlich. Sie hat jedoch die typische Warzenform von *Coryphantha elephantidens*, welche immer breiter als lang ist (*C. pycnacantha* länger als breit), was uns bewog, sie zu *Coryphantha elephantidens* zu stellen.
Abbildungen: Verbreitung siehe Farbtafel 11, Abb. 1; Pflanzenporträt siehe Farbtafel 34.

18. *Coryphantha retusa* Britton & Rose

Cactaceae 4: 38, 1923, *nom. cons. prop.*
Lectotyp: Britton & Rose, Cact. 4: 38 (Fig. 36), 1923.
Synonyme: *Melocactus mammillariaeformis* Salm-Dyck, Allg. Gartenz. 4: 192, 1836 *(nom. rejic. prop.)*; *Mammillaria cephalophora* Salm-Dyck, Cact. Hort. Dyck 1849: 137 1850 *(nom. illegit.)*; *Echinocactus cephalophorus* (Salm-Dyck) Poselger, Allg. Gartenz. 21: 102, 1853; *Cactus cephalophorus* (Salm-Dyck) Kuntze, Rev. Gen. Pl. 1: 260, 1891; *Coryphantha melleospina* Bravo, An. Inst. Biol. Mex. 25: 526, 1954; *Coryphantha retusa* var *pallidispina* Backeberg, Cactaceae 6: 3874, 1962; *Coryphantha retusa* (Pfeiffer) Britton & Rose var. *melleospina* (Bravo) Bravo, Cact. Suc. Mex. 27: 17, 1982.
Körper einzeln, abgeflacht-halbkugelig bis kugelig mit verschmälerter Basis, 5 bis 10 cm Durchmesser, 3–8 cm hoch, dunkelgrün, Scheitel eingesenkt, stark weisswollig, Faserwurzeln. **Warzen** in 8 und 13 oder 13 und 21 Serien, konisch, gerundet, oben abgeflacht, unten leicht bauchig, 13–18 mm breit, 7–12 mm hoch, oberseits 9–12 mm lang, unterseits 12–17 mm lang, mit tiefer, durchgehender Furche. **Axillen** jung stark weisswollig. **Areolen** länglich, 4 mm lang, 2 mm breit, jung wollig. **Randdornen** 10–14 (–19), je 3–4 seitliche, kräftige, pfriemliche gegen den Körper und leicht abwärts gebogen, radiär angeordnet, ein unterster zurückversetzt, dünner, gerade nach unten, im oberen Areolenteil 3–5 dünne, nadelige zurückversetzt, gebüschelt, nach oben weisend und leicht zur Seite gebogen, alle 14–

18 mm lang, im Neutrieb blassgelb, dann weiss mit dunkler Spitze, dann vergrauend. **Mitteldornen:** Gelegentlich und nur an einzelnen Areolen 1 zentraler, vorgestreckter, nach unten, seltener nach oben gebogener Mitteldorn, pfriemlich, 16 mm lang, Farbe wie Randdornen. **Blüten** 4 cm lang und Durchmesser, gelb, alle Blütenblätter lanzettlich, gespitzt, Staubfäden rötlich, Staubbeutel gelb, Stempel und Narben weisslich-gelb. **Früchte** olivgrüne, saftige Beeren, länglich, 28 mm lang, 9 mm breit. **Samen** hellbraun, länglich, dattelförmig, 2,5 × 1 mm, netzgrubig.
Verbreitung: Mexiko: Puebla und Oaxaca.
Habitat: Grasland auf Lavaböden.
Überprüfte Fundorte:
Mexiko: Puebla: Tehuitzingo, Acatlán, Petlalcingo, Xayacatlán.
Oaxaca: Saltenango, Etla, 15 km südlich Oaxaca, Buenavista, Mitla, Santiago Matatlán, Huajuapán de León, Ocotepec, El Molino, Chazumba, Ocotlán, Cerro Verde.
Vorkommen: Ungefährdet.
Erläuterungen: BACKEBERG beschrieb eine Varietät *pallidispina* (Cactaceae VI: 3874, 1962) mit folgenden Unterschieden: Dornen 15, davon 12 dickere, mit verdickter Basis, gelblich, die übrigen 3 viel dünner, nahestehend und vorgestreckt, von hornfarben bis blassgrau, mit dunkler Spitze und gelblicher, verdickter Basis.

BRAVO publizierte 1954 eine *Coryphantha melleospina*, die sie 1982 zu *Coryphantha retusa* var. *melleospina* umkombinierte. Dabei handelt es sich jedoch einzig um eine Spielform von *Coryphantha retusa* mit einer etwas höheren Anzahl Randdornen von goldgelber Farbe und etwas kleineren Dimensionen.
Abbildungen: Verbreitung siehe Farbtafel 11, Abb. 1; Pflanzenporträt siehe Farbtafel 35, 36.

Erläuterungen zur Reihe Retusae

Als BRITTON & ROSE (1923–38) *Mammillaria retusa* Pfeiffer zu *Coryphantha* kombinierten, interpretierten sie diese Erstbeschreibung offensichtlich falsch, indem sie das Epithet auf kleinwarzige Pflanzen mit 12 kurzen Randdornen anwendeten, die sie 1920 von verschiedenen Sammlern, darunter Solis, aus Oaxaca erhalten hatten, dessen Pflanze sie abbildeten (l. c. fig. 36). Die Erstbeschreibung von Pfeiffer erwähnte jedoch viel breitere Warzen von über einem Zoll (2,5 cm) sowie viel längere und weniger Randdornen und entsprach zweifellos der heutigen *Coryphantha elephantidens*, als deren Synonym sie auch im 19. Jahrhundert stets erwähnt wurde. Den Regeln des ICBN folgende müsste also der Name *Coryphantha retusa* als ältester und somit gültiger Name eigentlich für *Coryphantha elephantidens* Anwendung finden.

Eine so weit verbreitete Art wie die kleinwarzige *Coryphantha retusa* musste sicherlich schon im 19. Jahrhundert aufgesammelt und beschrieben worden sein. In der Tat findet sich eine solche Beschreibung, die ihr in allen Punkten entspricht: *Melocactus mammillariiformis* Salm-Dyck, Allg. Gartenz. 4: 148, 1836. Der sehr wollige Scheitel der Art hatte Salm-Dyck dazu verleitet, sie als Melocactus mit einem „Cephalium planum" anzuschauen. Lemaire und Pfeiffer hatten ihn auf diesen Irrtum aufmerksam gemacht und so beschrieb Salm-Dyck diese Art noch einmal, aber unter dem neuen Namen *Mammillaria cephalophora* in Cact. Hort. Dyck 1849, 1850. Die Erstbeschreibung von Salm-Dyck ist ansonsten sehr präzise und erwähnt sogar den auf vereinzelten Areolen vorkommenden kräftigen Mitteldorn.

Nach ICBN müsste also *Coryphantha retusa* (Pfeiffer) Br. & R. neu in *Coryphantha mammillariaeformis* umbenannt werden und *Coryphantha elephantidens* (Lemaire) Lemaire in *Coryphantha retusa*.

Da seit Britton & Rose der Name *Coryphantha retusa* jedoch von allen Autoren im Sinne von Britton & Rose verwendet wurde und die strikte Anwendung des ICBN zu nachteiligen nomenklatorischen Veränderungen führen würde, haben wir einen Antrag an das Komitee für Spermatophyten gestellt, *Coryphantha retusa* im Sinne von Britton & Rose zu konservieren sowie *Melocactus mammillariiformis* Salm-Dyck zu verwerfen (CSI 10: 19, 2000). Nur so findet die bisherige Nomenklatur ihre Kontinuität.

II. A. b Reihe *Pycnacanthae* Dicht & A. Lüthy

Cact. Syst. Init. 11: 15, 2001.
Typ: *Coryphantha pycnacantha* (Martius) Lemaire.
Definition: 3 oder mehr Mitteldornen stets vorhanden, davon aber keiner vorstehend, alle angepresst.

19. *Coryphantha pycnacantha* (Martius) Lemaire

Cactées 35, 1868
Basionym: *Mammillaria pycnacantha* Martius, Nov. Act. Nat. Cur. 16: 325, 1832.
Lectotyp: Martius, Nov. Act. Nat. Cur. 16: 325, 1832 (Dicht & A. Lüthy, CSI 11: 15, 2001).
Synonyme: *Mammillaria pycnacantha spinosior* Monville ex Salm-Dyck, Hort. Dyck 1844: 14, 1845; *Aulacothele pycnacantha* (Martius) Monville, Cat. Pl. Exot., 21, 1846; *Echinocactus pycnacanthus* Poselger, Allg. Gartenz. 21: 102, 1853; *Coryphantha acanthostephes* Lemaire, Cact. 35, 1868; *Cactus pycnacanthus* Kuntze, Rev. Gen. Pl. 1: 261, 1891; *Mammillaria acanthostephes* Lehmann, Allg. Gartenz. 3: 228, 1835; *Aulacothele acanthostephes* (Lehmann) Monville, Cat. Pl. Exot., 21, 1846; *Mammillaria acanthostephes recta* Hort ex Labouret, Monogr. Cact. 138, 1853; *Cactus acanthostephes* Kuntze, Rev. Gen. Pl. 1: 260, 1891; *Mammillaria magnimamma* Otto, Allg. Gartenz. 29: 228, 1835 [*non* Haworth, 1824]; *Mammillaria magnimamma lutescens* Salm-Dyck, Cact. Hort. Dyck 1849: 121, 1850; *Mammillaria arietina* Lemaire, Cact. Aliq. Nov. 10, 1838; *Mammillaria arietina spinosior* Lemaire, Cact. Gen. Nov. Sp. 94, 1839; *Mammillaria scepontocentra* Lemaire, Cact. Gen. Nov. Sp. 43, 1839; *Cactus scepontocentrus* Kuntze, Rev. Gen. Pl. 1: 261 1891; *Mammillaria winkleri* Foerster, Allg. Gartenz. 15: 50, 1853; *Echinocactus winkleri* Poselger, Allg. Gartenz. 21: 102, 1853; *Cactus winkleri* Kuntze, Rev. Gen. Pl. 1: 261, 1891; *Coryphantha connivens* Br. & R., Cactaceae 4: 34, 1923; *Coryphantha andreae* Purpus & Bödeker, Zeitschr. Sukk. -Kunde 3: 251, 1928.
Körper einzeln, flachkugelig bis halbkugelig, 9,5 cm Durchmesser, 3,5 cm hoch, blaugraugrün, Scheitel eingesenkt, wollig. Wurzel zentral fast rübig, mit seitlichen Faserwurzeln. **Warzen** in 5 und 8 (gelegentlich 8 und 13) Serien, zusammengedrückt-konisch, oben abgeflacht, unten bauchig, schief gestutzt, basal 17 mm breit, 12 mm hoch, oberseits 18 mm lang, unterseits 22 mm, mit tiefer, jung bewollter Furche. **Axillen** jung weisswollig. **Areolen** elliptisch, 4 mm lang, 2 mm breit, jung wolig. **Randdornen** 6 bis 15, von unregelmässig radiär und im oberen Areolenteil gebüschelt bis nur oben gebüschelt, untere und seitliche 9 mm lang, gerade, nadelig, die oben gebüschelten in zwei Reihen stehend, etliche dicker und länger, bis 16 mm, alle grauweiss mit dunkler Spitze. **Mitteldornen** 5–7, davon 2–3 nach jeder Seite, wenig vorgespreizt, nach innen gebogen, dickpfriemlich, 15–21 mm lang, einer nach unten weisend, wenig dünner und kürzer, in subzentraler Position, alle blassbraun, dann graubereift mit schwarzen Spitzen. **Blüten** 30 mm lang, 45 mm Durchmesser, äussere Blütenblätter schmal lanzettlich, spitz, 15 mm lang, 3 mm breit, zitronengelb mit braunrotem rückseitigem Mittelstreifen. Innere Blütenblätter breit lanzettlich, gegen die Spitze gezähnt, gespitzt, 24 mm lang, 5 mm breit, zitronengelb. Staubfäden kurz, 12 mm lang, gelb, Staubbeutel dottergelb, Griffel gelblich, mit 5–7 weisslichgelben Narben. **Früchte** grüne saftige, längliche Beeren, 24 mm lang, 13 mm breit mit anhaftendem Blütenrest. **Samen** nierenförmig, 2,5 mm lang, 1,5 mm beit, braun, netzgrubige Testa.
Verbreitung: Mexiko: Mexico, Hidalgo, Puebla, Veracruz.
Habitat: Tiefe und flache Lavaböden in Gras oder neben Ameisenhügeln, zusammen mit Opuntien.

Überprüfte Fundorte:
Mexiko: Mexico: Otumba, Cd. Shahogun.
Hidalgo: Barranca de Metztitlan, San Miguel Regla, Singuilucan, Atotonilco, Zempoala.
Puebla: Yaltepec.
Veracruz: Perote.

Vorkommen: Gefährdet. Die Fundorte der Pflanzen sind auf tiefen, ebenen Lavaböden, dem fruchtbarsten Land, und das Verbreitungsgebiet östlich von Mexico City ist das Gebiet mit der intensivsten Landwirtschaftsproduktion in Mexiko. Beinahe alle potentiellen Habitate sind kultiviert und die meisten bekannten Populationen sind auf winzige Restareale entlang Eisenbahnlinien, auf Abfalldeponien etc. reduziert.

Abgrenzung: *Coryphantha pycnacantha* erinnert an *Coryphantha elephantidens* (Lemaire) Lemaire, weist aber neben der typischen Bedornung (mehr Randdornen, mehrere Mitteldornen) etwas kleinere, rundere, viel lockerer gestellte, längere als breite Warzen auf, rein gelbe Blüten ohne jegliches Rot der Filamente, sowie kleinere, rundere, nierenförmige Samen.

Erläuterungen: *Mammillaria pycnacantha* Martius wurde von Baron L. B. von Karwinski aus Mexiko eingeführt und 1832 von MARTIUS detailliert und mit informativen Illustrationen inkl. Darstellung einer Jungpflanze, einer Blüte sowie der Dornenanordnung versehen beschrieben, so dass über die Merkmale der beschriebenen Art kaum Zweifel möglich sind und die Art, im Gegensatz zu vielen anderen Beschreibungen dieser Zeit, eindeutig verifiziert werden kann. Die Erstbeschreibung von Martius weist einzig zwei kleine Schwächen auf: die angegebene Wuchshöhe der Pflanze und deren Herkunft Oaxaca, wo es nach heutigem Wissen keine vergleichbaren Coryphanthen gibt. Vergleicht man die angegebenen Körpermasse mit der Abbildung von Martius, so zeigt eine Nachmessung, dass sich die Höhenangabe auf die gesamte Pflanzenlänge inklusive Wurzeln bezieht. Die Herkunft der Art wurde bereits 1843 durch PFEIFFER und OTTO mit der Angabe „prope Oajaca & Pachuca: Karw." erweitert. Im gleichen Werk stellen diese Autoren fest, dass die Art der mehr gedrückt-kugeligen *Mammillaria acanthostephes* Lehmann (1835) nahe stehe, die dann in der gesamten Literatur des 19. Jahrhunderts als Synonym von *Mammillaria pycnacantha* Martius angesehen wurde.

Den wichtigsten Hinweis über das tatsächliche Verbreitungsgebiet von *Coryphantha pycnacantha* liefert uns dann EHRENBERG, der von 1831 bis 1840 in Mineral del Monte gelebt und botanisiert hatte, in seinem 1846 in der Zeitschrift „Linnaea" erschienenen Artikel, der als einzige verlässliche Quelle über die Fundorte vieler vor 1840 gesammelter Pflanzen gilt: Ehrenberg hat *Coryphantha pycnacantha* nahe der Hauptstadt und insbesondere im Bundesstaat Hidalgo auf den Ebenen bei Pachuca, bei San Mateo, Atotonilco el Grande, Regla und anderen Orten gefunden.

Die Identität der Art, die 1868 durch Lemaire zu *Coryphantha* umkombiniert wurde, scheint im 19. Jahrhundert eindeutig gewesen zu sein, auch wenn die Beschreibungen leicht divergieren (Pfeiffer und Otto, Karwinski, Salm-Dyck, Schumann und andere).

Die Verwirrungen um dieses Taxon beginnen erst mit BRITTON & ROSE (1923), die in ihrem Cactaceae zwar die Illustration von Martius wiedergaben, jedoch im Text eine ganz andere Art aus der Gegend von Oaxaca erwähnten, die sie 1920 von Prof. Conzatti erhalten hatten. Ganz im Gegensatz zum Basionym weist diese Pflanze neben 15–20 weissen Randdornen 2–3 schwarze, vorstehend gebogene Mitteldornen und viel kleinere Warzen von ca. 10 mm Durchmesser auf. Im gleichen Werk beschrieben Britton & Rose auch noch eine *Coryphantha connivens* aus der Nähe von Mexico City, ohne zu bemerken, dass es sich bei dieser Pflanze um die eigentliche *Coryphantha pycnacantha* von Martius handelte, immerhin aber mit dem Vermerk, sie stehe *Coryphanth pycnacantha* sehr nahe (Br. & R. Cactaceae V: 34, 1923). Der Irrtum von Britton & Rose blieb in der ganzen Kakteenliteratur des 20. Jahrhunderts hartnäckig bestehen, so dass der Name *Coryphantha pycnacantha*, wenn überhaupt, für die falsche Art verwendet wurde und dies, obwohl Bödeker (1933) den Fehler aufgedeckt hatte: Bödeker erhielt 1932 von Halbinger aus Mexiko die gleiche Pflanze, die Britton & Rose 1920 von Prof. Conzatti bekommen hatten. Er bemerkte aber die Diskrepanz zur Martius'schen Erstbeschreibung und beschrieb die von Britton & Rose irrtümlich als *Coryphantha pycnacantha* bezeichnete Pflanze neu als *Coryphantha reduncuspina* Bödeker. Diese wiederum rechnen wir heute zum Formenkreis der *Coryphantha pallida* Br. & R.

1928 war Bödeker Co-Autor einer Erstbeschreibung, die mit der Martius'schen *Mammillaria pycnacantha* praktisch identisch ist: *Coryphantha andreae* Purpus & Bödeker. Sie ist als jüngeres Synonym zu betrachten, kam aber bis heute für die meisten in Sammlungen vorhandenen *Coryphantha pycnacantha* zur Anwendung.

Als erster Autor stellte Zimmerman (1985) die Zusammenhänge um *Coryphantha pycnacantha* richtig und zog *Coryphantha connivens* Br. & R. und *Coryphantha andreae* Purpus & Bödeker als jüngere Synonyme ein.

Verifizierung an den Standorten:
Bei dieser verworrenen Ausgangslage galt es, die Fundorte sämtlicher betroffener Taxa zu überprüfen, insbesondere auch die alten Fundorte von Ehrenberg. Dies war nicht einfach, da sich Mexiko in den anderthalb Jahrhunderten seit Ehrenberg vor allem im Bereich der Habitate dieser ebene, tiefgründige Lavaböden bevorzugenden Art wesentlich verändert hat. *Coryphantha pycnacantha* ist durch die Intensivierung und Ausdehnung der Landwirtschaft heute sehr stark bedroht und sehr selten geworden. Es gelang uns noch einige Pflanzen bei San Mateo (in der Nähe von Zempoala HGO), bei Atotonilco und Regla zu verifizieren, zudem auch an Standorten im Bundesstaat Mexico wie etwa bei Otumba oder südlich Cd. Shahogun. Wir waren bei der Suche aber nur in erbärmlichen Resthabitaten wie etwa Müllabladeplätzen oder in der Nähe von Bahndämmen erfolgreich. An verschiedenen Standorten finden sich Pflanzen mit oben stark gebüschelten Randdornen („connivens") bei im übrigen identischen Merkmalen, neben „klassischen" Pflanzen, wie sie Martius beschrieb.

Es bestätigte sich auch, dass *Coryphantha andreae*, deren Verbreitungsgebiet wir von Perote VER bis in die Gegend von Tecomachalco PUE studierten, tatsächlich mit *Coryphantha pycnacantha* identisch ist.

Interessanterweise ergab die Überprüfung sämtlicher Standortangaben zu *Coryphantha sulcolanata* (Lemaire) Lemaire aus dem 20. Jahrhundert (Sanchez-Mejorada, Helia Bravo, Steven Brack) stets dasselbe Ergebnis, nämlich *Coryphantha pycnacantha* und keinesfalls die zum *Coryphantha elephantidens*-Komplex zu zählende *Coryphantha sulcolanata*.

Abbildungen: Verbreitung siehe Farbtafel 11, Abb. 1; Pflanzenporträt siehe Farbtafel 37, 38.

20. *Coryphantha tripugionacantha* Lau
Cact. Suc. Mex. 33: 20, 1988.
Typ: Mexico, Zacatecas, San Juan Capistrano, 1000 m, 1983, Lau 1469 (MEXU).
Körper einzeln, kugelig, Scheitel leicht eingesenkt, mit viel Wolle, 8–9 cm Durchmesser und 7–9 cm hoch, Epidermis bläulichgrün, später matt dunkelgrün, kurzrübig mit seitlichen Faserwurzeln, Stolonenbildung. **Warzen** in 5 und 8 Serien, basal dreieckig, konisch, oberseits abgeflacht, unterseits bauchig, Breite basal 14 bis 20 mm, Höhe 15 mm, Länge oberseits 12 mm, unterseits 18 mm, mit durchgehender Furche oberseits. **Axillen** jung weisswollig, dann nackt. **Areolen** rund, 3 mm Durchmesser, jung mit weisser Wolle, später nackt. **Randdornen** 8–9, radiär, gegen den Körper gebogen, jedoch ohne ihn zu berühren, die 3 unteren bis 12 mm lang, die 5–6 oberen dichter gestellt, kürzer, 8 mm lang, alle derb nadelig, gerade, graubraun,

die unteren dunkler als die oberen. **Mitteldornen** 3, keiner dominant, keiner vorgestreckt, alle dem Körper zugebogen, der unterste am längsten, 20 mm lang, die übrigen im oberen Areolenteil seitwärts, bis 18 mm lang, alle pfriemlich, im Neutrieb schwarz, dann von der Basis her vergrauend. **Blüten** trichterförmig, 6–7 cm Durchmesser, cremegelb; äussere Blütenblätter hellgelb mit dunkelrotem dorsalen Mittelstreifen, ganzrandig, basal 3 mm breit; innere Blütenblätter linearlanzettlich, mit dünner, 2 mm langer Spitze, 30–35 mm lang und 3 mm breit, weisslichgelb. Staubfäden rot, gegen die Spitze gelblich, 10–12 mm lang; Staubbeutel gelb, Griffel grün, mit 9 weisslichen Narben. **Früchte** längliche, grüne, saftige Beeren mit anhaftenden Blütenresten, 35 mm lang und 10 mm Durchmesser. **Samen** hellbraun, nierenförmig, 1,3 mm lang, 1,1 mm breit, netzgrubige Testa.

Verbreitung: nur am **Typstandort** = **Überprüfter Fundort:** Mexiko: San Juan Capistrano, Zacatecas, auf steiniger, sehr trockener Terrasse über dem Fluss, wo die Art in Gesellschaft von *Echinocereus pamanesiorum* auf 1000 m über Meer wächst.

Habitat: Auf ebenem Boden oder sanften Abhängen in lehmigem Boden.

Vorkommen: Ungefährdet.

Abbildungen: Verbreitung siehe Farbtafel 11, Abb. 1; Pflanzenporträt siehe Farbtafel 39.

II. A. c Reihe Salinenses Dicht & A. Lüthy
Cact. Syst. Init. 11: 15, 2001.

Typ: *Coryphantha salinensis* (Poselger) Dicht & A. Lüthy

Definition: Warzen angepresst („Ananas"), Mehrzahl der Randdornen nadelig, der dominante Mitteldorn (falls vorhanden) vorgestreckt.

21. *Coryphantha kracikii* J. J. Halda, J. Chalupa et P. Kupcak
Cactaceae etc. 1 : 12, 2002
Typ: PR no. JJH 4709; leg. H. Swoboda 10. 06. 1982.

Körper einzeln, kugelig bis kurzsäulig, 9 cm Durchmesser, bis 17 cm hoch, matt graugrün, Scheitel eingesenkt, weisswollig, von büschligen, verwobenen Dornen überragt, kräftige, lange Hauptwurzel und Faserwurzeln. **Warzen** in 5 und 8, gelegentlich 8 und 13 Serien, breit angesetzt, konisch-zylindrisch rund, oben abgeflacht, schief gestutzt, angelegt, basal 24 mm breit, 16 mm hoch, oberseits 12 mm lang, unterseits 16 mm lang, mit feiner Furche. **Axillen** jung wollig. **Areolen** rund, 4 mm ⌀, in der Jugend weisswollig, im Alter völlig verkahlend. **Randdornen** 24–26, untere und seitliche 7–9 radiär angeordnet, kräftig, derb nadelig, bis 15 mm lang, hell bis hornfarben mit dunkler Spitze, obere 12–17 gebündelt, länger, bis 25 mm, etwas dünner, weiss mit dunkler Spitze, später alle vergrauend. **Mitteldornen** 5–8, der längste nach unten, leicht vorstehend und nach unten gekrümmt, bis 25 mm lang, seitlich je 1 bis 2 schräg vorstehend und gekrümmt, etwas kürzer, alle derb pfriemlich, erst schwarz mit heller Spitze, dann bräunlich hell mit dunkler Spitze und vergrauend, im oberen Areolenteil bis zu 3 weitere, kaum vorstehend, mit den Randdornen nach oben, leicht gebogen, pfriemlich, hell mit dunklen Spitzen. **Blüten** trichterförmig, 4–8 cm Durchmesser, äussere Blütenblätter breit lanzettlich, gespitzt, gelb mit purpurrotem, breitem Mittelstreifen, innere Blütenblätter spatelförmig, gespitzt, gegen die Spitze gezähnt, glänzend gelb, im Schlund tiefrot, Staubfäden rötlich, Staubbeutel dottergelb, Griffel weissgelb, 7–8 gelbliche Narben. **Früchte** saftige, oben olivfarbene, unten hellere Beeren mit anhaftenden Blütenresten, 15 mm Durchmesser, 25 mm lang. **Samen** nierenförmig, braun, glänzend, netzgrubig, 1,8 mm lang, 1 mm breit, Hilum lang und weiss.

Verbreitung: Mexiko: Durango

Habitat: Auf Hügelrücken in Kalkschutt 1400 m ü. M.

Überprüfte Fundorte:
Mexiko: Durango: El Diamante.

Vorkommen: Erst ein Fundort bekannt

Erläuterungen: Diese elegante Schönheit wurde zu Ehren des tschechischen Kakteenzüchters und -suchers Karel Kracik benannt, der sie als erster an ihrem Fundort genau studiert und dokumentiert hat.

Abbildungen: Verbreitung siehe Farbtafel 11, Abb. 2; Pflanzenportrait siehe Farbtafel 40.

22. *Coryphantha salinensis* (Poselger) Dicht & A. Lüthy

Kakt. and. Sukk. 49 (11): 253, 1998.

Basionym: *Echinocactus salinensis* Poselger, Allg. Gartenz. 21: 106, 1853.

Neotyp: Mexico, Nuevo León, Salinas Victoria, 20. 5. 1996, Hinton et al. 27113 (herb. Hinton).

Synonym: *Coryphantha borwigii* Purpus, Gartenflora 1927: 338, 1927.

Körper einzeln, kugelig-zylindrisch, 8–15 cm hoch, 7–9 cm Durchmesser, dunkelgraugrün, Scheitel eingesenkt, weisswollig, von büschligen, verwobenen Dornen überragt, Wurzeln faserig. **Warzen** in 8 und 13 Serien, langgezogen konisch-zylindrisch, rundlich, im Alter pyramidal, angelegt und schief gestutzt, Breite basal 17 mm, Länge oberseits 8 mm, unterseits 18–22 mm, mit durchgehender, jung wolliger Furche. **Axillen** jung wollig. **Areolen** rund, 3 mm Druchmesser, jung wollig. **Randdornen** 12–20, im unteren Areolenteil und seitlich 5–7 kräftigere, derb nadelige, gerade, radiär angeordnete, 10–15 mm lang, hellgrau-hornfarben mit dunkler Spitze, obere 7–13 gebündelt, länger, 16–20 mm lang, nadelig, gerade, weisslich mit dunkler Spitze. **Mitteldornen** 1–4, der dominante untere vorstehend, hornartig nach unten gebogen, pfriemlich, 15–21 mm, erst hornfarben-bräunlich, dann von der Spitze her beidseits, zuerst oberseits, schwarz werdend. 2–3 obere leicht vorstehend nach der Seite gebogen, seitliche 2 15–18 mm lang, Farbe wie dominanter, der mittlere, falls vorhanden, gerade nach oben, Farbe wie Randdornen, bis 21 mm lang, alle oberen Mitteldornen dünner. **Blüten** 5–6 cm Durchmesser, äussere Blütenblätter spatelig, ganzrandig, an der Spitze gezähnelt, stachelspitzig, gelb mit grünlichbraunem Mittelstreifen dorsal, innere Blütenblätter gleich in der Form, glänzend gelb, im Schlund tiefrot, Staubfäden rot, Staubbeutel gelb, Griffel weissgelb, Narben grünlichgelb. **Früchte** grüne, saftige Beeren mit anhaftendem Blütenrest, 25 mm lang, 10 mm Durchmesser. **Samen** braun, nierenförmig, 1,8 mm lang, 1 mm breit, netzgrubige Testa.

Verbreitung: Mexiko: Coahuila, Nuevo León und Tamaulipas.

Habitat: Schwemmebenen und Kalksteinkies an Hügelfüssen in den östlichen Abhängen der Sierra Madre Oriental.

Überprüfte Fundorte:
Mexiko: Tamaulipas: Las Crucitas.
Coahuila: Candela, Higueras.
Nuevo León: Bustamante, Codornices, Salinas Victoria, Sabinas Hidalgo, Rinconada, Monterrey-Monclova km 40 und km 70.

Vorkommen: Ungefährdet.

Erläuterungen: Das Basionym *Echinocactus salinensis* wurde 1853 von Poselger mit der Standortangabe „in den Ebenen zwischen Monterrey und Salinas" erstbeschrieben. In der Folgezeit verliert sich der Name in der Literatur und findet sich erst in A. Zimmermans Dissertation 1985 als *Coryphantha salinensis* comb. nov. ined. wieder sowie in Alfred Laus Feldnummernverzeichnis (1983) als Lau Nr. 1387, *Coryphantha salinensis* aus Las Crucitas, Tamaulipas.

Am Typstandort Salinas Victoria (Coahuila) fanden wir die Poselger'sche Art 1997 erstmals wieder. Ein Vergleich mit A. Laus *Coryphantha salinensis* (L 1387), deren Standort bei Las Crucitas (Tamaulipas) uns Alfred Lau selber gezeigt hat, ergab keine wesentlichen Differenzen. Im Unterschied zu *Coryphantha salinensis* aus der Region des Typstandorts haben die Pflanzen aus Tamaulipas einen tiefer roten Blütenschlund und kräftigere Dornen, alle anderen Charakteristiken bewegen sich aber im Rahmen der Variabilität der Typpflanzen.

Coryphantha borwigii Purpus und *Coryphantha obscura* SB 714 haben sich als Synonyme erwiesen.

Für diese stark variierende Art wurden in der Vergangenheit mehrere Namen angewendet, insbesondere *Coryphantha scolymoides* (Scheidweiler) A. Berger und *Coryphantha daimonoceras* (Lemaire) Lemaire, zwei Taxa, die aus folgenden Gründen als *Nomina dubia* einzustufen sind:

Die Erstbeschreibung der Art **Coryphantha scolymoides** (Scheidweiler) A. Berger von SCHEIDWEILER (1841) war sehr rudimentär. Es besteht kein Typ und im ganzen 19. Jahrhundert wurde die Art nie illustriert. Die einzigen verwertbaren Angaben „Blassgrün, Warzen dachziegelig aufsteigend, Dornen zahlreich, untere strahlend, fleischfarben, obere gebündelt, weiss, an der Spitze schwärzlich, starr; ein einzelner Mitteldorn zurückgebogen, schwarz, an der Basis grau" treffen auf eine ganze Reihe Arten der Gattung *Coryphantha* zu, insbesondere auf Jungpflanzen. Eingehendere Beschreibungen finden sich dann bei FÖRSTER (1846) sowie bei SALM-DYCK (1850), doch divergieren diese in wichtigen Punkten dermassen, dass erhebliche Zweifel aufkommen, ob beiden dieselbe Art vorlag. Noch eine ganz andere Beschreibung, die am ehesten der heutigen *Coryphantha ramillosa* Cutak entspricht (BENSON 1982) gab ENGELMANN (1856) und COULTER (1894) folgte ihm. BRITTON & ROSE (1923) stellten sie dann zu *Coryphantha cornifera* De Candolle, ebenso SCHELLE (1926), während sie K. SCHUMANN (1898) als Synonym von *Coryphantha radians* De Candolle erwähnt.

Die Situation um *Coryphantha scolymoides* (Scheidweiler) A. Berger ist derart verworren und die Art derart schlecht dokumentiert, dass es am besten erscheint, das Epithet nur noch als historischen Namen zu betrachten.

Auch wenn einige Angaben sowohl von FÖRSTER (1846) als auch von SALM-DYCK (1850) auf die Pflanzen von Salinas Victoria zutreffen, muss der Name *Coryphantha scolymoides* (Scheidweiler) A. Berger für sie fallengelassen werden, da die Erstbeschreibung von Scheidweiler in keiner Entwicklungsphase vollständig auf sie zutrifft: *Coryphantha salinensis* (Poselger) Dicht & A. Lüthy weist im Stadium des einzelnen Mitteldorns stets uniforme, radiäre Randdornen auf. Zwei Typen Randdornen (untere radiäre hornfarbige sowie obere weissliche gebündelte) treten erst nach Ausbildung des zweiten oder gar dritten Mitteldorns auf.

LEMAIRES (1838) ausführliche Erstbeschreibung von **Coryphantha daimonoceras** (Lemaire) Lemaire als *Mammillaria daimonoceras* wurde schon bald unterschiedlich interpretiert: FÖRSTER (1846) erachtete sie als Synonym von *Mammillaria cornifera* De Candolle, obwohl zwei unterschiedliche Typen Randdornen beschrieben waren. SALM-DYCK (1850) hielt sie für identisch mit *Mammillaria scolymoides* Scheidweiler, obwohl ihre „wie Teufelhörner nach vorne gekrümmten" oberen Mitteldornen seinen eigenen Angaben „obere Mitteldornen der Pflanze angepresst und meistens mit den Randdornen verwoben" widersprachen. LABOURET (1858) behandelte *Mammillaria daimonoceras* Lemaire ebenfalls als Synonym von *Mammillaria cornifera* De Candolle, während BRITTON & ROSE (1923) sie, wahrscheinlich K. SCHUMANN (1898) folgend, zu *Coryphantha radians* einbezogen.

Die Erstbeschreibung von *Mammillaria daimonoceras* trifft überdies auch auf *Coryphantha difficilis* (Quehl) A. Berger zu, so dass eine eindeutige Interpretation dieses Taxons heute unmöglich scheint.

Die beiden Taxa *Coryphantha scolymoides* und *Coryphantha daimonoceras* sind deshalb dem Komitee für Spermatophyten als *nomina rejicienda* vorgeschlagen worden (Dicht, Cact. Syst. Init. 10: 20, 2000).

Abbildungen: Verbreitung siehe Farbtafel 11, Abb. 2; Pflanzenporträt siehe Farbtafel 41, 42.

23. *Coryphantha difficilis* (Quehl) A. Berger

Kakteen 271, 1929
Basionym: *Mammillaria difficilis* Quehl, Monatsschr. Kakt. 18: 107, 1908.
Lectotyp: Fig. Monats. Kakt. 18: 107, 1908 (Dicht & A. Lüthy, CSI 11: 15, 2001).

Synonym: *Coryphantha densispina* Werdermann in Feddes Repert. 30: 57, 1932.

Körper einzeln, halbkugelig, im Alter auch kurz zylindrisch, 8 cm Durchmesser, Höhe 8 (–14) cm, matt bläulichgrün, Scheitel wenig eingesenkt, weisswollig, Faserwurzeln. **Warzen** in 8 und 13 Serien, abgeflacht breitkonisch, angelegt, Spitze leicht nach aussen gerichtet, schief gestutzt, im Alter rhombisch und unterseits kantig, Breite basal 24 mm, Länge oberseits 10 mm, unterseits 21 mm, oberseits gefurcht. **Axillen** weisswollig. **Areolen** rund, 3 mm Durchmesser, jung weisswollig. **Randdornen** 14–16 (–20), untere und seitliche 6–9 kräftiger und kürzer, pfriemlich, gerade, radiär und horizontal angeordnet, 8–10 mm lang, die oberen 7–10 im Bündel stehend, derb nadelig, gerade, 16–18 mm lang, im Neutrieb hellhornfarben mit dunkler Spitze, dann von der Basis her braun werdend, später vergrauend. **Mitteldornen** 4 (–6), 3 im unteren Areolenteil auseinanderspreizend vorgestreckt, nach unten gebogen, kräftig, pfriemlich, 1 im oberen Areolenteil leicht vorgespreizt nach aussen gebogen, dünner, alle 16–20 mm lang, im Neutrieb braun, zur Spitze hin dunkler, dann von der Basis her vergrauend. **Blüten** trichterförmig, 6–8 cm Durchmesser, äussere Blütenblätter breit lanzettlich, gespitzt, gelb mit rötlichbraunem Mittelstreifen dorsal, innere Blütenblätter breit lanzettlich, gespitzt, gegen die Spitze gezähnelt, leuchtend gelb, Staubfäden gelblich, Staubbeutel gelb, Griffel gelblich, 7–8 weissliche Narben. **Früchte** grüne, saftige Beeren mit anhaftendem Blütenrest, rundlich, 18 mm lang, 14 mm Durchmesser. **Samen** nierenförmig, braun mit netzgrubiger Testa, 1,5 mm lang, 0,9 mm breit.

Verbreitung: Mexiko: Coahuila, in und um die Sierra la Paila.

Habitat: Schwemmebenen und Abhänge in der Sierra Paila auf Kalksteinkies.

Überprüfte Fundorte:
Mexiko: Coahuila: Hipolito, La Paila, La Rosa, El Sacrificio, Casas Coloradas, Las Imagines, Las Palomas, Parrial de la Paila, Zona de Minas, Mount Paila, Saltillo, Laguna de Meyràn, San Ildefonso, San José de la Paila, Estaciòn Marte, Sierra los Alamitos, San Ildefonso.

Vorkommen: Ungefährdet.

Erläuterungen: Die Pflanzen wurden in Mexiko durch Purpus entdeckt und an De Laet übersandt. Quehl schrieb, dass diese schöne Art Schwierigkeiten hatte, sich an das Europäische Klima anzupassen und deswegen in Kultur leicht einging. Aus diesem Grund nannte er sie *difficilis* (schwierig, schwer zu behandeln).

Coryphantha densispina Werdermann in Fedde, Rep. 30: 57, 1932 wird von vielen Autoren zu *Coryphantha werdermannii* gestellt, doch entsprechen die beschriebene Warzenform und -grösse derjenigen von *Coryphantha difficilis*. Die namengebende Dichte der Bedornung, die sie aspektmässig in die Nähe von *Coryphantha werdermannii* rückt, ist auch von höher gelegenen Fundorten von *Coryphantha difficilis* bekannt.

Abbildungen: Verbreitung siehe Farbtafel 11, Abb. 2; Pflanzenporträt siehe Farbtafel 43.

24 a. *Coryphantha durangensis* (Runge ex Schumann) Britton & Rose subsp. *durangensis*

Cactaceae 4: 42, 1923.

Basionym: *Mammillaria durangensis* Runge ex Schumann, Gesamtb. Kakt. 478, 1898.

Typ: Mexico, Durango, near Villa Lerdo on the Rio Nazas, coll. Runge, Mathsson; nicht bezeichnet.

Körper am Grunde sprossend, gruppenbildend, eiförmig bis säulig, bis 7 cm Durchmesser und bis über 15 cm hoch, gräulichgrün, Scheitel eiförmig gerundet, stark weisswollig. **Warzen** in 5–8, selten 8 und 13 Serien, rhombisch, sehr flach, andeutungsweise gekielt, dachziegelartig angepresst, Breite basal 12–15 mm, Länge oberseits 4–6 mm, unterseits 12–14 mm, durchgehend gefurcht. **Axillen** jung stark wollig. **Areolen** rund, 1 mm Durchmesser, jung wollig. **Randdornen** 9–16, meist radiär, gelegentlich oben einige gebündelt, horizontal, fein nadelig, gerade, untere und

seitliche 7–10 mm lang, obere bis doppelt so lang und etwas dünner, alle schmutzigweiss, mehr oder weniger dunkel gespitzt, obere fast schwarz, dann alle vergrauend. **Mitteldorn** (0)–1, nach oben gerichtet, wenig vorgestreckt (oder selten vereinzelte bis fast senkrecht zu den Randdornen), gerade, nadelig, starr, 13–18 mm lang, schwarz, dann von der Basis vergrauend. **Blüten** trichterförmig, 3 cm lang, 3–4 cm breit, hellgelb, äussere Blütenblätter schmal lanzettlich, Ränder ganz, gelb mit breitem purpurrotem Mittelstreifen, innere Blütenblätter lanzettlich, gespitzt, ganzrandig, glänzend hellgelb, Staubfäden weisslichgelb, Staubbeutel gelb, Griffel und die 3–5 Narbenlappen weisslichgelb. **Früchte** hellgrüne saftige Beeren mit anhaftenden Blütenresten, 12–15 mm lang und 5–7 mm breit. **Samen** nierenförmig, braun, 1,2 mm lang, 0,8 mm breit, Testa netzgrubig mit länglichen Testazellen.
Verbreitung: Mexiko: Östliches Durango und angrenzendes Coahuila.
Habitat: Abhänge und felsige Abschnitte von vulkanischen Hügeln.
Überprüfte Fundorte:
Mexiko: Durango: Nazas, Lerdo (Fundort der Erstbeschreibung), El Chocolate, Cuatillos.
Coahuila: Viesca, Cruz de Malto.
Vorkommen: Ungefährdet.
Abgrenzung: C. durangensis subsp. cuencamensis (24. b): siehe Vergleichstabelle im Anhang.
Abbildungen: Verbreitung siehe Farbtafel 11, Abb. 2; Pflanzenporträt siehe Farbtafel 44.

24 b. *Coryphantha durangensis* subsp. *cuencamensis* (Bremer) Dicht & A. Lüthy

Cact. Syst. Init. 11: 18, 2001.
Basionym: *Coryphantha cuencamensis* Bremer, Cact. Succ. J. (US) 52: 183, 1980.
Typ: Mexico, Durango, E. of Cuencamé, Route 49, etwa 15 km von der Kreuzung mit Route 46, 1800 m, 26.3.1979, Bremer Nr. 379–4 (ASU).
Körper am Grunde sprossend, gruppenbildend, eiförmig-kugelig bis zylindrisch, bis 10 cm Durchmesser und bis 16 cm hoch, matt gräulichgrün, Scheitel flach oder leicht gewölbt, stark weisswollig. **Warzen** in 13 und 21, seltener 8 und 13 Serien, rhombisch, gegen oben konisch, Breite basal 12–15 mm, Länge oberseits 10 mm, unterseits 13–15 mm, durchgehend gefurcht. **Axillen** jung weisswollig. **Areolen** rund, jung weisswollig. **Randdornen** 14–17, radiär, horizontal, 15–17 mm lang, im oberen Areolenteil 4–5 längere gebündelt, alle nadelförmig, gerade, weisslich mit schwarzen Spitzen. **Mitteldornen** 1–3, der dominante senkrecht zu den Randdornen vorgestreckt (nie nach oben), 17 mm lang, pfriemlich, steif, gerade oder leicht nach unten gebogen, zuerst dunkelbraun bis schwarz dann von der Basis vergrauend. Manchmal 2 weitere kürzere, dünnere, leicht vorstehend schräg nach oben weisende Mitteldornen, gleich gefärbt wie Randdornen. **Blüte, Früchte und Samen** wie *Coryphantha durangensis* subsp. *durangensis*.
Verbreitung: nur am **Typstandort** (überprüft): Mexiko: Östlich von Cuencame, Durango, an der Route 49, auf flachem Grund oder an sanften Hängen.
Habitat: Untere Abhänge von Kalksteinhügeln, an kiesigen Stellen unter Büschen.
Vorkommen: Schutzbedürftig.
Abgrenzung: C. durangensis subsp. durangensis (24. a.): siehe Vergleichstabelle im Anhang.
Abbildungen: Verbreitung siehe Farbtafel 11, Abb. 2; Pflanzenporträt siehe Farbtafel 45.

25. *Coryphantha longicornis* Bödeker

Monatsschr. DKG 3: 249, 1931.
Lectotyp: Illustration in oben erwähnter Erstbeschreibung (Dicht & A. Lüthy, CSI 11: 18, 2001).
Synonym: *Coryphantha grandis* Bremer, Cact. Succ. J. (US) 50: 124, 1978.
Körper einzeln oder durch Sprossung gruppenbildend, breitkugelig, dann zylindrisch, bis 10 cm Durchmesser und bis über 20 cm hoch, matt grün, Scheitel kaum eingesenkt, stark wollig. **Warzen** in 8 und 13 oder 13 und 21

Serien, jung kegelförmig, dann flach konisch und rhombisch, Spitze leicht abgebogen, angedeutet gekielt, angepresst, Breite basal 20–22 mm, Höhe 17 mm, Länge oberseits 8 mm, unterseits 18–22 mm, mit kräftiger, jung wolliger Furche. **Axillen** wollig. **Areolen** rund, 2 mm Durchmesser, jung wollig, bald kahl. **Randdornen** 11–14, radiär, oberste 3–4 dichter gestellt, dünnpfriemlich, gerade oder leicht gebogen, seitliche und untere 7–9 mm, obere bis 14 mm lang, jung weisslich-hornfarben mit dunkler Spitze, dann grau. **Mitteldornen** 3, der dominante vorgestreckt, nach unten gekrümmt, pfriemlich bis dick pfriemlich, 15–20 mm lang, im oberen Areolenteil 2 vor- und gebogen seitwärts spreizend, pfriemlich, 10–14 mm lang, jung rotbraun, gegen die Spitze dunkler, dann schwarz. **Blüten** breit trichterförmig, 40 mm breit, 20 mm lang, gelb, äussere Blütenblätter breit lanzettlich, gespitzt, gegen die Spitze gefranst, gelb mit kräftigem rotem Mittelstreifen. Innere Blütenblätter breit lanzettlich, gespitzt, gegen die Spitze gefranst, hellgelb, Staubfäden hellgelb, Staubbeutel gelb, Griffel und Narben (6) hellgelb. **Früchte** grüne, saftige Beeren, 9 mm breit, 15 mm lang, keulenförmig, mit anhaftendem Blütenrest. **Samen** kugelig-nierenförmig, 1,5 mm lang, 1 mm breit, braun, netzgrubig mit rundlichen Testazellen.
Verbreitung: Mexiko: im nordwestlichen Teil von Durango.
Habitat: Lavakies auf Hügeln und Abhängen, oft unter Büschen oder Eichen.
Überprüfte Fundorte:
Mexiko: Durango: Abasolo, El Palmito, Mina Navidad, Zarcas, Indè.
Vorkommen: Ungefährdet.
Abbildungen: Verbreitung siehe Farbtafel 11, Abb. 2; Pflanzenporträt siehe Farbtafel 46.

26 a. *Coryphantha pallida* Britton & Rose subsp. *pallida*
Cactaceae 4: 40, 1923.
Typ: Mexico, Puebla, bei Tehuacán, 1901, J. N. Rose Nr. 5583 (US).

Synonyme: *Coryphantha reduncispina* Bödeker, Kakteenk. 1933: 153, 1933 (als „*reduncuspina*"); *Coryphantha pseudoradians* Bravo, An. Inst. Biol. Mex. 25: 228, 1954; *Coryphantha radians* var. *pseudoradians* Bravo, Cact. Suc. Mex. 27: 17,1982; *Coryphantha pycnacantha* sensu Arias et al., Flora del Valle de Tehuacàn-Cuixcatlàn 10–12, 1997.
Körper einzeln, später auch durch Sprossung Gruppen bildend, halbkugelig bis kugelig, 7–9 cm Durchmesser, 4–6 cm hoch, matt olivgrün, Scheitel leicht eingesenkt, stark weisswollig. **Warzen** in 8: 13 oder 13: 21 Serien, dicht gestellt, abgeflacht konisch, wenig bauchig, schief gestutzt, angepresst, basal 14–17 mm breit, 6–8 mm hoch, oberseits 6–9 mm lang, unterseits 13–16 mm, durchgehende wollige Furche. **Axillen** bewollt. **Areolen** rund, 2 mm Durchmesser, ohne Mitteldornen oval, 3,0 × 1,5 mm, wollig. **Randdornen** 13–21, ca. ⅔ davon seitwärts und abwärts radiär, horizontal strahlend, nadelig, gerade oder leicht gebogen, durchscheinend weiss bis gelblich, 11–13 mm lang, die übrigen oben dichter gestellt, weisslich bereift mit dunkler Spitze, länger, bis 16 mm. **Mitteldornen** 0–3, meist 1 dominanter gerade vorgestreckt nach abwärts gebogen, gelegentlich auch nach der Seite, pfriemlich, 15–17 mm lang, 1–2 obere gerade oder leicht seitwärts nach oben gerichtet, etwas vorgestreckt, gerade oder leicht zur Seite oder nach vorne gebogen, dünner, wenig kürzer, alle dunkelbraun bis schwarz, dann von der Basis her vergrauend. Gelegentlich der vorstehende und/oder einer oder beide der oberen fehlend. **Blüten** 4 cm lang, 7 cm Durchmesser, äussere Blütenblätter linear lanzettlich, gespitzt, aussen rot mit gelbem Rand, innere Blütenblätter schmal lanzettlich, gespitzt, Rand ganz, gegen die Spitze gezähnt, 35 mm lang, 6 mm breit, gelb, Staubfäden tief rot, Staubbeutel dottergelb, Griffel gelb, Stempel mit 7–9 weisslichen Narbenblättern. **Frucht** saftige, grüne Beere mit anhaftendem Blütenrest, 25 mm lang, 9 mm breit. **Samen** nierenförmig, braun, 2,3 mm lang, 1 mm breit.
Verbreitung: Mexiko: Puebla und Oaxaca.

Habitat: Kalksteinkies, Schwemmböden an Hügelfüssen und auf Rippen.
Überprüfte Fundorte:
Mexiko: Puebla: Tepeji de Rodriguez, Tecamachalco, Cañada Morelos, Tehuacan, Copàn, Azumbilla, Zapotitlán de las Salinas, San Lorenzo, Salitrillo.
Oaxaca: Tamazulapan, Tejupan, Coixtlahuaca, Teposcolula, Nochixtlán, Buenavista, Molcaxac, San Pedro Tetitlán.
Vorkommen: Ungefährdet.
Erläuterungen: Es überrascht, dass eine so weitverbreitete und häufige Art wie *C. pallida* nicht bereits vor dem Beginn des 20. Jahrhunderts aufgesammelt und beschrieben wurde. Dies vor allem angesichts der Tatsache, dass alle anderen *Coryphantha*-Arten aus diesem Teil Mexikos bereits fast 100 Jahre früher beschrieben wurden. In der Tat gibt es eine Erstbeschreibung einer *Coryphantha loricata* (Martius) Lemaire aus dem Jahre 1837, die in allen Charakteristiken vollständig mit *C. pallida* übereinstimmt und die der Serie *Aulacothelae*, also den Coryphanthen ohne Drüsen zugeordnet wurde. Als Herkunft dieser Art wurde einzig „Mexiko" angegeben und ein Typ existiert nicht. Und da die Beschreibung von *C. loricata* ebenso gut auch auf Formen von *Coryphantha sulcata* (Engelmann) Britton & Rose oder *Coryphantha salinensis* (Poselger) Dicht & A. Lüthy zutrifft, ist es heute unmöglich zu entscheiden, welche dieser drei Arten gemeint war und *C. loricata* muss heute wohl oder übel als historischer Name ohne nomenklatorische Bedeutung taxiert werden.

Ein anderer alter Name, der wie CRAIG (1945) meinte mit *C. pallida* übereinstimmen könnte, ist *Mammillaria incurva* SCHEIDWEILER (1839). Deren Herkunft wurde jedoch mit Guanajuato angegeben und sie weist rote Nektardrüsen auf.

Somit beginnt die Geschichte dieser Art erst 1923 mit der Erstbeschreibung einer Pflanze, die 1901 von J. N. Rose bei Tehuacán PUE aufgesammelt worden war als *Coryphantha pallida* durch BRITTON & ROSE. Gemäss den beiden Autoren hatte C. G. Pringle die gleiche Pflanze ebenfalls gesammelt und sie unter dem Namen *Mammillaria pycnacantha* verbreitet. Um die Unterschiede zwischen diesen beiden Arten zu demonstrieren, publizierten BRITTON & ROSE ein Bild ihrer *C. pallida* zusammen mit der Originalzeichnung von *M. pycnacantha* aus der Erstbeschreibung von Martius. Andererseits erwähnten sie im Anhang zur Beschreibung von *C. pycnacantha* eine Pflanze, die Dr. Rose 1920 von Dr. Conzatti aus Oaxaca erhalten hatte, deren Beschreibung aber mit jener von *C. pallida* mehr oder weniger identisch war. Aus diesem Grund kam es zu einer Vermischung der Identität von *C. pycnacantha* mit jener von *C. pallida*, eine Verwirrung, die bis heute anhält.

Bödeker (1933) war der erste, der diesen Irrtum von Britton & Rose entdeckte, als er dieselben Pflanzen von Halbinger aus Oaxaca erhielt. Er bemerkte, dass diese Pflanzen keinesfalls *C. pycnacantha* entsprachen, aber er realisierte deren Identität mit *C. pallida* nicht und beschrieb diese Pflanzen 1933 neu als *Coryphantha reduncuspina* und kreierte damit ein jüngeres Synonym von *C. pallida*.

Wir haben nordwestlich von Oaxaca Pflanzen gefunden, die mit Bödeker's Beschreibung übereinstimmen, aber wir klassifizieren diese als *C. pallida*.

S. ARIAS Montes, S. GAMA Lopez and L. U. GUZMAN Cruz von der UNAM setzten in ihrer Publikation „Flora del Valle de Tehuacán-Cuicatlán" (1997) die alte Verwirrung um *C. pycnacantha* fort. Auch sie wurden durch die falsche Angabe des Typstandorts sowohl in der Erstbeschreibung von *C. pycnacantha* (siehe dort) als auch bei Britton & Rose fehlgeleitet. Sie publizierten eine Zeichnung von *C. pycnacantha*, die exakt Bödekers *C. reduncuspina* entspricht. Um zwischen *C. pallida* und *C. pycnacantha* zu unterscheiden verwendeten sie ausgerechnet die Warzenform, ein Merkmal, das bei allen Formen von *C. pallida* identisch ist. Ein Besuch ihrer angegebenen Fundorte für *C. pycnacantha* in Oaxaca ergab nichts anderes als Formen von *C. pallida*.

Zwischen Tejupan und Suchixtlahuaca OAX entdeckte Helia Bravo auf vulkanischen Böden in Eichenwäldern eine oft gruppenbildende Population von Pflanzen, die meist ohne Mitteldorn vorkommen. Diese beschrieb sie 1954 neu als *Coryphantha pseudoradians*. 1982 kombinierte sie diese Pflanze als Varietät zu *Coryphantha radians* (Lem.) Lem. Bei Tejupan, wenige Kilometer von H. Bravos angegebenem Typstandort von *C. pseudoradians*, wächst *C. pallida* mit der üblichen Anzahl Mitteldornen von 0–3 und wie dieser Hinweis und die ansonsten identischen Merkmale von *C. pseudoradians* und *C. pallida* beweisen, ist es unmöglich, diese Taxa zu unterscheiden.

Abbildungen: Verbreitung siehe Farbtafel 11, Abb. 2; Pflanzenporträt siehe Farbtafeln 47, 48, 49.

26 b. *Coryphantha pallida* subsp. *calipensis* (Bravo ex Arias et al.) Dicht & A. Lüthy

J. Mamm. Soc. 40 (4): 50, 2000.

Basionym: *Coryphantha calipensis* Bravo ex Arias et al., Cact. Succ. Mex. 37: 71, 1992.
Typ: Mexico, Puebla, Calipan, südlich Tehuacán, 1960, Bravo s. n. (MEXU 60655).
Synonyme: *Coryphantha calipensis* Bravo, Cact. Succ. Mex. 9: 79, 1964, *nom. inval.* (Art. 37. 1); *Coryphantha pycnacantha* var. *calipensis* L. U. Guzmán Cruz, Flora del Valle de Tehuacàn-Cuixcatlàn 12–13, 1997.
Körper durch Sprossung gruppenbildend, kugelig bis zylindrisch, 6–9 cm Durchmesser, 9–15 cm hoch, gräulich-olivgrün, Scheitel abgerundet, mit sehr viel weisser Wolle. **Warzen** locker in 5:8 Serien angeordnet, abgeflacht konisch, bauchig, basal rhombisch, angepresst, sehr gross, Breite basal 25–30 mm, 20 mm hoch, Länge oberseits 13–15 mm, unterseits 25–35 mm, mit tiefer, wolliger Furche. **Axillen** weisswollig. **Areolen** rund, 2 mm Durchmesser, jung wollig. **Randdornen** 10–16, 7–8 davon radiär angeordnet, horizontal strahlend, gerade bis leicht gebogen, nadelig, durchscheinend weiss bis gelblich, dann grau, 10–12 mm lang, die übrigen im oberen Areolenteil, dichter gestellt, weisslich bereift mit dunkler Spitze, länger, bis 18 mm. **Mitteldornen** 1–3, 1 dominanter gerade vorgestreckt, nach abwärts gebogen, pfriemlich, 15 mm lang; meist 1–2 gerade oder leicht seitwärts nach oben gerichtet, etwas vorgestreckt, gerade oder leicht zur Seite oder nach vorne gebogen, dünner, wenig kürzer, alle dunkelbraun bis schwarz mit hellerer Basis, dann von der Basis her vergrauend. **Blüten, Früchte** und **Samen**: siehe *Coryphantha pallida* subsp. *pallida*.

Verbreitung: Mexiko: Puebla und Oaxaca
Habitat: Kalksteinkies, Schwemmböden an Hügelfüssen und Rippen.
Überprüfte Fundorte:
Mexiko: Puebla: Zinacantepec, Coxcatlán, San José Tilapa, San Gabriel Chilac.
Oaxaca: Teotitlàn del Camino, Cuicatlàn. San Juan Tonaltepec.

Erläuterungen: Den Hauptunterschied zwischen subsp. *calipensis* und subsp. *pallida* machen die viel grösseren Warzen, die etwas weniger zahlreichen und kürzeren Randdornen und die Wuchsform mit grösseren und mehr zylindrischen Körpern aus sowie sehr starke Gruppenbildungstendenz. In ihrem Verbreitungsgebiet im Tal des Rio Salado zwischen Chilac PUE und San Juan Batista OAX sind die Merkmale sehr stabil und identisch. Das Verbreitungsgebiet von subsp. *calipensis* befindet sich östlich von jenem von subsp. *pallida*, ohne irgendwelche Übergangsformen. In ihrer Erstbeschreibung von *Coryphantha calipensis* vergass Bravo (1964) eines ihrer Herbarbelege in MEXU als Typ zu deklarieren. Allan D. Zimmerman (1985) bemerkte diese Tatsache und betrachtete deshalb dieses Taxon als *nomen nudum* und als identisch mit *C. pallida*. S. Arias Montes, S. Gama Lopez und L. U. Guzman Cruz (1992) von der UNAM vervollständigten dann die Beschreibung von *C. calipensis* durch Helia Bravo, indem sie einen von der Autorin in MEXU deponierten Herbarbeleg als Holotyp sowie einen Paratyp bezeichneten. Später, in „Flora del Valle de Tehuacan-Cuicatlan" (1997) kombinierten sie *C. calipensis* als Varietät zu

dem was sie selber *C. pycnacantha* nannten. Diese irreführende Kombination war von BRAVO (1991) bereits in „Las Cactáceas de Mexico" vorgeschlagen worden.
Abbildungen: Verbreitung siehe Farbtafel 11, Abb. 2; Pflanzenporträt siehe Farbtafel 50.

II. A. d Reihe Coryphantha

Typ: *Coryphantha sulcata* (Engelmann) Britton & Rose (Typ der Gattung).
Definition: Warzen aufrecht, Mehrzahl der Randdornen nadelig, der dominante Mitteldorn (falls vorhanden) vorstehend.

27. *Coryphantha maiz-tablasensis* Backeberg

Blätt. Sukk.-Kunde 1: 5, 1949
Typ: nicht bezeichnet.
Körper sprossend, grosse Gruppen bildend, flachkugelig, 5–7 cm Durchmesser, 3 cm hoch, unterirdische restliche ¾ des Sprosses in lange Rübenwurzel (bis 50 cm Länge) übergehend, Scheitel eingesenkt, weisswollig, Epidermis matt dunkelgrün. **Warzen** in 5 und 8 Serien, konisch, oben etwas abgeflacht, unten etwas bauchig, aufrecht, Breite basal 14 mm, Höhe 11 mm, Länge oberseits 9 mm, unterseits 14 mm, oberseits fein gefurcht. Gelegentlich Drüsenbildung unmittelbar hinter dem Dornen tragenden Teil der Areole. **Axillen** jung weisswollig. **Areolen** knapp 1 mm Durchmesser, jung weisswollig. **Randdornen** 4–7, unregelmässig radiär, horizontal, gerade, derb nadelig, 7–10 mm lang, obere 1–3 im Neutrieb braunschwarz, dann von der Basis her vergrauend, übrige grauweiss, teils mit dunkler Spitze. **Mitteldornen** fehlend. **Blüten** trichterförmig, 3,5 cm lang, 4 cm breit, äussere Blütenblätter breit lanzettlich, gespitzt, rötlichgrün mit gelbgrünem Rand, innere Blütenblätter lanzettlich, gespitzt, Rand gegen die Spitze gezähnt, cremeweiss, Staubfäden weiss, Staubbeutel dottergelb, Griffel weiss, Narbenblätter weiss. **Früchte** grüne, saftige Beeren, 24 mm lang, 10 mm Durchmesser, mit anhaftenden Blütenresten. **Samen** nierenförmig, braun, 1,8 mm lang, 0,9 mm breit, netzgrubige Testa.
Verbreitung: Mexiko: In der Lagunenebene rund um Las Tablas im Staate San Luis Potosí, in einer Gegend, die jetzt rasch landwirtschaftlich genutzt wird, wodurch viele Standorte zerstört werden. Gelegentlich können isolierte Pflanzen nördlich gefunden werden.

Ein weiterer Standort wurde von Charles Glass südlich von Matehuala bei El Retorno, also ca. 200 km nördlich des Typstandorts gefunden. Diese Pflanzen breiten sich durch unterirdische Stolone aus, unterscheiden sich sonst aber von den Typpflanzen nur wenig. Dieser Fundort ist durch den Strassenbau inzwischen praktisch zerstört worden.
Habitat: Trockenlagune in Gipsböden mit Gras.
Überprüfte Fundorte:
Mexiko: San Luis Potosí: Las Tablas, Los Adobes, Rio Verde, Angostura, San Bartolo, El Retorno.
Vorkommen: Schutzbedürftig.
Abbildungen: Verbreitung siehe Farbtafel 12, Abb. 1; Pflanzenporträt siehe Farbtafel 51.

28. *Coryphantha sulcata* (Engelmann) Britton & Rose

Cactaceae 4: 48, 1923
Basionym: *Mammillaria sulcata* Engelmann, Bost. J. Nat. Hist. 5: 246, 1845 [non Pfeiffer ex Förster, Handb. Cact. 255, 1846, *nom. nud.*]
Typ: USA, Texas, Austin County, Sandsteinfelsen bei Industry, July 1844, *Lindheimer* (MO) (Hunt & Benson, Cact. Succ. J. (US) 48: 72, 1976).
Synonyme: *Mammillaria strobiliformis* Muehlenpfordt, Allg. Gartenz. 16: 19, 1848 [non Engelmann in Wislizenus, Mem. Tour. N. Mex. 14, 1848]; *Mammillaria calcarata* Engelmann, Bost. J. Nat. Hist. 6: 195, 1850; *Coryphantha* calcarata (Engelmann) Lemaire, Cactées 35, 1868; *Cactus calcaratus* (Engelmann) Kuntze, Rev. Gen. Pl. 1: 259, 1891; *Cactus scolymoides* (Scheidweiler) Kuntze var. *sulcatus* Coulter, Contr. U. S. Nat. Herb. 3: 116, 1898; *Mammilla-*

ria radians De Candolle var. *sulcata* Schumann, Gesamtb. Kakt. 496, 1898; *Cactus sulcatus* Small, Fl. SE U. S. 812, 1903; *Coryphantha radians* Br. & R. var. *sulcata* Yto, Cacti 115, 1952; *Coryphantha roederiana* Bödeker, Monatsschr. DKG 1: 153, 1929; *Coryphantha speciosa* Bödeker, Monatsschr. DKG 2: 23, 1930; *Coryphantha obscura* Bödeker, Monatsschr. DKG 2: 25, 1930.

Gruppenbildend, **Körper** kugelig bis eiförmig, bis 12 cm hoch und 10 cm Durchmesser, dunkelgrün, Scheitel wollig. **Warzen** in 8 und 13 Serien, langgezogen konisch, basal sich stark verbreiternd, schief gestutzt, aufrecht, basal 13–17 mm breit und 9 mm hoch, ab der Mitte 6 mm Durchmesser, Länge oberseits 14–20 mm, unterseits 18–27 mm, oberseits mit durchgehender, bewollter Furche. **Axillen** wollig. **Areolen** rund, 2 mm Durchmesser, jung mit weisser Wolle. **Randdornen** 7–12, untere und seitliche radiär, obere dichter stehend bis gebündelt, horizontal, nadelig, starr, gerade, ungleich dick, untere 10–13 mm lang, obere bis 18 mm lang, grauweiss, vor allem obere mit dunklen Spitzen. **Mitteldornen** 1–4, der dominante vorgestreckt, leicht nach unten gebogen, pfriemlich, 12–17 mm lang, oberseits bräunlich, unterseits gräulich, schwarz gespitzt, die übrigen gerade nach oben, leicht vorstehend, gleich gefärbt wie Randdornen, aber etwas kräftiger und länger. **Blüten** 5–6 cm Durchmesser, äussere Blütenblätter lanzettlich, ganzrandig, gespitzt, grünlichgelb mit grünbraunem Mittelstreifen, innere Blütenblätter lanzettlich, ganzrandig, Spitze gefranst mit Stachelspitze, goldgelb, im Schlund rot, Staubfäden rötlich, Staubbeutel gelb, Griffel gelblich, Narben gelblichweiss. **Früchte** grüne, saftige Beeren, 25 mm lang, 12 mm Durchmesser. **Samen** nierenförmig, braun, glänzend, 1,8 mm lang, 1,2 mm breit, netzgrubig.
Verbreitung: USA: Texas, von Tarrant bis Uvalde, Austin und Duval. Mexiko: Tamaulipas, Coahuila und Nuevo Leòn.
Habitat: Schwemmebenen und flache Rippen mit Kalksteinschotter.

Überprüfte Fundorte:
USA: Texas: Val Verde County, Kimble County. Mexiko: Coahuila: Villafrontera, San Alberto.
Vorkommen: Ungefährdet.
Erläuterungen: *Coryphantha sulcata* ist von ENGELMANN 1845 als *Mammillaria sulcata* erstbeschrieben worden. Nachdem FÖRSTER (1846) eine *Mammillaria sulcata* Pfeiffer erwähnte, änderte ENGELMANN (1850) seinen Namen unnötigerweise in *Mammillaria calcarata* ab, denn Pfeiffers Name war jünger und zudem unbeschrieben. Die Umkombinierung zu *Coryphantha sulcata* mit *Coryphantha calcarata* Lemaire (1868) als Synonym durch BRITTON & ROSE (1923) war somit gerechtfertigt. Neben kleiner bleibenden, feiner bedornten Populationen wie etwa SB 486 aus Val Verde County, Texas finden sich auch in Texas robustere Pflanzen (BENSON 1982). Eine ausgezeichnete Abbildung davon zeigt WENIGER (1984), der auch präzisiert, dass *Coryphantha sulcata* zwar meistens rotschlundig blüht, selten aber auch grünlich-gelb ohne jegliches Rot im Zentrum. Als identisch mit solchen robusteren Pflanzen erwiesen sich die drei Bödeker'schen Arten *C. roederiana*, *speciosa* und *obscura*, die 1997 im Feld wiederaufgefunden wurden (DICHT & A. LÜTHY 1998). Dadurch erweiterte sich das Verbreitungsgebiet auch auf die Bundesstaaten Coahuila und Nuevo Leòn.
Abbildungen: Verbreitung siehe Farbtafel 12, Abb. 1; Pflanzenporträt siehe Farbtafel 52.

29 a. *Coryphantha hintoniorum* Dicht & A. Lüthy subsp. *hintoniorum*
Kakt. and. Sukk. 50 (1): 13, 1999
Typ: Mexico, Nuevo León, Galeana, San Gerardo, 1850 m, 28. 9. 1997, Hinton et al. 27111 (Herb. Hinton).

Einzeln, meistens aber gruppenbildend, **Körper** kugelig bis kurzsäulig, bis über 10 cm Durchmesser und 9 bis 15 cm Höhe, Scheitel leicht eingesenkt, schwach wollig. Wurzeln faserig. Gruppenbildung mittels Brutpflanzen aus den unteren Areolen. Epidermis dunkelgrün. **Warzen** in 13 und 21 Berührungszeilen, basal breit angesetzt, dann zylindrisch kegelförmig, fast rund, gegen aussen leicht bauchig, aufrecht bis leicht angelegt, schief gestutzt, mit durchgehender Furche ohne Drüsen, basal 22 mm breit, 15 mm hoch, oberseits 22 mm lang, ab halber Länge noch 10 mm Durchmesser. **Axillen** jung mit Wolle. **Areolen** rund, 3 mm Durchmesser, jung mit Wolle. **Randdornen** 11–12, die unteren 6 radiär, horizontal abstehend, 9 bis 12 mm lang, die oberen 5–6 in zwei Reihen gebündelt, bis 18 mm lang, alle basal verdickt, gräulich weiss, basal hornfarben und zum Teil schwarz gespitzt. Randdornen der hinteren Reihe im Büschel gelegentlich abgeflacht, gebogen und verdreht. **Mitteldorn** 1, in Warzenachse vorstehend, 14 bis 18 mm lang, immer gehakt, basal knotig verdickt, grau, an der Basis hornfarben und am Haken unterseits schwarz. **Blüte** 45 mm lang, 40 mm im Durchmesser. Alle Blütenblätter ganzrandig, lanzettlich, gespitzt. Äussere Blütenblätter 20 mm lang, 7 mm breit, gelblichweiss bis goldbronzen mit rotbraunem Mittelstreifen, basal in eine grün-rot-braune Blütenröhre übergehend. Innere Blütenblätter gelblichweiss, 27 mm lang, 5 mm breit, an der Basis einen silbrigweissen, glänzenden Blütenschlund bildend. Staubfäden grünlichweiss, 12 mm lang, Staubbeutel gelb, Griffel grünlichweiss, 25 mm lang, Griffel mit 10 gelben, 7 mm langen Narbenlappen. **Früchte** 27 mm lang, 10 mm breit, grüne, saftige Beere mit anhaftendem Blütenrest. **Samen** zahlreich, nierenförmig, rotbraun, mit netzgrubiger Testa.

Verbreitung: Mexiko: Nuevo León, auf 1850 m ü. M. in den Prärien westlich des Cerro Potosí sowie an wenigen Fundorten in San Luis Potosí.

Habitat: Sandig-lehmige Schwemmebenen mit hohem Gipsgehalt.

Überprüfte Fundorte:
Mexiko: Nuevo León: San Gerardo, San Raphael, Los Adobes, San Pablo, Cicnega del Toro. San Luis Potosí: San Francisco, Agua de Enmedio.

Vorkommen: Schutzbedürftig. Pflanzen sehr zerstreut. In den letzten Jahren konstanter Verlust von Pflanzen durch Ausdehnung der Landwirtschaft. Die Grösse der unberührten Prärie schwindet von Jahr zu Jahr.

Jugendentwicklung: Als Jungpflanze bildet *Coryphantha hintoniorum* weniger und nur radiäre Randdornen von weisser Farbe mit dunkeln Spitzen aus. Die gehakten Mitteldornen erscheinen früh und erst später wird die zweite obere Reihe Randdornen ausgebildet

Erläuterungen: *Coryphantha hintoniorum* subsp. *hintoniorum* gehört in die nähere Verwandtschaft von *Coryphantha sulcata* (Engelmann) Britton & Rose, der sie in Wuchs, Körperform und Randbedornung ähnelt. Die Hauptunterschiede betreffen Warzenform und -anordnung sowie die Mitteldornen. Die Warzen sind bei *Coryphantha hintoniorum* subsp. *hintoniorum* zwar auch breitbasig angesetzt, von der Basis her aber schon viel runder, auf der Aussenseite sogar bauchig, bleiben auch im Alter rund und decken sich nie dachziegelartig. Sie sind in ihrer Form sehr konstant und an der gesamten Pflanze viel regelmässiger angeordnet und verleihen ihr dadurch ein sehr ebenmässiges, kugeliges Aussehen. *Coryphantha hintoniorum* subsp. *hintoniorum* hat immer nur einen einzelnen, stets gehakten Mitteldorn, der schon an jungen Sprossen ausgebildet wird. Ferner ist die Blüte von *Coryphantha hintoniorum* gelblich weiss, fast silbrig, und ohne jegliches Rot im Schlund.

In gewissen Aspekten erinnert *Coryphantha hintoniorum* subsp. *hintoniorum* aber auch an *Coryphantha delicata* Bremer, insbesondere aufgrund des kräftigen, einzelnen, gehakten Mitteldorns und des regelmässigen Aussehens. Unterschiedlich sind jedoch Körpergrösse, Warzenform und -dimensionen sowie die bei *Coryphantha hintoniorum* subsp. *hintoniorum* fehlende Rübenwurzel. *Coryphantha delicata* hat auch wesentlich mehr Randdornen (14 bis 20), die im oberen Areolenbereich stets nur in einer Reihe angeordnet sind.

Eine Beschreibung, die einige Charakteristiken mit *Coryphantha hintoniorum* subsp. *hintoniorum* gemein hat, ist jene von *Coryphantha roederiana* Bödeker, aber die Warzen von *Coryphantha hintoniorum* subsp. *hintoniorum* sind viel grösser (etwa doppelt so gross) and sie hat einen stets gehakten Mitteldorn im Gegensatz zu *C. roederiana*, deren Typ nicht mehr existiert und deren Identität deshalb nicht mehr eindeutig überprüft werden kann. Wie früher bereits erwähnt haben wir im Bundesstaat Coahuila Pflanzen gefunden, auf die sowohl die Beschreibung von *Coryphantha roederiana* als auch von *Coryphantha sulcata* voll zutreffen, weshalb wir die beiden als Synonyme einstufen.

Coryphantha hintoniorum subsp. *hintoniorum* wächst im Bundesstaat Nuevo León im Talgrund entlang der Carretera Mex 57 von Entronque San Roberto bis zur Staatsgrenze zu Coahuila, westlich des Cerro Potosí bis zur Sierra las Mazmorras. Neueste Funde stammen aus San Luis Potosí aus der Gegend nördlich der MEX 70 nahe Rio Verde.

Das nächste bekannte und von uns überprüfte Vorkommen von *Coryphantha sulcata* (Engelmann) Britton & Rose ist bei Monclova im Bundesstaat Coahuila (Dicht & A. Lüthy 1998).

Das Verbreitungsgebiet von *Coryphantha delicata* Bremer überschneidet jenes von *Coryphantha hintoniorum* subsp. *hintoniorum*. Es reicht von Tamaulipas bis nördlich von Saltillo in Coahuila.

Coryphantha hintoniorum subsp. *hintoniorum* wurde zu Ehren der Familie Hinton benannt. Die Hintons sind als hervorragende Botaniker und Feldforscher in der dritten Generation aktiv und ihre Hacienda ist mitten im Verbreitungareal der Art. George Hinton ist die Pflanze schon lange bekannt und er konnte uns sofort eine solche bei seinem Haus zeigen. Der Holotyp ist als einer von über 27 000 Belegen im Herbar G. B. Hinton et al. deponiert.

Abbildungen: Verbreitung siehe Farbtafel 12, Abb. 1; Pflanzenporträt siehe Farbtafel 53.

29 b. *Coryphantha hintoniorum* Dicht & A. Lüthy subsp. *geoffreyi*
Kakt. and Sukk. 54 (2); 43, 2003

Typ: Mexico, Nuevo León, San Pedro Sotolar: Grasiger Sattel mit Echinocereus knppielianus, Mammillaria heyderi und Stenocactus sp., July 11, 1998, Hinton et al. 27206 (Holotyp: Herbarium G. B. Hinton).

Körper meist sprossend, Gruppen mit bis über 30 Köpfen bildend, flachkugelig, Durchmesser bis 6 cm, Höhe 2 cm, Scheitel leicht eingesenkt, schwach wollig, Sprossrübe, in Pfahlwurzel übergehend, Gruppenbildung mittels Brutpflanzen aus den unteren Areolen, Epidermis matt dunkelgrün. **Warzen** in 5 und 8 oder 8 und 13 Serien, aufrecht, konisch gerundet, leicht bauchig, oben abgeflacht, schief gestutzt, oberseits gefurcht, basal 11 mm breit, 7 mm hoch, Länge oberseits 11 mm, unterseits 12 mm. **Axillen** jung wollig. **Areolen** rund, 2 mm Durchmesser, im Neutrieb weisswollig. **Randdornen** 14–15, untere und seitliche radiär, oben bis zu 4 dichter gestellt, alle horizontal, wenig verflochten, nadelig, obere etwas dünner, alle gerade, 8–10 mm lang, obere bis 11 mm, gelblichweiss, dann vergrauend, obere oft mit schwarzen Spitzen. **Mitteldorn** 1, vorgestreckt, gerade, gehakt, derb nadelig, 9–10 mm lang, dunkelbraun-schwarz, dann von der Basis vergrauend, Hakenunterseite am längsten dunkel bleibend. **Blüten**, **Früchte** und **Samen** wie subsp. *hintoniorum*.

Verbreitung: Mexiko: Nuevo León, Coahuila.
Habitat: grasige, tiefgründige, rote Böden, Weiden umgeben von Föhrenwäldern, auf 2560 m ü. M., zusammen mit *Echinocereus knippelianus*, vereinzelten Agaven und Opuntien.

Überprüfte Fundorte:
Mexiko: Nuevo León: Typstandort
Coahuila: Huachichil.

Vorkommen: Schutzbedürftig. Kleine Vorkommen, Habitate potentiell landwirtschaftlich nutzbar.

Erläuterungen: Entdeckt von George S. Hinton und seinem Sohn George Boole (Turbinicarpus booleanus), der vorschlug, die Art nach seinem jüngeren Bruder Geoffrey zu benennen, der ebenfalls zur vierten Generation der Botaniker-Dynastie Hinton gehört.

Abbildungen: Verbreitung siehe Farbtafel 12, Abb. 1; Pflanzenporträt siehe Farbtafel 54.

II. A. e Reihe Corniferae
Dicht & A. Lüthy ser. nov.

Diagnosis: Tuberculis porrectis, conicis; majoritas spinarum radialarum aculeiformis; spina centralis dominans porrecta (sicut praesens).
Definition: Warzen vorstehend, konisch. Mehrzahl der Randdornen nadelig, der dominante Mitteldorn (falls vorhanden) vorstehend.
Typ: *Coryphantha cornifera* (De Candolle) Lemaire.

Unterreihe a. *Corniferae* Dicht & A. Lüthy
Cact. Syst. Init. 11: 19, 2001.
Definition: Mitteldornen 0–1.

30. *Coryphantha nickelsiae* (K. Brandegee) Britton & Rose
Cactaceae 4: 35, 1923.
Basionym: *Mammillaria nickelsiae* K. Brandegee, Zoe 5: 31, 1900.
Lectotyp: USA, Texas, across from Laredo, 1893, Anna B. Nickels s. n. (F 260723)(Benson, Cact. Succ. J. (US) 41: 188, 1969).
Synonyme: *Coryphantha calochlora* Bödeker, Mamm. Vergl. Schlüss. 7, 1933; *Coryphantha sulcata* (Engelmann) Br. & R. var. *nickelsiae* (K. Brandegee) Benson Cact. Succ. J. (US) 41: 188, 1969.
Körper sprossend, gruppenbildend, kugelig, 5 cm Durchmesser, 6 cm hoch, Scheitel eingesenkt, wenig weisswollig, Epidermis matt grün, kurze Rübenwurzel mit faserigen Verzweigungen. **Warzen** in 5 und 8 Serien, konisch, oben leicht abgeflacht, basal 15 mm breit, 13 mm hoch, Länge oberseits 9 mm, unterseits 15 mm, oberseits gefurcht. **Axillen** weisswollig. **Areolen** ohne Mitteldorn oval, 2 mm lang, 1,5 mm breit, mit Mitteldorn rund, 1,5 mm Durchmesser, jung filzig, weiss. **Randdornen** 14–18, untere und seitliche radiär, gerade, horizontal, verwoben, 10–12 mm lang, fein nadelig, gelblich weiss, obere 1/3 in zwei Reihen gebündelt, gerade oder leicht gebogen, dicker, nadelig, manchmal 2–3 davon abgeflacht und gewunden, bis doppelt so lang wie untere Randdornen, meist weiss mit braunen Spitzen, einzelne auch ganz braun oder rötlichbraun. **Mitteldornen** 0–1, meist nur an vereinzelten Areolen, gerade vorgestreckt, nadelig, 18–20 mm lang, dunkelbraun bis schwarz. **Blüten** trichterförmig, 4,5 cm lang, 5 cm Durchmesser, äussere Blütenblätter schmal lanzettlich, gespitzt, gelb mit rotem Mittelstreifen dorsal. Innere Blütenblätter schmal lanzettlich, gespitzt, ganzrandig, gelb, Staubfäden gelblich weiss, Staubbeutel gelb, Griffel und Narben gelblich weiss. **Früchte** kurzkeulige, grüne, saftige Beeren, 15 mm lang, 8 mm Durchmesser, mit anhaftenden Blütenresten. **Samen** rundlich nierenförmig, braun, 1,3 mm lang, 1 mm breit, netzgrubige Testa.
Verbreitung: Mexiko: Coahuila und Nuevo León, östliche Abhänge der Sierra Madre Oriental.
Habitat: Kalksteinschotter, Schwemmböden an Hügelfüssen und Rippen, geschützt unter Büschen.
Überprüfte Fundorte:
Mexiko: Nuevo León: Huasteca Canyon, nördlich Monterrey, Monterrey-Monclova km 40, Salinas Hidalgo, Villaldama, Bustamante, Rinconada, Microondas Pedernales.
Coahuila: Candela, zwischen Candela und Monclova, westlich Monclova, Monclova-Piedras Negras km 59, Villafrontera, Buenaventura, Campamiento San Lazaro.
Vorkommen: Ungefährdet.
Abbildungen: Verbreitung siehe Farbtafel 12, Abb. 2; Pflanzenporträt siehe Farbtafel 55.

31. *Coryphantha pseudonickelsiae* Backeberg
Blätt. Sukk. -Kunde 1: 8, 1949.
Lectotyp: Illustration in Erstbeschreibung (Dicht & A. Lüthy, CSI 11: 19, 2001).
Synonym: *Coryphantha indensis* Bremer, Cact. Suc. Mex. 22 (4): 75, 1977.

Körper einzeln oder gruppenbildend, kugelig, 6 cm hoch, 7 cm Durchmesser, lindgrün, Scheitel eingesenkt, weisswollig, Wurzeln faserig. **Warzen** in 8 und 13 Serien, zuerst konisch, dann abgerundet pyramidal, oberseits abgeflacht, basal 15 mm breit, 12 mm hoch, Länge oberseits 9 mm, unterseits 14 mm, oberseits kräftige Furche, gelegentlich mit Drüse unmittelbar hinter der Areole. **Axillen** jung weisswollig. **Areolen** rund, 2 mm Durchmesser, jung weiswollig. **Randdornen** 14–17, radiär, obere 2–3 oft dichter stehend, alle horizontal bis leicht vorstehend, verwoben, gerade, nadelig, starr, 12–16 mm lang, untere hornfarben, dann grau, obere bräunlich, dann von der Basis her vergrauend. **Mitteldornen** 1, manchmal erst spät oder nicht an allen Areolen erscheinend, vorgestreckt, nach unten gebogen, dick nadelig, starr, 16–20 mm lang, zuerst braunschwarz, dann an der Basis vergrauend. **Blüten** trichterförmig, 30 mm lang, 35 mm breit, äussere Blütenblätter lanzettlich, ganzrandig, gelb mit rötlichem Mittelstreifen dorsal, innere Blütenblätter lanzettlich, ganzrandig, gelb, Staubfäden weisslich, Staubbeutel hellgelb, Griffel und Narben gelblich. **Früchte** grüne, saftige Beeren mit anhaftendem Blütenrest, 20 mm lang, 8 mm breit. **Samen** nierenförmig, braun, 1,5 mm lang, 1 mm breit, netzgrubige Testa.
Verbreitung: Mexiko: Im Nordosten von Durango.
Habitat: Lavakies auf Hügeln und Abhängen.
Überprüfte Fundorte:
Mexiko: Durango: Indé, Mina Navidad, Mapimi, La Zarca, Yerbanis.
Vorkommen: Ungefährdet.
Abbildungen: Verbreitung siehe Farbtafel 12, Abb. 2; Pflanzenporträt siehe Farbtafel 56.

32. *Coryphantha compacta* (Engelmann) Britton & Rose
Cactaceae 4: 36, 1923.
Basionym: *Mammillaria compacta* Engelmann in Wislizenus, Mem. Tour. N Mex. 105, 1848.
Typ: nicht bezeichnet.

Synonyme: *Cactus compactus* (Engelmann) Kuntze, Rev. Gen. Pl. 1: 260, 1891; *Coryphantha palmeri* Britton & Rose, Cact. 4: 39, 1923.
Körper einzeln, abgeflacht kugelig, Scheitel eingesenkt, wollig, 5–8 cm Durchmesser, 3–6 cm hoch, dunkelgrün, Wurzel kurz rübenförmig. **Warzen** in 8 und 13 Serien, konisch, gerundet, oben etwas abgeflacht, basal rhombisch, schief gestutzt, Breite basal 13–15 mm, Höhe 9 mm, Länge oberseits 7 mm, unterseits 10 mm, oberseits gefurcht. **Axillen** jung wollig. **Areolen** oval, 2 mm lang, 1 mm breit, jung wollig. **Randdornen** 14–16, radiär, obere 2–4 dichter gestellt, gerade, verwoben, nadelig, 10–15 mm lang, obere etwas dünner und länger, hornfarben, dann grauweiss, gelegentlich mit dunklen Spitzen. **Mitteldorn** 0 (–1), gelegentlich an einzelnen, selten an allen Areolen auftretend, vorgestreckt, leicht gebogen, manchmal Spitze gehakt, pfriemlich, schwarz, dann von der Basis vergrauend. **Blüten** breittrichterig, 3,5 cm breit, 3 cm lang. Äussere Blütenblätter grünlichgelb mit breitem braunrotem dorsalem Mittelstreifen, lanzettlich, gespitzt, ganzrandig. Innere Blütenblätter grünlichgelb, Schlund grünlich getönt, lanzettlich, gespitzt, ganzrandig. Staubfäden glasig weiss, Staubbeutel gelb, Griffel blassgelb, mit 7 blassgrünen Narben. **Früchte** kegelförmig, mattgrüne, saftige Beeren mit vertrockneten Blütenresten, 2 cm lang und 1 cm Durchmesser. **Samen** nierenförmig, braun, 1,7 mm lang, 1 mm breit, netzgrubig.
Verbreitung: Mexiko: Chihuahua und Durango.
Habitat: Ebenen und Rippen niedriger Hügel in Grasland auf vulkanischen Böden.
Überprüfte Fundorte:
Mexiko: Chihuahua: Cosihuiriachic, Independencia y Reforma, Valle de Olivos, Pelayo, Valle de Zaragosa, südlich von Hidalgo del Parral. Durango: Rio Florida, Cd. Durango, Sombrerete.
Vorkommen: Ungefährdet.
Erläuterungen: *Coryphantha compacta* wurde bereits 1848 von ENGELMANN als *Mammillaria compacta* beschrieben und dann von BRITTON & ROSE 1923 zu *Coryphantha* umkombiniert,

nachdem Dr. Rose 1908 die Pflanze am Typstandort Cosihuiriachic CHI nachgesammelt hatte. Engelmanns Erstbeschreibung ist sehr exakt und beschreibt eine Form ohne Mitteldorn. Acht Jahre später jedoch ergänzte ENGELMANN (1856) selber die Beschreibung mit der Angabe, dass der vorgestreckte Mitteldorn häufig fehle. Später übernehmen alle Autoren diese Angaben über den gelegentlich auftretenden Mitteldorn.

Coryphantha compacta ist in Nordwestmexiko weit verbreitet und dementsprechend variabel. Sie kommt zwar oft ohne Mitteldornen vor, ist aber sehr wohl in der Lage, auch Mitteldornen zu bilden und zwar sowohl nur an einzelnen Areolen einer Pflanze oder aber an allen Areolen. Es ist auch von Population zu Population unterschiedlich, ob und wie viele Pflanzen den einzelnen, kräftigen und gebogenen bis gehakten Mitteldorn ausbilden.

1923 beschrieben BRITTON & ROSE eine angeblich andere Art, *Coryphantha palmeri* in ihrem gewohnt knappen Stil und zwar als kleine, kugelige Pflanze mit 13 Warzenserien und 11 bis 14 ziemlich kräftigen horizontal strahlenden Randdornen, kleiner, nur 3 cm langer blassgelber, fast weisser Blüte und einem einzelnen, kräftigen und gehakten Mitteldorn. Als Herkunft des Holotypus gaben Sie an: „Auf einem steinigen Hügel nahe Durango, Mexico". Bei Durango wachsen aber nach heutigem Wissen nur zwei Arten der Gattung *Coryphantha*: *Coryphantha compacta* (Engelmann) Britton & Rose sowie *Coryphantha ottonis* (Pfeiffer) Lemaire (syn. *Coryphantha guerkeana* (Bödeker) Britton & Rose). ZIMMERMAN (1985) bemerkte die Ungereimtheiten um *Coryphantha palmeri* Br. & R. Er hielt diesen Namen für ein Synonym von *Coryphantha guerkeana*.

Unsere Recherchen nahe der Stadt Durango ergaben, dass *Coryphantha ottonis* (Pfeiffer) Lemaire (syn. *Coryphantha guerkeana* (Bödeker) Britton & Rose) hier nur bis 11 unregelmässig strahlende Randdornen, 5: 8 Warzenserien und bis zu 4 Mitteldornen bildet, also nicht *Coryphantha palmeri* Br. & R. entspricht.

Andererseits haben wir bei Durango auch Pflanzen gefunden, die uns vor allem vom Bundesstaat Chihuahua bekannt sind, die der Beschreibung von *Coryphantha palmeri* absolut entsprechen, nach unserem Ermessen jedoch Formen von *Coryphantha compacta* sind. Sie weisen meist bis 14 Randdornen, Warzen in 13 Serien und maximal einen einzelnen, manchmal gehakten, oft jedoch keinen Mitteldorn auf.

Zwischen den Beschreibungen von *Coryphantha compacta* (Engelmann) Britton & Rose und *Coryphantha palmeri* Britton & Rose gibt es in der Tat praktisch keine Unterschiede und *Coryphantha palmeri* Br. & R. inkl. Holotyp ist also nur eine jüngere Wiederbeschreibung von *Coryphantha compacta* (Engelmann) Br. & R. und als jüngeres Synonym ungültig.

A. Berger (1929) gab dem Namen *Coryphantha palmeri* Br. & R. eine völlig andere Bedeutung, indem er Pflanzen einer anderen Art aus San Vicente, Tamaulipas unter dem Namen *Coryphantha palmeri* abbildete. Die von ihm publizierte Pflanze hat 18 Randdornen! In der Folge wurde diese hakendornige Art von allen weiteren Autoren irrtümlich *Coryphantha palmeri* genannt.

Britton & Rose (1923) hatten unter *Coryphantha palmeri* auch zwei durch Dr. Palmer im Oktober 1904 (Nr. 438) und Juli 1905 (Nr. 703) bei Saltillo COAH aufgesammelte Pflanzen erwähnt, die gemäss heutigem Wissensstand wohl Berger's *Coryphantha palmeri* entsprechen, nicht aber deren Holotyp aus Durango.

Weitere Erläuterungen: siehe *C. delicata* (34).
Abbildungen: Verbreitung siehe Farbtafel 12, Abb. 2; Pflanzenporträt siehe Farbtafel 57.

33. *Coryphantha cornifera* (De Candolle) Lemaire

Cactées 35, 1868.
Basionym: *Mammillaria cornifera* De Candolle, Mém. Mus. Hist. Nat. Paris 17: 112, 1828.
Typ: nicht bezeichnet.
Synonyme: *Mammillaria radians* De Candolle, Mém. Mus. Hist. Nat. Paris 17: 111, 1828;

Mammilllaria impexicoma Lemaire, Cact. Aliq. Nov. 5, 1838; *Mammillaria radians globosa* Scheidweiler, Bull. Acad. Sci. Brux. 5: 494, 1838; *Mammillaria pfeifferiana* De Vriese, Tydschr. Nat. Geschr. 6: 51, 1839; *Aulacothele cornifera* (De Candolle) Monville, Cat. Pl. Exot., 21, 1846; *Aulacothele radians* (De Candolle) Monville, Cat. Pl. Exot., 21, 1846; *Mammillaria cornifera impexicoma* Salm-Dyck, Cact. Hort. Dyck. 1849: 20,1850; *Echinocactus corniferus* (De Candolle) Poselger, Allg. Gartenz. 21: 102,1853; *Echinocactus corniferus impexicomus* (Salm-Dyck) Poselger, Allg. Gartenz. 21: 102,1853; *Echinocactus corniferus longisetus* Poselger, Allg. Gartenz. 21: 102, 1853; *Echinocactus corniferus nigricans* Poselger, Allg. Gartenz. 21: 102, 1853; *Echinocactus radicans* (De Candolle) Poselger, Allg. Gartenz. 21: 107,1853; *Cactus corniferus* (De Candolle) Kuntze, Rev. Gen. Pl. 1: 260, 1891; *Cactus pfeifferianus* (De Vriese) Kuntze, Rev. Gen. Pl. 1: 261, 1891; *Cactus radians* (De Candolle) Kuntze, Rev. Gen. Pl. 1: 261, 1891; *Cactus radians pectinoides* Coulter, Contr. U. S. Nat. Herb. 3: 144, 1894; *Mammillaria radians impexicoma* Schumann, Gesamtb. Kakt. 495, 1898; *Mammillaria cornuta* Hildmann ex Schumann, Gesamtb. Kakt. 496, 1898; *Coryphantha radians* (De Candolle) Britton & Rose, Cactaceae 4: 36, 1923; *Coryphantha cornuta* (Hildmann) Berger, Kakteen 268, 1929; *Coryphantha schwarziana* Bödeker, Mamm. Vergl. Schlüss. 12, 1933; *Coryphantha radians* var. *impexicoma* (Lem.) Backeberg & F. M. Knuth, Kaktus-ABC 370, 1935; *Coryphantha radians* var. *pectinata* (Engelm.) Borg in Borg, Cacti. 294, 1937; *Coryphantha radians* (De Candolle) Britton & Rose var. *pectinoides* (Coulter) Bravo, Cact. Suc. Mex. 27 (1): 17, 1982; *Coryphantha maliterrarum* Bremer, Cact. Succ. J. (US) 56: 71,1984; *Coryphantha bernalensis* Bremer, Cact. Succ. J. (US) 56: 165, 1984.

Körper einzeln, selten sprossend, kugelig, 6 cm hoch und 8 cm Durchmesser, matt olivgrün, Scheitel eingesenkt, weisswollig, Faserwurzeln. **Warzen** in 5 und 8 Serien, kegelig, basal rhombisch, schief gestutzt, oberseits gefurcht, Breite basal 12–16 mm, Höhe 8–14 mm, Länge oberseits 8–10 mm, unterseits 12–18 mm. **Axillen** jung weisswollig. **Areolen** ohne Mitteldornen oval, 3 mm lang, 1,5 mm breit, mit Mitteldornen rund, 2 mm Durchmesser, jung weisswollig, pectinat begrenzt. **Randdornen** 12–18, unregelmässig radiär, horizontal verwoben, derb nadelig, gerade oder leicht gebogen, gelegentlich oben 3–4 dünnere dichter gestellt, alle 14–16 mm lang, hornfarbig bis gelblich weiss, gelegentlich dunkler gespitzt. **Mitteldornen** 0–1 (–4), der dominante gerade vorgestreckt, nach unten gebogen, übrige beide Mitteldornen nach der Seite vorgestreckt und gebogen, alle pfriemlich, 14–18 mm lang, dunkelbraun, von der Basis her vergrauend. **Blüten** trichterförmig, gelb, 60 mm lang und Durchmesser, äussere Blütenblätter schmal lanzettlich, gespitzt, Rand ganz, gelb mit kräftigem rotem Mittelstreifen dorsal; innere Blütenblätter schmal lanzettlich, gespitzt, ganzrandig, 40 mm lang, 4 mm breit, hellgelb, gelegentlich basal rötlich, Staubfäden gelb bis rötlichgelb, Staubbeutel dottergelb, Griffel blassgelb, Narben weisslich. **Früchte:** grüne, saftige Beeren mit anhaftendem Blütenrest, 25 mm lang, 10 mm breit. **Samen** nierenförmig, braun, 1,3 mm lang, 0,8 mm breit, glänzend, netzgrubig.

Verbreitung: Mexiko: Hidalgo, Querétaro, Guanajuato, San Luis Potosí, Jalisco sowie östliches Zacatecas.

Habitat: Kalksteinschotter auf niederen Hügeln und Ebenen.

Überprüfte Fundorte:
Mexiko: Hidalgo: Pachuca, Ixmiquilpan-Actopan, Tolantongo, El Cubo, Zempoala, Cardonal, Patria Nueva, Tepetitlan, Naxteay, Lagunilla, Santiago Tlautla.
Querétaro: Peña Miller, Vista Hermosa, San Joaquin, Huimilpan, Peña Blanca, Bucareli, Boye, Bernal, Maria Puerto del Cielo, Colòn, Rancho Nuevo, Higuerillas.
Guanajuato: La Cañada, San Felipe, Guanajuato, Agustin Gonzalez, Dolores Hidalgo, Xoconoxtle, Jofre.

San Luis Potosí: Balneario Lourdes, Tulillo, Santa Gertrudis, Santa Maria del Rio, San Antonio, La Granja, 19 km nördlich SLP, Monte de Caldera, Villa de Reyes, Mesa la Mula, Santa Teresa, Ventura, Tolosa.
Jalisco: Ojuelos.
Zacatecas: Piños.
Vorkommen: Ungefährdet.
Erläuterungen: An den meisten Fundorten wachsen ausgewachsene Pflanzen sowohl mit, als auch ohne Mitteldornen, wobei die Anzahl der Mitteldornen von 1 (am häufigsten) bis 4 variieren kann. Auch die Anordnung der Mitteldornen variiert ganz erheblich von symmetrisch bis völlig wirr und die Form der Mitteldornen von fast gerade bis stark nach unten gekrümmt. Die Pflanzen ohne Mitteldornen sind ansonsten mit jenen mit Mitteldornen identisch in Warzenform und -grösse, Anzahl und Anordnung der Randdornen, Blüten, Früchte und Samen und können nicht als eigene Art („radians") angesprochen werden.

Unter nicht idealen Kulturbedingungen können Pflanzen mit vormals kräftigen Mitteldornen deren Produktion einstellen und zur Bildung nur noch von Randdornen übergehen bei ansonstem normalen Wuchs und Blühfreudigkeit.

Auch die Anzahl der Randdornen ist sehr variabel, in Extremfällen von 8 bis 22, ebenso deren Anordnung von rein radiär bis oben gebündelt.

C. cornifera wurde als eine der ersten *Coryphantha*-Arten bereits 1828 durch De Candolle erstbeschrieben. Offenbar hatte De Candolle Pflanzen mit und ohne Mitteldorn in derselben Sendung erhalten und als *Mammilaria cornifera* respektive *Mammillaria radians* in derselben Schrift als verschiedene Arten publiziert. Die erhebliche Variabilität dieser Art führte zu zahlreichen Wiederbeschreibungen. Wir geben dem Namen *cornifera* den Vorzug gegenüber dem gleich alten *radians*, da verschiedene später mit Mitteldornen versehene *Coryphantha*-Arten rein radiär bedornte Stadien durchlaufen (zum Beispiel *C. echinoidea, salinensis* etc.) oder auch als Adultpflanzen nur Randdornen aufweisen (zum Beispiel *C. pallida, compacta, delicata* etc.) und mit dieser Art leicht verwechselt werden können.

Erläuterungen zu *Coryphantha cornuta*: siehe unter *Coryphantha vogtherriana* (15.).
Abbildungen: Verbreitung siehe Farbtafel 12, Abb. 2; Pflanzenporträt siehe Farbtafel 3, 58.

34 a. *Coryphantha recurvata* (Engelmann) Britton & Rose subsp. *recurvata*

Cactaceae 4: 27, 1923.
Basionym: *Mammillaria recurvata* Engelmann, Trans. St. Louis Acad. 2: 202, 1863.
Lectotyp: Mexico, Sonora, Sierra del Pajarito, 1855, Schott s. n. (MO), F 42678, ISC) (Benson, Cacti US & Canada 962, 1969).
Synonyme: *Mammillaria recurvispina* Engelmann, Proc. Amer. Acad. 3: 266, 1856 (*non* De Vriese 1839); *Cactus recurvatus* Kuntze, Rev. Gen. Pl. 1: 259, 1891; *Cactus engelmannii* Kuntze, Rev. Gen. Pl. 1: 260, 1891; *Mammillaria nogalensis* Runge ex Schumann, Gesamtb. Kakt. 494, 1898.
Körper einzeln, meist gruppenbildend durch Sprossung von der Basis, grosse Konglomerate von bis über 1 m Durchmesser bildend, kugelig, bis über 20 cm hoch und 10–20 cm Durchmesser, Scheitel leicht eingesenkt mit spärlich weisser Wolle, Epidermis mattgrün, Faserwurzeln. **Warzen** in 8 und 13, später 13 und 21 Serien, konisch, basal rhombisch, 12–14 mm breit, 8–9 mm hoch, Länge oberseits 6–7 mm, unterseits 8–9 mm, oben kahle Furche. **Axillen** jung mit wenig weisser Wolle. **Areolen** elliptisch, 4 mm lang und 2 mm breit, jung weissfilzig. **Randdornen** 17 bis 20, radiär, angelegt, leicht vorstehend, verwoben, gerade oder leicht gebogen, 8–14 mm lang, nadelig, starr, hornfarben bis weiss, gegen die Spitze braun. **Mitteldorn** 0–1, selten 2, leicht nach unten vorstehend und gebogen, 10–17 mm lang, nadelig bis derb nadelig, braun, von der Basis her vergrauend, der zweite nach oben weisend. **Blüten** oft zu mehreren

nahe dem Scheitel, 3,5 cm Durchmesser, trichterförmig, gelb, äussere Blütenblätter lanzettlich, ganzrandig, gespitzt, gelb mit braunrotem Mittelstreifen aussen, innere Blütenblätter lanzettlich, ganzrandig, gelb, bräunlich gespitzt, Staubfäden blassgelb, Staubbeutel gelb, Stempel und Narben gelb. **Früchte** kugelige, saftige, grüne Beeren, 9 mm Durchmesser. **Samen** klein, 1,2 mm lang und 0,8 mm breit, rundlich-nierenförmig, braun, netzgrubige Testa.
Verbreitung: USA: Arizona. Mexiko: Sonora
Habitat: Offenes Grasland auf Lavaböden.
Überprüfte Fundorte:
USA: Arizona: östlich Nogales.
Mexiko: Sonora: Nacozari, südlich Moctezuma, Mazocahui.
Vorkommen: Ungefährdet.
Erläuterungen: Übername: Golden-chested beehive.

Engelmann (1859: 12) erwähnt eine grosse Ähnlichkeit mit *Coryphantha compacta*, bei der die Blüten jedoch stets im Zentrum des Scheitels im Büschel erscheinen, während sie bei *Coryphantha recurvata* um das Scheitelzentrum herum angeordnet sind.
Abbildungen: Verbreitung siehe Farbtafel 12, Abb. 2; Pflanzenporträt siehe Farbtafel 59.

34 b. *Coryphantha recurvata* (Engelmann) Britton & Rose subsp. *canatlanensis* Dicht & A. Lüthy
Kakt. and. Sukk. 54 (3): 57, 2003
Typ: Mexico, Durango, westlich Canatlàn DGO, G. S. Hinton s. n. (Herbarium Hinton 27670)
Körper einzeln oder gruppenbildend durch Sprossung an der Basis, kugelig, bis 15 cm hoch, 13 cm Durchmesser, Scheitel leicht eingesenkt mit spärlich weisser Wolle, Epidermis mattgrün, dicke Rübenwurzel. **Warzen** in 8 und 13, später 13 und 21 Serien, konisch, basal rhombisch, 12–14 mm breit, 8–9 mm hoch, Länge oberseits 8 mm, unterseits 10 mm, oben kahle Furche. **Axillen** jung mit wenig weisser Wolle. **Areolen** pectinat, elliptisch, 3 mm lang und 1 mm breit, jung weisswollig. **Randdornen** 17 bis 19, radiär, angelegt, nur leicht vorstehend, verwoben, gerade oder leicht gebogen, 14 mm lang, nadelig, starr, hell hornfarben, obere weisslich mit dunklen Spitzen, später alle vergrauend. **Mitteldorn** 0–1, nur an einem Teile der Areolen vorhanden, derb nadelig, gerade, rechtwinklig zu den Randdornen vorstehend, 13 mm lang, dunkelbraun, dann von der Basis her vergrauend. **Blüten, Früchte** und **Samen:** wie subsp. *recurvata*.
Verbreitung: Mexiko: Durango, Sinaloa.
Habitat: Offenes Grasland auf Lavaböden.
Überprüfte Fundorte:
Mexiko: Durango: Westlich Canatlàn und westlich Cd. Durango (km 34–36).
Vorkommen: Ungefährdet.
Erläuterungen: Die Fundorte der subsp. *canatlanensis* liegen ca. 1000 km südlich der südlichsten bekannten Vorkommen der subsp. *recurvata*, das Verbreitungsgebiet liegt westlich der Linie Cd. Durango-Canatlàn, an den Ostabhängen der Sierra Madre Occidentàl, wobei einzelne Vorkommen auch von den Westabhängen rapportiert wurden (Charles Glass, fieldnotes), wo die Art als einzige *Coryphantha* auch im Bundesstaat Sinaloa noch vorkommt. Subsp. *canatlanensis* unterscheidet sich vor allem durch den stets völlig geraden und nie an allen Areolen vorkommenden, in Richtung der Warzenachse vorgestreckten dunkelbraunen Mitteldorn, die weissere Farbe der Randdornen und die sehr dicke Rübenwurzel. Die übrigen Merkmale sind identisch mit subsp. *recurvata*, wobei die Einzelköpfe kugeliger bleiben und die Gruppen nicht ganz die Ausmasse jener der nördlichen Form erreichen.

Die Pflanzen sind schon längere Zeit bekannt, wurden westlich von Durango auch von George Lindsay und Charly Mieg aufgesammelt (Bravo 1991) und von H. Bravo (1982) fälschlicherweise als *Coryphantha radians* var. *pectinoides* (Coulter) Bravo publiziert.
Abbildungen: Verbreitung siehe Farbtafel 12, Abb. 2; Pflanzenporträt siehe Farbtafel 60.

35. *Coryphantha delicata* Bremer
Cact. Succ. J. (US) 51: 76, 1979.
Typ: Mexico, Tamaulipas, Palmillas, e. 4700 ft (1430 m), 11. 4. 1976, Bremer 476-7A (ASU).
Synonyme: *Coryphantha jaumavei* Fric, Möllers Deutsche Gärtnerztg. 12: 140, 1926 *nom. nud. Coryphantha palmeri* Britton & Rose sensu Berger, Kakteen 269, 1929; *Coryphantha panarottoi* Halda & Horácek, Acta Mus. Richnov. Sect. Nat. 6 (3): 235, 1999.
Körper einzeln oder durch Sprossung gruppenbildend, halbkugelig bis kugelig, 5–6 cm Durchmesser, 4–5 cm hoch, dunkelgrün, Scheitel abgeflacht mit spärlich weisser Wolle, Spross in Rübenwurzel übergehend. **Warzen** in 8 und 13 Serien, dicht gestellt, konisch, rund, basal oval und im Ansatz kaum verbreitert, mit durchgehender feiner Furche, Breite basal 7–9 mm, Höhe 5–6 mm, Länge oberseits 6–8 mm, unterseits 7–9 mm. **Axillen** im Neutrieb wenig weisswollig. **Areolen** ohne Mitteldorn oval, 2,5 mm lang und 1,5 mm breit, mit Mitteldorn rund, 2 mm Durchmesser, im Neutrieb leicht wollig. **Randdornen** 17–22, radiär, obere 6–8 dichter gestellt bis gebündelt in mehreren Reihen, alle stark verflochten, nadelig, fast gerade, untere und seitliche 9–10 mm, obere gelegentlich länger, bis 15 mm, weiss oder gelblich-hornfarben mit dunklen Spitzen, obere im Neutrieb oft braun, dann weiss, dunkel gespitzt. **Mitteldorn** 0–1, vorgestreckt, Spitze gekrümmt bis gehakt, dünnpfriemlich, 6–12 mm lang, im Neutrieb braun bis fast schwarz, dann von der Basis her verblassend und vergrauend. **Blüten** trichterförmig, gelb, 5 cm lang und breit, äussere Blütenblätter lanzettlich, gespitzt, ganzrandig, gelb, aussen mit rötlichem Mittelstreifen, innere Blütenblätter lanzettlich, gespitzt, ganzrandig, 40 mm lang, 6 mm breit, weisslichgelb. Staubfäden grünlichweiss, Staubbeutel gelb, Griffel und Narbenblätter weisslich. **Früchte** grüne, saftige Beeren mit anhaftendem Blütenrest, 25–30 mm lang, 12 mm Durchmesser. **Samen** braun, nierenförmig, 1,6 mm lang, 1 mm breit, netzgrubig.

Sehr grosse **Verbreitung** in Mexiko in Tamaulipas, San Luis Potosí, Nuevo León, Coahuila, Durango und Zacatecas.
Habitat: Kalksteinschotter auf Ebenen, an unteren Abhängen und auf Hügelkuppen.
Überprüfte Fundorte:
Mexiko: Tamaulipas: Jaumave, Nogales, San Antonio, Palmillas, Abzweigung nach Bustamante, La Tapona, La Perdida, San Vicente. San Luis Potosí: Ventura, Las Tablas, Monte de Caldera, nördlich Matehuala, Rio Verde, Entronque Huizache, El Sauz, San Martin, San Francisco, Cedral-Catorce, Salinas, nördlich Santa Rita, Cerritos, La Monalla, San Antonio Trojes, Venado, San Isidro und andere. Nuevo León: Ascension-Sandia, Dr. Arroyo, Mier y Noriega, La Trinidad, Jesus Maria de Aguirre, San Antonio de Alamitos, Sandia el Grande, La Zorra, Cerros Blancos, La Soledad, La Escondida, Aramberri, Rinconada, Higueras, San Francisco, San Roberto und andere. Coahuila: östlich General Cepeda, Arteaga, El Tule, Las Imagenes und andere. Zacatecas: nahe Tiburcion, Panuco, Villa Garcia. Durango: Cuencamé.
Vorkommen: Ungefährdet.
Variabilität/Abgrenzung: *Coryphantha delicata* Bremer hat ein grosses Verbreitungsgebiet und dementsprechend variiert ihre Erscheinung: im Jaumavetal finden sich eher weiss und kräftig bedornte Formen, einzeln und in Gruppen, in San Luis Potosí und Nuevo León feiner und länger bedornte, „gelbere" Formen, die oft grosse Polster bilden und in Coahuila, insbesondere in der Region Saltillo-General Cepeda mit gelb, braunrötlich und weiss bunter bedornte, mehrheitlich ohne Mitteldornen vorkommende, einzeln wachsende Pflanzen.

Die auffallendsten Merkmale sind die innerhalb der Gattung *Coryphantha* mit Ausnahme von *Coryphantha gracilis* Lau & Bremer kleinsten, nur 7–9 mm breiten Warzen, die nadeligen, und dicht verwobenen 17–22 Randdornen, der einzelne, stets gehakte Mitteldorn, die relativ grosse, gelbe Blüte von 5 cm Durchmesser, der relativ kleine Pflanzenkörper und die kräftige Rübenwurzel.

Erläuterungen: Die erste Abbildung dieser Art findet sich in A. BERGERS Kakteen (1929) unter *Coryphantha palmeri* Br. & R. Der Holotyp (Palmer 557) von *Coryphantha palmeri* Br. & R. stammte jedoch aus der Nähe der Stadt Durango und auch seine Beschreibung entspricht einer Wiederbeschreibung der dort auch mit einzelnem Mitteldorn vorkommenden *Coryphantha compacta* (Engelmann) Br. & R., die aber grössere Warzen, weniger Randdornen und kleiner Blüten hat (siehe auch Erläuterungen zu 32. *C. compacta*).

Eine weitere Abbildung von *Coryphantha delicata* gab Fric in Möllers Deutscher Gartenzeitung Nr. 12: 1 40, 1926 als *Coryphantha Jaumavei*, Fric sp. n. Eine gültige Beschreibung von *Coryphantha Jaumavei* wurde jedoch nie gegeben, der Name muss somit als *nom. nud.* fallengelassen werden.

An verschiedenen Standorten kommt diese Art auch ohne jegliche Mitteldornen vor, etwa in der Gegend von Saltillo SLP, bei Aramberri NL, nördlich von Dr. Arroyo NL und auch im Jaumave-Tal. Diese Form, die sich ansonsten von den mit Mitteldornen versehenen Formen durch nichts unterscheidet, wurde 1979 von Bremer als *Coryphantha delicata* beschrieben, so dass dieser Name als gültig für diese Art mit ihren meist gehakten Mitteldornen gilt.

Abbildungen: Verbreitung siehe Farbtafel 13, Abb. 1; Pflanzenporträt siehe Farbtafel 61, 62.

36. *Coryphantha neglecta* Bremer
Cact. Suc. Mex. 24: 3,1979.

Typ: Mexico, Coahuila, N of Cuesta la Muralla, km 151 Carr. Fed. 57 Monclova-Piedras Negras, 700 m, Bremer 978-1 (MEXU).

Körper einzeln, dann von der Basis oder von alten Warzen sprossend, grosse Gruppen bildend, kugelig, ca. 7 cm breit und 6 cm hoch, matt dunkelgrün, Scheitel leicht eingesenkt, etwas wollig. **Warzen** in 8 und 13 Spiralen, kegelig, basal rhombisch, leicht bauchig, 11 mm breit, 7 mm hoch, oberseits 8 mm lang, unterseits 13 mm lang, mit durchgehender, leicht wolliger Furche. **Axillen** jung wollig, dann kahl. **Areolen** oval, 1,5 mm breit und etwas länger, mit kargem Filz in der Jugend. **Randdornen** 16–20, die unteren und seitlichen radiär, horizontal, verflochten, gerade, nadelig, starr, 11–16 mm lang, in der unteren Hälfte blassgelb, die oberen dunkelbraun, bald vergrauend, oben 4–6 längere in zwei Reihen gebündelt, gebogen, gelegentlich breiter und flacher, 16–20 mm lang, weiss mit schwarzer Spitze. **Mitteldorn** 1 (nie mehr), oft auch fehlend, dünnpfriemlich, gerade vorgestreckt, 13–18 mm lang, dunkelbraun mit heller Basis, rasch vergrauend mit dunkler Spitze. **Blüten** trichterförmig, 45 mm lang und Durchmesser, äussere Blütenblätter linearlanzettlich, gespitzt, ganzrandig, blassgelb mit grünlichbraunem Mittelstreifen und rotbraunen Spitzen, innere Blütenblätter lineallanzettlich, gespitzt, ganzrandig, gegen die Spitze eingekerbt, blassgelb, Staubfäden cremeweiss, Staubbeutel dottergelb, Griffel grünlich, Narben 7–8, weiss. **Früchte** blassgrüne, saftige Beeren, 21 mm lang, 10 mm Durchmesser, mit anhaftendem Blütenrest. **Samen** nierenförmig, 1,2 mm lang, 1,0 mm breit, glänzend rehbraun, netzgrubige Testa.

Verbreitung: Mexiko: in den westlichen Abhängen der Sierra Madre Oriental in Nuevo León und Coahuila.

Habitat: Kalksteinschotter, Schwemmböden an Hügelfüssen und auf Kuppen.

Überprüfte Fundorte:
Mexiko: Nuevo León: Monterrey, Monterrey-Monclova, Casas Coloradas, Sabinas Hidalgo-Villaldama, Rancho San Gabriel.

Coahuila: Dolores, Bonanza, Candela, westlich Cuatrocienegas, Microondas El Zago, Castaños, El Sacrificio, km 151 Monclova-Saltillo (Typstandort), Loma Verde, Las Palomas.

Vorkommen: Ungefährdet.

Abgrenzung: Wird oft mit *Coryphantha nikkelsiae* oder auch mit *Coryphantha pseudoechinus* verwechselt, die ebenfalls grosse Gruppen bilden und teils die selben Habitate teilen.

Abbildungen: Verbreitung siehe Farbtafel 13, Abb. 1; Pflanzenporträt siehe Farbtafel 63.

37 a. *Coryphantha pseudoechinus* Bödeker subsp. *pseudoechinus*

Monatsschr. DKG 1: 17, 1929.
Lectotyp: Illustration in der Erstbeschreibung (Dicht & A. Lüthy, CSI 11: 20, 2001).
Synonym: *Coryphantha pusilliflora* Bremer, Cact. Succ. J. (US) 54: 133, 1982.
Körper am Grunde sprossend, grosse Gruppen bildend, eiförmig bis kurzzylindrisch, 7–12 cm hoch und bis 5 cm im Durchmesser, dunkelgrün. Scheitel wenig eingesenkt, etwas wollig. **Warzen** in 5 und 8 Serien geordnet, kegelförmig, oben etwas abgeflacht, basal rhombisch, 10 mm breit, oberseits 8 mm, unterseits 13 mm lang, oberseits mit scharfer, jung wolliger Furche mit gelblichen Drüsen in Areolennähe. **Axillen** jung wollig. **Areolen** rund, 2 mm ⌀, jung weisswollig, später kahl, gewölbt, durch dunkle Ansätze der Randdornen ringförmig begrenzt. **Randdornen** 18–20, radiär angeordnet, gerade, starr, nadelig, 10–15 mm lang, alle grauweiss, wie bereift, oder, besonders die oberen Randdornen, durch alle Schattierungen gehend über gelblich, braun zum fast reinen Schwarz, später alle vergrauend. **Mitteldornen** 0–1, gerade vorgestreckt, in Richtung der Warzenachse, also meist schräg aufwärts, aber auch seitwärts oder etwas nach unten gerichtet, 14–18 mm lang, derb nadelig, braun bis schwarz, bald vergrauend und bereift. **Blüten** oft zu mehreren im Scheitel, flach trichterförmig, 20 mm lang und 30 mm im Durchmesser, äussere Blütenblätter lanzettlich, dunkel rotbraun mit rosa Rand, basal grünlich, 3 mm breit, 11 mm lang, innere Blütenblätter schmal lanzettlich, violettrosa, gegen die Basis heller, 3 mm breit, 22 mm lang. Staubfäden zahlreich, weisslich, Staubbeutel gelb, Griffel weisslich mit 5–6 weisslichen Narben. **Früchte** länglich eiförmig, ausgereift rötlich mit fest aufsitzendem Blütenrudiment, 15 mm lang und 7 mm dick. **Samen** 1 × 1,2 mm gross, nierenförmig, glatt, braun, netzgrubig.
Verbreitung: Mexiko: Coahuila, in der Sierra de la Paila.
Habitat: Hügelabhänge mit Kalkschotter und Felsen.
Überprüfte Fundorte: Mexiko: Coahuila: Casas Coloradas, San José de la Paila, Zona de Minas, nördlich Estacion Marte, Mount Paila, Las Palomas, San Pedro, El Sacrificio, Pareños, Cuatrocienegas-San Pedro de Las Colonias, westlich Hipolito.
Vorkommen: Ungefährdet.
Abgrenzung: *C. pseudoechinus* subsp. *laui*, *C. neglecta*
Erläuterungen: *Coryphantha pseudoechinus* wurde bis heute stets als obligatorisch drüsenbildende Art geführt. Genauere Beobachtungen bestätigten die Angabe in der Erstbeschreibung, dass sie „nur bei gut treibenden und knospenden Pflanzen" Drüsen bildet und zwar nur unmittelbar hinter der Dornen tragenden Areole. Obwohl die Drüsen häufiger vorhanden sind als bei den meisten anderen Arten der Untergattung *Coryphantha*, entspricht sie genau deren Definition.
Abbildungen: Verbreitung siehe Farbtafel 13, Abb. 1; Pflanzenporträt siehe Farbtafel 64, 65, Abb. 1, 2.

37 b. *Coryphantha pseudoechinus* subsp. *laui* (Bremer) Dicht & A. Lüthy

Cact. Syst. Init. 11: 20, 2001.
Basionym: *Coryphantha laui* Bremer, Cact. Succ. J. (US) 51: 278, 1979.
Typ: Mexico, Coahuila, 30 miles (48 km) N of El Marte, 2000–2200 m, Bremer 476-3 (ASU).
Körper einzeln oder gruppenbildend, kugelig bis eiförmig, Scheitel leicht eingesenkt, weisswollig, 5,5 cm breit, und bis 5 cm hoch, grasgrün. **Warzen** in 5 und 8 Serien geordnet, kegelförmig, oben etwas abgeflacht, basal rhombisch, 10 mm breit, oberseits 8 mm, unterseits 13 mm lang, oberseits mit scharfer, jung wolliger Furche, gelegentlich mit gelblichen Drüsen in Areolennähe. **Axillen** jung wollig. **Areolen** rund, 2 mm Durchmesser, jung weisswollig, dann kahl, gewölbt. **Randdornen** 18–20, radiär angeordnet, horizontal bis leicht aufsteigend, gerade oder leicht gebo-

gen, dünnadelig, oft borstig, biegsam, 10–14 mm lang, gelblich-hornfarben, diejenigen der oberen Areolenhälfte zuerst rotbraun, alle wenig bis nicht vergrauend. **Mitteldorn** 0–1, gerade vorgestreckt oder wenig nach unten gebogen, derb nadelig, 14–16 mm lang, rötlichbraun bis dunkelmahagoni, allmählich heller werdend bis grau auf älteren Warzen, meistens vorgestreckt. **Blüten** trichterförmig, 3,5 mm lang, 30 mm Durchmesser, äussere Blütenblätter lineallanzettlich, Spitze gespitzt, Ränder ganz, hellgelb mit grünem dorsalem Mittelstreifen, der an der äussersten Spitze rötlichbraun getönt ist; innere Blütenblätter linearlanzettlich, gespitzt, Ränder ganz, hellgelb, Staubfäden glasig weiss, Staubbeutel hellorange, Griffel blassgrün mit 5–7 cremeweissen Narben. **Früchte** kleine, eiförmige saftige Beeren, jadegrün, mit getrockneten Blütenblättern daran, 18 mm lang und 8 mm breit. **Samen** hellbraun, nierenförmig, glatt, glänzend, netzgrubig, 1 × 1,2 mm.
Verbreitung: Mexico: Coahuila, Sierra la Paila.
Typstandort (überprüft): die höhergelegenen Bergrücken in der Gegend der Fluoritminen auf 2000–2200 Metern, etwa 30 Meilen nördlich El Marte, Coahuila, einer Station der Eisenbahnlinie parallel zur Route 40 zwischen Saltillo und Torreon.
Habitat: Auf Hügelkuppen mit Kalksteinschotter und Felsen.
Vorkommen: Ungefährdet.
Abbildungen: Verbreitung siehe Farbtafel 13, Abb. 1; Pflanzenporträt siehe Farbtafel 65, Abb. 3, 4.

Unterreihe Delaetianae Dicht & A. Lüthy
Cact. Syst. Init. 11: 20, 2001
Typ: *Coryphantha delaetiana* (Quehl) Berger
Definition: Mitteldornen stets 3–4.

38. *Coryphantha delaetiana* (Quehl) Berger
Kakteen 270, 1929
Basionym: *Mammillaria delaetiana* Quehl, Monatsschr. Kakt. 18, 1908.
Lectotyp: Fig.Monats. Kakt. 18, 1908 (Dicht & A. Lüthy, CSI 11: 20, 2001).
Synonyme: *Mammillaria gladiispina* Bödeker, Zeitschr. Sukk. -Kunde 2: 120, 1925; *Coryphantha gladiispina* (Bödeker) Berger, Kakteen 271, 1929; *Coryphantha salm-dyckiana* (Scheer) Br. & R. sensu Britton & Rose, Cact. 4: 39, 1923; *Coryphantha borwigii* sensu Bremer, Cact. Suc. Mex. 15: 69, 1980.

Körper unregelmässig rasenförmig durch Sprossen aus dem unteren und mittleren Teil des Körpers, kugelförmig, Höhe 8 cm, Durchmesser 8 cm; Epidermis matt dunkelgrün, Scheitel wenig eingesenkt, mit wenig weisser Wolle. **Warzen** in 8 und 13 Serien, kegelförmig, basal rhombisch, oben abgeflacht, schief gestutzt, basal 15 mm breit, Höhe 10 mm, Länge oberseits 9 mm, unterseits 11 mm, mit durchgehender, jung wenig bewollter Furche. **Axillen** jung weisswollig. **Areolen** leicht oval, 1,5 mm breit und etwas länger, jung weisswollig. **Randdornen** 16–20, davon 2/3 seitlich und unten radiär, leicht vorstehend, gerade, nadelig, verflochten, 11–15 mm lang, die oberen dichter gestellt, wenig länger, alle durchscheinend gelblich bis weiss, obere dunkel gespitzt. **Mitteldornen** 3 (–4), ein dominanter gerade vorgestreckt, etwas nach unten gebogen, dünnpfriemlich, 18–22 mm lang, die übrigen von schräg nach oben bis fast seitwärts vorgestreckt, leicht gebogen, wenig dünner und kürzer, alle dunkelbraun bis schwarz, erst spät vergrauend. **Blüte** trichterförmig, 4,5 cm Durchmesser, 4 cm lang, äussere Blütenblätter lanzettlich, gespitzt, ganzrandig, gelb mit kräftigem rotgrünem Mittelstreifen, innere Blütenblätter breit lanzettlich, gespitzt, ganzrandig, weisslichgelb, 25 mm lang, 4 mm breit, Staubfäden weisslich gelb, Staubbeutel dottergelb, Griffel weisslichgelb, 13 mm lang, mit 6 Narbenblättern von gleicher Farbe. **Früchte** grüne, saftige Beeren, 20 mm lang, 9 mm Durchmesser, gegen den Ansatz stark verjüngt, mit anhaftenden, vetrockneten Blütenresten. **Samen** nierenförmig, dunkelbraun, 1,3 mm lang, 0,9 mm breit, Testa netzgrubig.

Verbreitung: Mexiko: Coahuila, Durango und Chihuahua.
Habitat: Schwemmböden auf Ebenen und flachen Rippen.
Überprüfte Fundorte:
Mexiko: Coahuila: Abzweigung nach Parras de la Fuente, Las Palomas.
Durango: Minas Navidad, Sierra de la Muerte, Conejos, Mapimi, Bermejillo.
Chihuahua: Escalón, El Morrion, Aldama, División del Norte.
Vorkommen: Ungefährdet.
Abbildungen: Verbreitung siehe Farbtafel 13, Abb. 2; Pflanzenporträt siehe Farbtafel 66.

39 a. *Coryphantha ramillosa* Cutak subsp. *ramillosa*

Cact. Succ. J. (US) 14: 163, 1942.
Typ: USA, Texas, Brewster County, Reagan Canyon, Cutak s. n. (MO 1242260).
Körper einzeln oder gruppenbildend, kugelig-abgeflacht, graugrün, 3 bis 8 cm hoch und 6 bis 9 cm Durchmesser; Scheitel mit weisser Wolle. **Warzen** recht gross, 20 mm lang, basal verbreitert, 15 bis 25 mm breit, oberseits von der Spitze bis zur Basis gefurcht. **Areolen** rund, anfänglich mit weissem Filz, dann nackt. **Randdornen** 14 bis 20, radiär, etwas abgeflacht oder gewinkelt und leicht gekrümmt, 10 bis 15 mm lang, ausgebreitet. **Mitteldornen** 4, länger und dicker als Randdornen, jedoch relativ schwach, 25 bis 28 mm lang, anfänglich alle schokoladebraun mit weisser Basis, mit der Zeit grau mit dunklerer Spitze; der untere meist vorgestreckt oder leicht nach unten gebogen; die oberen 3 gerade und aufsteigend, manchmal plötzlich gekrümmt. **Blüten** gross, 6,5 cm lang und 5 cm Durchmesser wenn voll geöffnet, Farbe wechselnd von hellrosa bis purpur; äussere Blütenblätter heller und breiter als die inneren, mit hellgrünem Mittelstreifen; Fruchtknoten grünlich, allmählich purpur angehaucht; innere Blütenblätter 25 mm lang und nur 2 mm breit in der unteren Hälfte sowie 4 mm breit im oberen Drittel, nicht bewimpert, weiss, obere Hälfte rosa oder purpurrot, Filamente kurz, weiss; Staubbeutel orange, Griffel dünn, weiss, Narben 6 oder 7. **Früchte** eiförmig, 20 bis 25 mm lang, grün, mit getrockneten Blütenresten. **Samen** nierenförmig, 1,4 mm lang, 1 mm breit, braun, Testa netzgrubig.
Verbreitung: USA: Texas: Brewster County, im Big Bend National Park in der Gegend des Rio Grande. Mexiko: in den angrenzenden Gebieten von Coahuila und Chihuahua.
Habitat: Kalksteinschotter, Schwemmböden an Hügelfüssen und auf Kuppen.
Überprüfte Fundorte:
USA: Texas: Brewster County.
Mexiko: Coahuila: Sierra del Carmen, Cuatrocienegas, Ocampo, San Miguel, San José de las Piedras, Piedritas. Chihuahua: Coyame.
Vorkommen: Ungefährdet.
Abbildungen: Verbreitung siehe Farbtafel 13, Abb. 2; Pflanzenporträt siehe Farbtafel 67, 68; Abb. 1.

39 b. *Coryphantha ramillosa* subsp. *santarosa* Dicht & A. Lüthy

Kakt. and. Sukk. 51 (6): 141, 2000.
Typ: Mexico, Coahuila, La Babia, G. S. Hinton s. n. (herb. Hinton 25792).
Körper Einzeln, auch Gruppen bildend, 7 cm Durchmesser, 3–4 cm hoch, halbkugelig, oben abgeflacht, grasgrün. **Warzen** abgerundet pyramidal, dann abgeflacht, basal bis 20 mm breit, 13 mm hoch, 10 mm lang, gefurcht. **Axillen** wollig. **Areolen** 2,5 mm Durchmesser, rund, jung weissfilzig. **Randdornen** 11–13, hornfarbig, obere weisslich mit braunen Spitzen, oft gebündelt, alle gerade bis leicht seitwärts gebogen, 9–12 mm lang, nadelig. **Mitteldornen** –4, der untere, längste bis 28 mm lang, vorgestreckt, leicht nach unten gebogen, zwei seitlich nach oben, leicht vorstehend, nadelig, dunkelbraun, dann vergrauend. Der vierte mit den Randdornen gerade nach oben und wie obere Randdornen gefärbt, wenig dicker als Randdornen. **Blüten** 65 mm lang, 50 mm Durchmesser, gelb. Äussere Blütenblätter gelb mit rot-braungrünem Mittelstreifen, basal 3, gegen oben 4 mm breit. Innere Blütenblätter

gelb, 35 mm lang, bis 5 mm breit, glattrandig, apiculat. Filamente hellgelb, Staubbeutel dunkelgelb, Griffel 23 mm lang, weisslich gelb, Narben 5–6, bis 5 mm lang. Ovar. weisslich, 10 mm lang. **Früchte** dunkelgrüne, basal etwas hellere und rötliche, kugelige, saftige Beeren, 16 mm breit, 20 mm lang, verdorrte Blütenreste anhaftend. **Samen** 1,2 mm lang, 1 mm breit, braun, nierenförmig, Testa grubig.
Verbreitung: Mexiko: im Norden von Coahuila.
Habitat: Hügel und Rippen mit Schwemmmaterial, meist mit Kies.
Überprüfte Fundorte:
Mexiko: Coahuila: Minas de Barroteràn, La Babia, San Alberto, San Blas, Buenaventura, Lomas los Angeles, La Peña, El Mélon, El Berrendo.
Vorkommen: Ungefährdet.
Erläuterungen: In seinem Samenkatalog von 1989 offerierte Steven Brack erstmals mit seiner SB 600 aus Allende, Coahuila eine gelbblühende Form von *Coryphantha ramillosa*, die Anton Hofer und Adrian Lüthy 1990 auch in der Nähe von La Babia, Coahuila fanden. 1997 suchten wir die Region des nordöstlichen Bundesstaates Coahuila genauer nach *Coryphantha ramillosa* Cutak ab. Dabei fanden wir an verschiedenen Standorten im Bereich des Dreiecks Monclova – Piedras Negras – Boquillas del Carmen stets die gelbblühende Form. Der südlichste von uns geprüfte Standort liegt bei San Alberto, Coahuila, ca. 60 km nordöstlich von Monclova, die dichtesten Vorkommen sind in der Sierra Hermosa de Santa Rosa.

Die Blütenfarbe allein würde die Abgrenzung als Subspecies nicht rechtfertigen, es finden sich aber auch Unterschiede in Körperfarbe, Warzengrösse, Anzahl der Randdornen und Länge sämtlicher Dornen.

Die Pflanzen wachsen meist einzeln oder in kleinen Gruppen in grobem Kalkschutt in leicht geneigtem Gelände wie Hügelkuppen oder -füssen. Die Begleitflora ist die Chihuahuan-desert-Flora mit Opuntien, Yuccas, *Agave lechuguilla* und niederen, locker gestellten Büschen. Als weitere Kakteen kommen vor: *Echinocereus dasyacanthus*, *Echinocereus longisetus*, *Echinocereus triglochidiatus* var. *paucispinus*, *Escobaria tuberculosa*, *Glandulicactus uncinatus* var. *wrightii* und *Neolloydia conoidea*.

Eine Analyse der Kakteenliteratur hat ergeben, dass diese gelbblühende Form offenbar bereits im 19. Jahrhundert bei Santa Rosa südlich des Rio Grande, gegenüber dem Big Bend National Park bei Santa Rosa, Coahuila von Dr. Bigelow aufgesammelt wurde (ENGELMANN 1859, BENSON 1982). ENGELMANNS (1856) Beschreibung von *Mammillaria scolymoides* Scheidweiler passt in praktisch allen Punkten zur hier beschriebenen Subspecies. Engelmann's Beschreibung entspricht jedoch in keinem einzigen Punkt Scheidwelers Erstbeschreibung von *Mammillaria scolymoides* und auch die Ergänzungen von SALM-DYCK (1850) und FÖRSTER (1846) zu dieser Art divergieren vollständig (DICHT & A. LÜTHY 1998). Somit ist Engelmanns *Mammillaria scolymoides* als Homonym zu betrachten, der Name kann wegen der Diskrepanzen mit Scheidwelers Erstbeschreibung für die vorliegende Art nicht angewendet werden.

Die Subspecies *santarosa* wurde einerseits nach ihrem Hauptverbreitungsgebiet, der Sierra Hermosa de Santa Rosa, benannt, andererseits auch nach Santa Rosa, Coahuila, um die historischen Fakten hervorzuheben.
Abbildungen: Verbreitung siehe Farbtafel 13, Abb. 2; Pflanzenporträt siehe Farbtafel 68, Abb. 2–5.

40. *Coryphantha pulleineana* (Backeberg) Glass
Cact. Succ. Mex. 13 (2): 34, 1968.
Basionym: *Neolloydia pulleineana* Backeberg, The Spine 1: 4, 106, 1948.
Neotyp: Mexico, San Luis Potosí, Entronque Huizache, Foster 276 A (POM) (Glass, loc. cit.).
Körper meist einzeln oder wenig sprossend, unten dünn und fast schlangenförmig, dann zylindrisch-keulenförmig, bis 20 cm lang und 45 mm dick, dunkelgrün. Bis mehrere Dezimeter lange Rübenwurzel mit Potenz zur Regene-

rierung neuer Pflanzenkörper. **Warzen** in 5 und 8 Spiralen, 12 mm lang, schlank, konisch-rund, aufwärts gebogen, gestutzt, durchgehende Furche, gelegentlich mit Drüsen, jedoch nur hinter der Dornen tragenden Areole. Alte Warzen verholzen, verdorren und fallen ab. **Axillen** jung wollig beziehungsweise grau befilzt, Drüsen fehlend. **Areolen** rund, 3 mm Durchmesser, jung mit dichter Wolle. **Randdornen** 13 bis 18, untere 7–8 10 mm lang, nadelig, starr, horizontal strahlend, obere in zwei Reihen gebündelt, unterschiedlich dick und lang, hintere kürzer und dünner, vordere dicker und länger (bis 19 mm). Alle Randdornen schmutzig grauweiss mit dunkler Spitze. **Mitteldornen** 1 bis 3, der kräftigste gerade vorgestreckt, bis 25 mm lang, starr, dunkelbraun, dann grau, übrige 1–2 kleiner, 16 mm lang, schräg nach oben gerichtete. **Blüten** 30 bis 40 mm Durchmesser, hell- bis orangegelb; äussere Blütenblätter gelb mit rötlich-braunem Mittelstreifen, innere Blütenblätter lanzettlich, gespitzt, ganzrandig, 3 mm breit, rein dottergelb, Staubfäden und Griffel gelb, Narben 5, gelb. **Früchte** 10 mm Durchmesser, grün, saftig. **Samen** 1,5 mm lang, 1 mm breit, nierenförmig, netzgrubige Testa, glänzend rötlichbraun.
Verbreitung (überprüft): Mexiko: San Luis Potosí bei Entronque Huizache.
Habitat: In den unteren Abschnitten von Hügeln sowie auf deren Kuppen, in Kalkschotter in Hechtien und Büschen.
Vorkommen: Ungefährdet.
Geschichte der Art: Die Pflanze wurde 1948 von Backeberg als *Neolloydia* beschrieben und nach Dr. R. H. Pulleine aus Adelaide, Australien, einem „Freund aller Sukkulenten-Liebhaber" benannt. Die Einordnung in die Gattung *Coryphantha* erfolgte durch Charles Glass 1968 (Cact. Suc. Mex. 13: 34, 1968), da die Pflanze in mehreren Punkten von der von Britton & Rose in The Cactaceae gegebenen Definition des Genus *Neolloydia* abweicht. Aufgrund der zentralen Blüten, der Warzenfurchen, sowie der typischen *Coryphantha*-Samen gehört sie eindeutig zur Gattung *Coryphantha*. Einzigartig ist die überlange (bis mehrere Dezimeter) Rübenwurzel, die die Potenz zur Regenerierung neuer Pflanzenkörper hat.
Abbildungen: Verbreitung siehe Farbtafel 13, Abb. 2; Pflanzenporträt siehe Farbtafel 69.

41. *Coryphantha werdermannii* Bödeker
Monatsschr. DKG 1: 155, 1929.
Lectotyp: Illustration in der Erstbeschreibung (Dicht & A. Lüthy, CSI 11: 20, 2001).
Synonyme: *Coryphantha werdermannii* subsp. *unguispina* J. J. Halda, P. Kupčák, J. Sladkovský, Acta Mus. Richnov. Sect. Nat. 7 (1): 34, 2000.
Körper einzeln, eiförmig bis säulig, bis über 20 cm hoch, 7 cm Durchmesser, matt hellgraugrün, Scheitel kaum eingesenkt, weisswollig, von dichten Dornenbündeln überragt, flächig ausgebreitete Faserwurzeln. **Warzen** im Jugendstadium in 13 und 21 Serien, dicht gestellt, konisch, basal wenig breitgedrückt, Breite basal 6 mm, Höhe 3 mm, Länge oberseits 3 mm, unterseits 5 mm. Abrupter Übergang zu Adultstadium mit 8 und 13 Serien, lockerer gestellt, konisch, gestutzt, 11 mm breit, 7 mm hoch, Länge oberseits 6 mm, unterseits 12 mm, im Jungtrieb länger und schmaler, oberseits gefurcht. **Axillen** jung weisswollig. **Areolen** im Jugendstadium länglich, 1,5 mm lang, 1 mm breit, adult rund, 3 mm Durchmesser, jung weisswollig. **Randdornen** im Jugendstadium 16–18, die meisten seitlich, horizontal, verwoben, fein nadelig, gerade, 6 mm lang, weiss. Im Adultstadium 22–30, unregelmässig strahlend, unregelmässig vorstehend, oben dichter gestellt, verwoben, nadelig, gerade, obere 20 mm, untere und seitliche kürzer, alle weiss, obere mit dunkler Spitze. **Mitteldornen** 4, nur im Adultstadium, unregelmässig vorgestreckt, leicht gebogen, der unterste kräftiger und länger, 18–20 mm lang, die übrigen 16–18 mm lang, der oberste etwas feiner, alle dunkelbraun mit hellerer Basis, dann von unten vergrauend. **Blüten** flach trichterförmig, 7 cm Durchmesser. Äussere Blütenblätter schmal lanzettlich, ganzrandig, mit feinem, rötlichem Mittelstreifen dorsal, gelb. Innere Blütenblätter schmal

lanzettlich, gegen die Spitze gezähnelt, gespitzt, glänzend gelb. Staubfäden gelb, Staubbeutel gelb, Griffel und Narben weisslich gelb. **Früchte** grüne, saftige Beeren, 25 mm lang, 15 mm Durchmesser. **Samen** nierenförmig, braun, 1,3 mm lang, 0,8 mm breit, netzgrubig.
Verbreitung: Mexiko: Coahuila, im Tal von Cuatrocienegas.
Habitat: Kiesige Abhänge und Ebenen.
Überprüfte Fundorte:
Mexiko: Coahuila: Cuatrocienegas-San Pedro de Las Colonias (diverse Standorte).
Vorkommen: Ungefährdet.
Geschichte der Art: Von Friedrich Ritter 1928 entdeckt und in mehreren Exemplaren an Friedrich Bödeker geschickt. Dem damaligen Vorsitzenden der Deutschen Kakteen-Gesellschaft, Dr. E. Werdermann, gewidmet.
Abbildungen: Verbreitung siehe Farbtafel 13, Abb. 2; Pflanzenporträt siehe Farbtafel 70.

42. *Coryphantha echinus* (Engelmann) Britton & Rose

Cactaceae 4: 42, 1923.
Basionym: *Mammillaria echinus* Engelmann, Proc. Amer. Acad. 3: 267, 1856.
Lectotyp: USA, W Texas, 1849, Wright s.n. (MO 115174) (Benson, Cact. Succ. J. (US) 41: 189, 1969).
Synonyme: *Mammillaria pectinata* Engelmann, Proc. Amer. Acad. 3: 266, 1856; *Cactus echinus* (Engelmann) Kuntze, Rev. Gen. Pl. 1: 260, 1891; *Cactus pectinatus* (Engelmann) Kuntze, Rev. Gen. Pl. 1: 260, 1891; *Mammillaria radians echinus* Schumann, Gesamtb. Kakt. 496, 1898; *Coryphantha pectinata* (Engelmann) Britton & Rose, Cact. 4: 34, 1923; *Coryphantha radians echinus* Ito 1952; *Coryphantha cornifera* (DC) Britton & Rose var. *echinus* Benson, Cact. Succ. J. (US) 4: 189, 1969. *Mammillaria scolymoides* Scheidweiler sensu Del Weniger, Cacti of Texas and neighboring states: 165, 184.
Körper einzeln, selten auch sprossend, kugelig bis eiförmig, dann kurzzylindrisch, 5–6 cm Durchmesser, bis 7 cm hoch, matt graugrün, Scheitel abgeflacht, mit spärlich Wolle, Faserwurzeln. **Warzen** in 8 und 13 Serien, konisch, gerundet, Breite basal 10–11 mm, Höhe 8 mm, Länge oberseits 8 mm, unterseits 10 mm. **Axillen** nackt. **Areolen** rund, 1,5 mm Durchmesser, jung mit weisser Wolle. **Randdornen** 17–28, untere und seitliche radiär, horizontal, verwoben, 10–12 mm lang, obere dichter stehend und im Büschel, länger, bis 25 mm, alle nadelig, gerade, jung gelblich, dann gräulichweiss. **Mitteldornen** 4, der dominante vorgestreckt, gerade oder nach unten gebogen, derb nadelig, 16 mm lang, gelbbraun mit dunkler Spitze, dann von der Basis her vergrauend. Weitere 3 nach oben spreizend, anliegend, gelegentlich etwas gebogen, dünner, in Farbe und Länge wie obere Randdornen. **Blüte** 50–60 mm Durchmesser, äussere Blütenblätter lanzettlich, bräunlichgrün mit gelbem Rand, innere Blütenblätter lanzettlich, gespitzt, gegen die Spitze gezähnt, gelb. Staubfäden rötlich, Staubbeutel dottergelb, Griffel weisslichgelb, 6 weisse Narbenblätter. **Früchte** grüne, saftige Beeren mit anhaftenden Blütenresten, 25 × 10 mm. **Samen** nierenförmig, braun, 1,7 mm lang, 1 mm breit, netzgrubig.
Jugenstadium: Diese Pflanze weist als Jungpflanze nur kammförmige Randdornen auf, weshalb sie als *Mammillaria pectinata* als eigene Art beschrieben wurde. Mit der Zeit erscheinen dann an jungen Areolen schrittweise die Mitteldornen. Blüten können bereits bei jungen, rein pektinat bedornten Exemplaren auftreten.
Verbreitung: USA: in der Region des Big Bend in Texas. Mexiko: an die USA angrenzende Gebiete von Coahuila und Chihuahua.
Habitat: Schwemmebenen mit Kalksteinschotter.
Überprüfte Fundorte:
USA: Texas: Pecos County, Howard County, Terlingua, Val Verde County, Presidio County. Mexiko: Coahuila: Cuatrocienegas, San Miguel, Sierra El Granizo, La Morita.
Chihuahua: El Cariño, El Paradero, Rancho Blanco, Paso de San Antonio, El Diamante, Villa Ahumada.

Vorkommen: Ungefährdet.
Abbildungen: Verbreitung siehe Farbtafel 13, Abb. 2; Pflanzenporträt siehe Farbtafel 71.

II. Sektion *Gracilicoryphantha* Dicht & A. Lüthy

Cact. Syst. Init. 11: 21, 2001.
Typ: *Coryphantha gracilis* Bremer & Lau.
Synonym: Subgenus *Escobrittonia* Doweld, Sukkulenty, vol. 3 (1): 17, 2000 *(pro parte)*.
Definition: Samen kugelig mit breitem, basalem Hilum. Früchte zuerst saftig und grün, jedoch sehr rasch rötend und austrocknend.

43. *Coryphantha gracilis* Bremer & Lau

Cact. Succ. J. (US) 49: 71, 1977.
Typ: Mexico, Chihuahua, Pelayo, hills E of Rancho El Toro, 1800 m, 10.8.1972, Lau 645 (MEXU).
Körper einzeln, selten von der Basis sprossend und Gruppen bildend, kugelig bis kurzzylindrisch, 3,5 bis 4 cm Durchmesser, bis 8 cm hoch, Scheitel abgeflacht, mit weisser Wolle, Epidermis hell gräulichgrün, basal im Alter die Dornen abwerfend und verkorkend, Wurzel langrübig, bis 12 cm lang. **Warzen** in 8 und 13 Spiralen, konisch, basal rund, später rhombisch, leicht nach oben gerichtet, basal 7 mm breit, 6 mm hoch, Länge oberseits 7 mm, unterseits 10 mm, mit dünner Furche oberseits. **Axillen** jung mit weisser Wolle, später nackt werdend. **Areolen** oval 1 mm breit und 1,5 mm lang, jung mit kurzer weisser Wolle, dann nackt. **Randdornen** 12–18, radiär angeordnet, horizontal, verflochten, gerade bis leicht gebogen, fein nadelig, steif, 5–8 mm lang, die Längeren im oberen Areolenteil in zwei Reihen, gegen unten allmählich kürzer werdend, hellhornfarbig bis schmutzigweiss, basal gelbbraun, der unterste etwas abgeflacht und gelblich getönt. **Mitteldornen** 0 (–1), bei älteren Pflanzen im oberen Areolenteil senkrecht vor den Randdornen nach oben, Länge und Farbe wie obere Randdornen. **Blüten** breittrichterig, 4–5 cm breit, äussere Blütenblätter glänzend blassgelb bis cremefarbig, mit braungrünem Mittelstreifen, lanzettlich, gespitzt, Ränder gezähnelt, 2,5 cm lang, 6–7 mm breit, innere Blütenblätter glänzend blassgelb bis cremefarbig, im Schlund grünlich getönt, lanzettlich, Spitze gespitzt, Ränder fein gezähnelt. Staubfäden weiss, Staubbeutel dottergelb, Griffel blass grünweiss, mit 6 cremefarbenen Narben, 4 mm lang. **Früchte** relativ kleine, mattgrüne, saftige Beeren, an der Spitze rötlich getönt, länglich, mit anhaftenden getrockneten Blütenresten daran, 12 mm lang, weniger als 9 mm Durchmesser. Nach ca. 1 Monat aufgetrieben und von oben rötend, schliesslich ganz matt purpurrot. Innerhalb eines weiteren Monats vollständig vertrocknend. **Samen** rundlich bis ovoid-truncat, mit wulstigem Saum, schokoladebraun, 1,3 mm lang und 1,3 mm breit, netzgrubige Testa. Pro Frucht finden sich ca. 40–50 Samen.
Verbreitung: Mexiko: Chihuahua, bei Pelayo (**Typstandort**, überprüft), auf Hügeln östlich Rancho El Toro, an südöstlichen Abhängen, 1800 m ü. M., sowie nördlich Rosario CHI.
Habitat: Kalkschotter auf flachen Rippen auf Hügeln mit spärlich Gras.
Vorkommen: Ungefährdet.
Erläuterungen: Alfred Lau war im August 1972 im Bundesstaat Chihuahua auf der Suche nach *Echinomastus unguispinus* (Engelmann) Britton & Rose, einer Angabe BACKEBERGS (1961) folgend, diese Art wachse zwischen Chihuahua City und Hidalgo del Parral in der Nähe des Rancho Pelayo. Tatsächlich war auf der Karte ein Rancho Pelayo im Valle de Olivos im Bundesstaat Chihuahua eingetragen. Hier entdeckte Lau zwar keinen *Echinomastus*, dafür eine neue Art, *Coryphantha gracilis*. Der Holotyp von *Echinomastus unguispinus*, der 1848 ENGELMANN zur Erstbeschreibung dieser Art diente, war nämlich durch Dr. Wislizenus bei Pelayo im Bundesstaat Durango, nicht Chihuahua, aufgesammelt worden (WISLIZENUS 1848).

Die Abgeschiedenheit des Typstandorts mag einer der Gründe dafür sein, dass *Coryphantha gracilis* nach Lau nie mehr aufgesammelt wurde und in Sammlungen kaum anzutreffen ist. Die wenigen, allenfalls noch existierenden echten *Coryphantha gracilis* dürften noch aus von Lau gesammeltem Samen stammen. Zumeist werden unter diesem Namen aber andere Arten angeboten beziehungsweise angetroffen.

Die Art ist mit ihrer sehr langen Rübenwurzel in Kultur etwas heikel. Bestäubungsversuche mit Pollen anderer Coryphanthen oder von *Escobarien*, *Neolloydien* oder anderen Gattungen erwiesen sich stets als erfolglos.

Abbildungen: Pflanzenporträt siehe Farbtafel 72.

9 Coryphanthen in Kultur

Coryphanthen sind mit wenigen Ausnahmen recht einfach zu ziehende und zu pflegende Kakteen, die willig ihre zahlreichen und grossen Blüten vom Sommer bis in den späten Herbst hinein hervorbringen (siehe Farbtafel 8).

Allerdings braucht es viel Geduld, um Coryphanthen aus Samen zu vermehren: Sie wachsen äusserst langsam und von der Aussaat bis zur ersten Blüte können ohne weiteres 10 Jahre vergehen, bis zur Erlangung eines wirklich voll ausgebildeten Dornenkleids noch einiges mehr. Um so grösser ist dafür die Freude und der Stolz, ein solches Prachtstück herangezogen zu haben. Dabei ist die Zeitspanne bis zur erwachsenen Pflanze gerade bei dieser Gattung besonders spannend, da viele Arten ihr Aussehen immer wieder ändern und es für den Sammler stets Neues zu entdecken gibt.

Die Schwierigkeiten in Kultur nehmen entsprechend der Herkunft der Arten von Süden nach Norden zu. Am schwierigsten in Kultur sind gewisse nordmexikanische Arten wie *C. robustispina*, *C. poselgeriana* oder *C. werdermannii*.

Die meisten Coryphanthen sind regelmässige Blüher, sobald sie eine entsprechende Grösse erreicht und Warzenfurchen ausgebildet haben. Eine Ausnahme bilden etwa *C. erecta* und *C. glassii*, die in Kultur äusserst blühfaul sein können. Viel Geduld braucht auch *C. recurvata*, die mit ihren Blüten lange Jahre auf sich warten lässt, dann aber grosszügig, mit vielen Blüten gleichzeitig auftrumpft.

9.1 Optimale Kulturbedingungen

Für Coryphanthen gelten im allgemeinen die gleichen Kulturbedingungen wie für die meisten anderen nordamerikanischen Kakteengattungen. Am einfachsten ist es natürlich, Coryphanthen in einem Gewächshaus zu ziehen. Viele Arten, vor allem jene aus dem südlichen und zentralen Mexiko sind aber auch für das Fensterbrett oder einen Frühbeetkasten geeignet. Die Klimaansprüche sind recht bescheiden: Im Sommer haben sie gerne hell und warm und können öfters gegossen werden, im Winter benötigen sie eine mehrmonatige Vegetationsruhe, in der nicht gegossen werden sollte. Die Pflanzen müssen nicht direkt unter Glas kultiviert werden, doch sollte ihr Standort viel Licht und direkte Sonneneinstrahlung aufweisen und die Luft genügend zirkuliert werden. Verbrennungen durch zuviel Sonneneinstrahlung sind eher selten, vielmehr schützen sich die Pflanzen durch vermehrte Dornen- und Wollfilzbildung davor, was sie für den Züchter attraktiver macht. Im Winter, sofern sie rechtzeitig abgehärtet wurden und absolut trocken stehen, ertragen sie Temperaturen bis gegen den Gefrierpunkt. Als ideal hat sich eine trockene und helle Überwinterung bei 4 bis 12 °C erwiesen.

9.2 Substrat, Töpfe

Gut bewährt haben sich hauptsächlich mineralische Substratmischungen, wobei der genauen Zusammensetzung keine besondere Bedeutung zukommt. Je nördlicher die Herkunft der Art ist, desto weniger organisches Material sollte die Pflanzenerde aufweisen.

Das Substrat sollte locker, nicht klumpend und nicht zu feinkörnig sein, es darf nicht zu wasserhaltend sein und Staunässe bewirken, sollte aber während längerer Zeit die Wurzeln leicht feucht halten. Der ideale pH-Wert sollte um pH 7 liegen.

Als Behälter haben sich tiefe Plasticcontainer am besten bewährt, da in Tontöpfen die Saugwurzeln entlang der Topfwände zu grosser Verdunstungskälte ausgesetzt sind und absterben können. Viele Coryphanthen weisen verdickte Wurzeln, Rübenwurzeln oder Sprossrüben auf und müssen folglich in genügend tiefe Gefässe gepflanzt werden. Die Töpfe sind eher zu gross als zu knapp zu bemessen. In jeden Topf gehört nur eine Pflanze, da sie sich sehr stark konkurrenzieren und ansonsten die Schwächeren kümmern oder eingehen. Zur Erlangung eines guten Wasserabzugs empfiehlt es sich, unten in die Töpfe etwas grobes Material einzufüllen, ebenso zuoberst in den Topf als Garantie für ein schnellen Abtrocknen des Wurzelhalses (wichtig vor allem bei Arten mit dünnem Wurzelhals wie *C. wohlschlageri*, *C. glanduligera*, *C. pulleineana* und andere).

Umtopfen ist während der ganzen Vegetationsperiode möglich, optimal jedoch im frühen Frühjahr vor dem Einsetzen des Wachstums. Da das Wachstum eher langsam ist, muss nur alle paar Jahre umgetopft werden.

9.3 Giessen, Düngung

Vom Frühjahr bis zum Herbst sind Coryphanthen ausreichend zu giessen und das Substrat sollte eigentlich nie völlig austrocknen. Im Sommer kann wöchentlich gegossen werden, im Frühjahr und Herbst etwas weniger, je nach Witterung. Empfindlich auf Staunässe sind vor allem die nordmexikanischen Arten sowie jene mit rübigen Wurzeln wie zum Beispiel *C. gracilis*, deren Wurzeln ansonsten rasch faulen. Um ein möglichst rasches Abtrocknen der Pflanzen zu gewährleisten ist der günstigste Zeitpunkt zum Giessen der frühe Morgen, im Hochsommer kann auch am Abend gewässert werden. Überbrausen der Pflanzen reduziert überreichliche Wollbildung. Gelegentliches Giessen mit kalkhaltigem Wasser schadet zwar nicht, doch hat sich Regenwasser besser bewährt. Regenwasser sollte aber darauf kontrolliert werden, dass es nicht durch Umweltschmutz, kupfrige Dachrinnen usw. kontaminiert ist.

Sobald die Coryphanthen im Frühjahr mit dem Wachstum begonnen haben, sollten sie gedüngt werden. Bis Ende Juni können vier bis sechs Düngergaben verabreicht werden, später jedoch sollte die Düngung vollständig eingestellt werden, damit der Neutrieb bis zum Winter ausreifen kann. Handelsübliche flüssige Volldünger sind gut geeignet, sofern man die für Kakteen angegebene maximale Konzentration einhält und darauf achtet, dass die Pflanzen nicht zuviel Stickstoff erhalten.

9.4 Schädlinge, Krankheiten

Coryphanthen sind für Schädlinge nicht besonders anfällig und werden im Gewächshaus selten als erste befallen.

Besonders zu achten ist auf Wolläuse, die sich in den wolligen Scheiteln und Axillen der Pflanzen gut verbergen können. Eine Plage können Wurzelläuse und die Larven der Sciara-Fliege vor allem an Sämlingen sein, die deswegen regelmässig kontrolliert werden sollten.

Ein paar Arten gehören zum ausgesprochenen Lieblingsfutter der roten Spinnmilbe, welche hässliche Frassspuren im Neutrieb hinterlassen kann. So langsam wie die Pflanzen wachsen, wachsen sich diese Spuren auch wieder hinaus.

Ein heimtückischer Feind sind die Fadenwürmer oder Nematoden. Sie verbreiten sich mit überflüssigem Giesswasser von einem Topf zum andern und vermehren sich in den fleischigen oder rübigen Wurzeln prächtig. Giftige Stoffwechselprodukte der Würmer und das Verstopfen von Leitgefässen führen zum Absterben der Wurzeln und später der ganzen Pflanze. Beginnt eine Pflanze sich im Frühjahr nicht mit den andern zu füllen und zu wachsen, ist dringender Verdacht auf Nematoden gegeben. In diesem Fall bleibt nichts anderes, als die befallenen Wurzeln radikal zu entfernen, die Pflanzen zu desinfizieren, lange genug abtrocknen zu lassen (2–3 Wochen) und neu zu bewurzeln.

Gegen Pilzbefall sind Coryphanthen wenig anfällig, sofern darauf geachtet wird, dass die Luft an ihrem Standort immer leicht in Bewegung ist. Hingegen haben alle drüsenbildenden Arten um die Nektardrüsen herum einen Besatz von schwarzem Russpilz. Dieser ist aber für die Pflanze nicht gefährlich und nur ein optisches Problem. Lässt man im Sommer die Wespen und Ameisen den Honigtau einsammeln, so reduziert sich auch der Russpilz, ebenso durch öfteres Giessen von oben.

9.5 Aussaat, Vermehrung

Am einfachsten lassen sich sprossbildende Coryphanthen vermehren, indem man die Sprosse, die fast von selbst abfallen, in eigene Töpfe einpflanzt.

Eine etwas kompliziertere Methode lässt sich aus der Tatsache ableiten, dass sich in den Furchen der Warzen schlafende Vegetationspunkte befinden. Pfropft man eine Coryphanthen-Warze auf irgendeine gängige Unterlage und hat dann ein bis drei Jahre Geduld, so wird sie aus der Furche sprossen und eine neue Pflanze bilden. Diese Methode empfiehlt sich vor allem zur Rettung erkrankter, absterbender Pflanzen.

Das Wachstum von Sämlingen lässt sich durch eine frühe Pfropfung auf eine raschwüchsige Unterlage wie Pereskiopsis beschleunigen. Zwar blühen diese Pflanzen erheblich früher, doch haben sie später einen etwas anderen, meist spärlicher bedornten Habitus. Ansonsten ist Pfropfung von Coryphanthen problemlos möglich, angesichts der einfachen Kultivierung jedoch meist unnötig.

Die gängigste Vermehrungsmethode ist sicher die Aussaat. Das Saatgut kann im Handel erworben werden, doch lohnt es sich, nur Samen mit dokumentierter Herkunft, also zum Beispiel einer Sammelnummer, auszusäen. Es ist allerdings nicht einfach, gut dokumentierte und korrekt bestimmte Samen und Pflanzen im Handel aufzutreiben. Unsere Erfahrung zeigt, dass in den Gärtnereien und im Samenhandel die meisten Angebote entweder unter falschen Namen oder mit irgendwelchen Phantasienamen versehen angeboten werden oder sich als unbestimmbare Kulturhybriden erweisen. Natürlich kann auch selber produzierter Samen verwendet werden, sofern man zwei Mutterpflanze derselben Art und gleicher Herkunft hat. Eine Hybridisierung ist unbedingt zu vermeiden: Es gibt schon viel zu viele Hybriden, die unter dem Namen der Mutterpflanze gehandelt werden und zur verwirrenden Situation in der Gattung wesentlich beigetragen haben.

Coryphanthensamen keimen mit wenigen Ausnahmen sehr leicht innerhalb von 10 Tagen. Der beste Aussaatzeitpunkt ist der Frühling, da dann die Sämlinge zügig und ohne Unterbruch den ganzen Sommer wachsen können. Es empfiehlt sich, Samen und Substrat mit einem Desinfektionsmittel wie Chinosol zu behandeln. Als Aussaatsubstrat eignet sich feiner Bims am besten. Anfänglich ist auf Feuchtigkeit und eine gespannte Luft zu achten, welche sich am besten in einem geschlossenen Gefäss erreichen lassen. Die Temperatur sollte zwischen 20 und 32°C variieren. Die Sämlinge sind im ersten oder im zweiten Jahr in tiefe Saatschalen zu pikieren, damit sie ihre Wurzeln gut ausbilden können. Spätestens nach drei bis vier Jahren sind die Pflanzen in Einzeltöpfen weiterzuziehen, da sie sich sonst durch zu starke Konkurrenz gegenseitig in der Entwicklung behindern.

Die meisten *Coryphantha*-Sämlinge sind nach 1 Jahr ca. 3–5 mm im Durchmesser. Einige Arten brauchen früh recht hohe Lichtintensitäten, sonst schiessen sie sehr rasch in die Höhe und bilden lange, dünne, schwächliche Säulchen, die früh absterben können. Diese Tendenz zu langgezogenem Wuchs findet sich vor allem bei *C. clavata*, *C. wohlschlageri* und *C. glanduligera*.

Die Zeitspanne von der Aussaat bis zur Blühfähigkeit ist von Art zu Art sehr unterschiedlich. Die raschesten Blüher sind nach unseren Erfahrungen *C. clavata* und *C. pulleineana* (3–4 Jahre). Viele Arten benötigen jedoch etwa 5–7 Jahre (zum Beispiel *C. echinoidea*, *C. vaupeliana*, *C. delaetiana*, *C. nickelsiae*, *C. sulcata*, *C. neglecta*), andere 8–10 Jahre (zum Beispiel *C. ottonis*, *delicata*, *pdeudoechinus*, *hintoniorum*) und einige gar noch mehr (zum Beispiel *C. difficilis*, *salinensis*, *poselgeriana*, *robustispina*, *recurvata*).

Trotz dieser langen Zeiträume bleibt die Aufzucht von Coryphanthen stets eine spannende Aufgabe.

10 Anhang

10.1 Vergleichstabellen

Tab. 1. Coryphantha echinoidea/Coryphantha glanduligera.

	Coryphantha echinoidea (Quehl) BR. & R.	*Coryphantha glanduligera* (Otto) Lemaire
Körper	kugelförmig, 6 cm ⌀, 5,5 cm hoch	umgekehrt eirund bis kurz keulenförmig, bis 6 cm ⌀ und 12 cm hoch
Wurzeln	faserig	rübig
Warzen	konisch-kegelig	konkav-kegelig
Randdornen	20–24, weiss, dunkel gespitzt	18–20, gelblich, dann grauweiss
Mitteldornen	1–3, meist 2, bis 15 mm lang, hornfarbig bis braun	3–4, 15–20 mm lang, gelblich-hornfarbig mit brauner Spitze
Sämlinge	kugelig	keulig-kurzsäulig

Tab. 2. Coryphantha clavata/Coryphantha octacantha/Coryphantha georgii.

	Coryphantha clavata	*Coryphantha octacantha*	*Coryphantha georgii*
Wuchsform	Zylindrisch-säulig	Säulenförmig	Kugelig oder keulenförmig
Warzen	in 5 und 8 oder 8 und 13 Serien; klein (½), rund	in 5 und 8 oder 8 und 13 Serien; gross; gekielt	in 5 und 8, 8 und 13 oder 13 und 21 Serien; gross; rund, etwas bauchig, nicht gekielt
	Epidermis grasgrün	Epidermis grasgrün	Epidermis dunkelgrün
Randdornen	regelmässig radiär	alle unregelmässig angeordnet	untere regelmässig und horizontal angeordnet
	alle +/– gleich lang	obere länger obere nicht gebüschelt	alle +/– gleich lang obere eng gestellt/ gebüschelt
Mitteldornen	stets 1	1–3	1–3, besonders bei jungen Pflanzen zweifarbig
		braun/weiss	
Blüten	klein (2,5–3 cm ⌀)	gross (7 cm ⌀)	mittelgross (3,5–4 cm ⌀)

Vergleichstabellen

Tab. 3. Coryphantha jalpanensis/Coryphantha glassii.

	Coryphantha jalpanensis Buchenau	*Coryphantha glassii* Dicht & A. Lüthy
Körper	**Basal sprossend**, Gruppen bis 25 cm ∅ bildend, **zylindrische oder kurzkeulige Einzelköpfe bis 15 cm hoch** und 5–6 cm Durchmesser, **sattgrün**, Scheitel eingesenkt, wenig bewollt, **Faserwurzeln**.	**Durch Stolone** grosse Gruppen bis 50 cm ∅ bildend, **säulige Einzelköpfe bis 30 cm hoch**, 6 cm ∅, **lindengrün**, Scheitel flach, sehr spärlich Wolle, durch schmalen Wurzelhals abgesetzte **Rübenwurzel**.
Warzen	In 5 und 8 Serien, zylindrisch-konisch, oben etwas abgeflacht, **unten bauchig**, aufsteigend, **basal 10–12 mm breit, 9–10 mm hoch**, Oberkante 7 mm lang, Unterkante 13 mm, **Oberkante gegen aussen aufsteigend**.	In 5 und 8 Serien, zylindrisch-konisch, **unten gekielt**, aufsteigend, **basal 6 mm breit, 14 mm hoch**, Oberkante 9 mm, Unterkante 20 mm lang, **Oberkante** ausser im Neutrieb **gegen aussen abfallend** bis höchstens waagrecht.
Axillen	Mit weisser Wolle und darin 1 orangen, manchmal roten Drüse.	Nur im Neutrieb mit Wolle, mit einer gut sichtbaren, gelborangen Drüse.
Randdornen	10–12, 6–10 mm lang, **weiss mit dunkler Spitze**.	10–13, davon 10–11 untere und seitliche, untere 8 mm lang, seitliche 7 mm, **gelblichweiss**, oft weissfleckig, **oben 1–2 lange**, dünnadelige, gerade, **12 mm lang, fast weiss**.
Mitteldornen	**1–3 (–4)**, davon **einer** dominant, **10–17 mm lang**, leicht nach unten vorgestreckt, **zwei weitere** seitlich nach oben, **6–10 mm lang, braun, später grau, dunkel gespitzt**.	**2–3**, davon **einer** dominant gerade, nach unten weisend vorgestreckt, derbnadelig, **16–25 mm lang**, gelbbraun-hornfarbig, **weisslich gefleckt**, die anderen **schräg nach oben weisend**, 11 mm lang, gelbbräunlich-hornfarbig.
Blüten	4–4,5 cm lang und 3–4,5 cm breit.	3,5 cm lang, 3 cm breit.
Frucht	15–20 mm lang und 10–12 mm Durchmesser	10 mm lang, 8 mm Durchmesser
Fett hervorgehobene Textpassagen = Hauptunterschiede		

Tab. 4. Coryphantha durangensis subsp. durangensis/subsp. cuencamensis.		
	Coryphantha durangensis subsp. *durangensis*	*Coryphantha durangensis* subsp. *cuencamensis*
Körper	Eiförmig bis säulig, bis 7 cm breit und über 15 cm hoch, Scheitel eiförmig gerundet	Eiförmig-kugelig bis zylindrisch, bis 10 cm breit und 16 cm hoch, Scheitel flach
Warzen	In 5 und 8, selten 8 und 13 Serien, sehr flach, wenig gekielt, Länge Oberkante –6 mm, Unterkante 12–14 mm.	In 13 und 21, seltener 8 und 13 Serien, gegen oben konisch, Länge Oberkante 10 mm, Unterkante 13–15 mm.
Randdornen	9–16, untere und seitliche 7–10 mm lang, obere bis doppelt so lang	14–17, 15–17 mm lang, obere bis 18 mm
Mitteldornen	(0–)1, nach oben gerichtet, wenig vorgestreckt oder selten vereinzelte bis fast senkrecht zu den Randdornen	stets 1, senkrecht zu den Randdornen vorgestreckt (nie nach oben gerichtet)

Tab. 5. Coryphantha ramillosa subsp. ramillosa/subsp. santarosa.

	Coryphantha ramillosa subsp. *ramillosa* Cutak	*Coryphantha ramillosa* subsp. *santarosa* Dicht & A. Lüthy
Körper	Einzeln, 6 cm ⌀, 5 cm hoch, niedergedrückt, **graugrün**.	Einzeln, auch Gruppen bildend, 7 cm ⌀, 3–4 cm hoch, halbkugelig, oben abgeflacht, **grasgrün**.
Warzen	Bis 15–25 mm breit, **20 mm lang**	Basal bis 20 mm breit, **10 mm lang**
Randdornen	**14–20, 10–35 mm lang.**	**11–13, 9–12 mm lang**, oft oben gebüschelt.
Mitteldornen	4, der untere, **längste bis 40 mm lang**, alle **derbnadelig**.	–4, der untere, **längste bis 28 mm lang**, lang alle **nadelig**.
Blüten	65 mm lang, 50 mm breit, Farbe variabel von **blass pink bis tief rosapurpur**. Äussere Blütenblätter heller, breiter, mit hellgrünem Mittelstreifen. Innere Blütenblätter weiss, obere ½ bis ⅓ pink bis purpur, Staubfäden kurz, weiss, Staubbeutel goldgelb bis orange.	65 mm lang, 50 mm ⌀, **gelb**. Äussere Blütenblätter gelb mit rotbraungrünem Mittelstreifen, basal 3, gegen oben 4 mm breit. Innere Blütenblätter gelb, Staubfäden hellgelb, Staubbeutel dunkelgelb.
Herkunft	Auf Kalkböden in unmittelbarer Nachbarschaft des Rio Grande vom Brewster Co., Texas bis zum Big Bend, USA. In den benachbarten mexikanischen Bundesstaaten Chihuahua und Coahuila.	Im Norden des mexikanischen Bundesstaates Coahuila. Typstandort: La Babia.

10.2 Literaturverzeichnis

ANDERSON, E. F. (2000): The Cactus Family. – Timber Press, Portland, Oregon.
APPENZELLER, O. (1992): Feldnummern-Liste Alfred Lau. – AfM, Frankenthal (Sonderheft 1992 des Arbeitskreises für Mammillarienfreunde e. V. Osnabrück).
APPENZELLER, O. (1996): Feldnummern-Liste Steven Brack der Gattungen Coryphantha, Escobaria, Mammillaria und Neolloydia. – AfM, Frankenthal (Sonderheft 1996 des Arbeitskreises für Mammillarienfreunde).
ARIAS, S., GAMA S., GUZMAN, L. U. (1992): Cact. Suc. Mex. 37: 71.
ARIAS, S., GAMA S., GUZMAN, L. U. (1997): Flora del Valle de Tehuacan – Cuicatlan. – UNAM.
BACKEBERG, C. (1934–1938): Blätter für Kakteenforschung. – Selbstverlag Volksdorf.
BACKEBERG, C. (1942): Stachlige Wildnis. – Neumann Verlag, Radebeul und Berlin.
BACKEBERG, C. (1942): Neue Arten aus „Stachlige Wildnis". *Coryphantha villarensis* Bckbg. – Sonderabdruck aus Fedde, Repertorium, LI: 64.
BACKEBERG, C. (1943): *Coryphantha villarensis*. – Kakteenkunde 9.
BACKEBERG, C. (1948): *Neolloydia pulleineana*. – The Spine 1 (4): 108.
BACKEBERG, C. (1949): Blätter für Sukkulentenkunde. Addenda zu „Blätter für Kakteenforschung" Nr. 1.
BACKEBERG, C. (1961): Die Cactaceae 5. – VEB Gustav Fischer Verlag Stuttgart.
BACKEBERG, C. (1966): Das Kakteenlexikon. – Gustav Fischer Verlag Stuttgart.
BARTHLOTT, W. (1977): Kakteen. – Belser Verlag, Suttgart.
BENSON, L. (1940): The Cacti of Arizona. – The University of Arizona Press, Tucson, Arizona.
BENSON, L. (1969-1): *Cactaceae*. In Lundell, Fl. Texas 2 (2): 300.
BENSON, L. (1969-2): *Coryphantha macromeris* (Engelm.) Britton & Rose var. *runyonii* L. Benson comb. nov. – Cact. Succ. J. (US) 41: 188.
BENSON, L. (1969-3): *Coryphantha sulcata* (Engelm.) Britton & Rose var. *nickelsiae* (K. Brandegee) L. Benson comb nov. – Cact. Succ. J. (US) 41: 188.
BENSON, L. (1969-4): *Coryphantha cornifera* (DC.) Britton & Rose var. *echinus* (Engelm.) L. Benson, comb. nov. – Cact. Succ. J. (US) 41: 189.
BENSON, L. (1969-5): *Coryphantha scheeri* (Kuntze) L. Benson comb. nov. – Cact. Suc. J. (US) 41: 234.
BENSON, L. (1969-6): *Coryphantha scheeri* (Kuntze) L. Benson var. *uncinata* L. Benson, var. nov. – Cact. Suc. J. (US) 41: 234.
BENSON, L. (1974): New taxa and nomenclatural changes in the Cactaceae. – Cact. Succ. J. (US) 46: 79–81.
BENSON, L. (1982): The Cacti of the United States and Canada. – Stanford University Press, Stanford California.
BERGER, A. (1926): Die Entwicklungslinien der Kakteen. – Gustav Fischer Verlag Jena.
BERGER, A. (1929): Kakteen. – Verlag Eugen Ulmer, Stuttgart.
BERTRAND, A. Famille des Cactées. Coryphantha (Eng.) Lemaire. – Cactus 12: 13 ff. Paris.
BÖDEKER, F. (1910): *Mamillaria Delaetiana* Quehl und verwandte Arten. – Monatsschr. Kakt. 20: 91–92.
BÖDEKER, F. (1910): Kleine Mitteilungen und Fingerzeige. *Mamillaria De Laetiana*. – Monatsschr. Kakt 20: 141.
BÖDEKER, F. (1912): Reisebeobachtungen, -erfahrungen und -betrachtungen. – Monatsschr. Kakt. 22: 142.
BÖDEKER, F. (1914): *Mamillaria Gürkeana* Bödeker, spec. nov. – Monatsschr. Kakt. 24: 54–55.
BÖDEKER, F. (1917): Die Blüte der *Mammillaria delaetiana*. – Monatsschr. Kakt. 27: 21.
BÖDEKER, F. (1917): Weitere Beobachtungsergebnisse zu *Mammillaria delaetiana*. – Monatsschr. Kakt. 27: 134.
BÖDEKER, F. (1924): *Mammillaria scheeri* Mühlenpfordt und andere Coryphanthen. – Zeits. Sukk. 10: 117 ff.
BÖDEKER, F. (1925): *Mammillaria gladiispina* n. sp. – Zeits. Sukk. 2 (7) 120–121.
BÖDEKER, F. (1928): Ueber *Mammillaria scheeri* Mühlenpf. und *Mammillaria valida* Purp. (syn. *Mam. saltillensis* Böd.). – Zeits. Sukk. 3: 268–270.
BÖDEKER, F. (1928): Zwei neue Coryphanthen. *Coryphantha unicornis*. – Zeits. Sukk. 10: 205–206.
BÖDEKER, F. (1928): *Coryphantha vaupeliana* Böd. sp. n. – Zeits. Sukk. 10: 207–208.
BÖDEKER, F. (1928): *Mammillaria <Coryphantha> andreae* J. A. Purpus und Bödeker n. spec. – Zeits. Sukk. 251.
BÖDEKER, F. (1928): Ueber Mammillaria scheeri Mühlenpf. und Mammillaria valida Purp. (syn. Mam. saltillensis. Böd.). – Zeits. Sukk. 3 (12) 268–270.

Literaturverzeichnis

Bödeker, F. (1929): *Coryphantha pseudoechinus* Böd. sp. n. – Monatsschr. DKG 17–20.

Bödeker, F. (1929): *Coryphantha roederiana* Böd. spec. nova. – Monatsschr. DKG 1: 153.

Bödeker, F. (1929): *Coryphantha werdermannii* Böd. spec. nova. – Monatsschr. DKG 7/8: 155–156.

Bödeker, F. (1929): *Coryphantha bergeriana* Böd. sp. n. – Monatsschr. DKG 10: 191–192.

Bödeker, F. (1930): *Coryphantha speciosa* Böd. spec. nova. – Monatsschr. DKG 2: 23–24.

Bödeker, F. (1930): *Coryphantha obscura* Böd., sp. n. – Monatsschr. DKG 2: 25.

Bödeker, F. (1931): Ueber einige schwierig zu erkennende Coryphanthen. – Monatsschr. DKG 12–14.

Bödeker, F. (1931): *Coryphantha Georgii* Böd., spec. nova. – Monatsschr. DKG 163–164.

Bödeker, F. (1931): *Coryphantha longicornis* Böd., sp. n. – Monatsschr. DKG 249–251.

Bödeker, F. (1932): *Coryphantha Vogtherriana* Werd. et Böd. sp. n. – Monatsschr. DKG 32–33.

Bödeker, F. (1932): *Coryphantha calcarata*. – Monatsschr. DKG 4 (4): 7 1–73.

Bödeker, F. (1933): Mammillarien-Vergleichsschlüssel. – Neudamm: J. Neumann.

Bödeker, F. (1933): Ueber *Mammillaria (Coryphantha) robustispina*. – Kakteenkunde 1 (4): 73–74.

Bödeker, F. (1933): Ueber *Coryphantha pycnacantha* Mart. und über *Coryphantha reduncuspina* Böd. sp. n. – Kakteenkunde 8: 153–154.

Bödeker, F. (1935): *Coryphantha poselgeriana var. kieferiana*. – Monatsschr. DKG 276.

Boke, N. H. (1952): Leaf and areole development in Coryphantha. – Amer. J. Bot. 39: 134–145.

Boke, N. H. (1953): Tubercle Development in *Mammillaria heyderi* – Amer. J. Bot. 40: 239–247.

Boke, N. H. (1961): Areole dimorphism in Coryphantha. – Amer. J. Bot. 48 (5): 93–603.

Borg, J. (1937): Cacti. – Blandford Press, London.

Bourdoux, P. (1970): Le genre Coryphanta. – Cactus (Antwerpen) 162 ff.

Brandegee, K. (1900): *Mammillaria nickelsae*. – Zoe 5: 31.

Bravo-Hollis, H. (1937): Las Cactaceas de Mexico. – Instituto de Biologia Universitaria, Universitad Nacional Autonoma de Mexico.

Bravo-Hollis, H. (1937): Observaciones floristicas y geobotanicas en el Valle de Mezquital, Hidalgo. – An. Inst. Biol. Mex. 8: 3 ff.

Bravo-Hollis, H. (1954): *Coryphantha melleospina* sp. n. – Anales del Instituto de Biologia 25: 526.

Bravo-Hollis, H. (1954): *Coryphantha pseudoradians* n. sp. – An. Inst. Biol. Mex. 25: 528.

Bravo-Hollis, H. (1964): Una nueva especie de Coryphantha. *Coryphantha Greenwoodii*. – Cact. Suc. Mex. 9: 79–80.

Bravo-Hollis, H. (1970): Una especie nueva del genero Coryphantha. – Cact. Suc. Mex. 15: 27–29.

Bravo-Hollis, H. (1982): *Coryphantha retusa* (Pfeiffer) Britton & Rose var. *melleospina* (Bravo) Bravo. – Cact. Suc. Mex. 27: 17.

Bravo-Hollis, H. (1982): *Coryphantha radians* (De Candolle) Britton et Rose var. *pectinoides* (Coulter) Bravo, Comb. Nov. – Cact. Suc. Mex. 27: 17.

Bravo-Hollis, H. (1982): *Coryphantha radians* (De Candolle) Britton et Rose var. *pseudoradians* (Bravo) Bravo. – Cact. Suc. Mex. 27: 17.

Bravo-Hollis, H. & Sanchez Mejorada, H. (1989): Claves para la identificacion de las Cactaceas de Mexico.

Bravo-Hollis, H. & Sanchez Mejorada, H. (1991): Las Cactaceas de Mexico, Vol. III. – Universidad Nacional Autonoma de Mexico.

Bremer, L. (1971): Coryphantha. Descripcion de Ejemplares. *Coryphantha asterias*. – Cact. Suc. J. Mex. 16: 61 ff.

Bremer, L. (1971): Coryphantha. Descripcion de Ejemplares. *Coryphantha durangensis* (Ruenge) Br. & R. – Cact. Suc. Mex. 16: 62.

Bremer, L. (1972): Descripcion de Coryphantha II. *Coryphantha gladiispina* (Boedeker) Berger. – Cact. Suc. Mex. 17: 110–111.

Bremer, L. (1972): Descripcion de Coryphantha. *Coryphantha calochlora* Bödeker. -Cact. Suc. Mex. 17: 111–112.

Bremer, L. (1973): Descripciones de Coryphantha III. *Coryphantha elephantidens*. – Cact. Suc. Mex. 18: 54–56.

Bremer, L. (1976): Descripciones de Coryphantha IV. *Coryphantha erecta*. – Cact. Suc. Mex. 21: 10–11.

Bremer, L. (1976): Descripciones de Coryphantha. *Coryphantha potosiana*. – Cact. Suc. Mex. 21: 12–13.

Bremer, L. (1976): *Coryphantha recurvispina* (De Vriese) Bremer, Comb. nov. – Cact. Suc. Mex. 21: 13–15/28.

Bremer, L. (1977): Descripciones de Coryphantha V: *Coryphantha poselgeriana*. – Cact. Suc. Mex. 22: 14–19.

Bremer, L. (1977): *Coryphantha elephantidens* var. *barciae*. – Cact. Suc. Mex. 22: 64–66.

BREMER, L. (1977): *Coryphantha Indensis*, una nueva especie. – Cact. Suc. Mex. 22: 75–77.

BREMER, L. (1978): Descripciones de Coryphantha. *Coryphantha compacta*. – Cact. Suc. Mex. 23: 38.

BREMER, L. (1978): Descriptiones de Coryphantha. *Coryphantha unicornis*. – Cact. Suc. Mex. 23: 39–41.

BREMER, L. (1978): Descripciones de Coryphantha VIII. *Coryphantha difficilis*. – Cact. Suc. Mex. 23: 92–93.

BREMER, L. (1978): *Coryphantha grandis*, sp. nov. A new species from Durango, Mexico. – Cact. Succ. J. (US) 50: 134–135.

BREMER, L. (1979): *Coryphantha Neglecta* Sp. Nov. – Cact. Suc. Mex. 24: 3–5.

BREMER, L. (1979): Descripciones de Coryphantha VIII. *Coryphantha maiz-tablasensis* Backeberg. – Cact. Suc. Mex. 24: 34.

BREMER, L. (1979): Descripciones de Coryphantha: *Coryphantha echinoidea* (Quehl) Britton & Rose. – Cact. Suc. Mex. 24: 36–38.

BREMER, L. (1979): Descripciones de Coryphantha IX. *Coryphantha recurvata*. – Cact. Suc. Mex. 24: 62–64.

BREMER, L. (1979): Descripciones de Coryphantha: *Coryphantha georgii*. – Cact. Suc. Mex. 24: 65.

BREMER, L. (1979): *Coryphantha delicata*, sp. nov. A New Species from Tamaulipas, Mexico. – Cact. Succ. J. (US) 51: 76.

BREMER, L. (1979): *Coryphantha laui* sp. nov. A New Species from Coahuila, Mexico. – Cact. Succ. J. (US) 51: 278–279.

BREMER, L. (1980): Descripciones de Coryphantha. *Coryphantha longicornis*. – Cact. Suc. Mex. 25: 68–69.

BREMER, L. (1980): Descripciones de Coryphantha. *Coryphantha borwigii* Purpus. – Cact. Suc. Mex. 15: 69–71.

BREMER, L. (1980): Descripciones de Coryphantha. *Coryphantha nickelsae*. – Cact. Suc. Mex. 25: 69–72.

BREMER, L. (1980): *Coryphantha garessii* sp. nov. A New Species from Zacatecas, Mexico. – Cact. Succ. Mex. 52: 82–83.

BREMER, L. (1980): *Coryphantha cuencamensis* Sp. Nov. A New Species from Durango, Mexico. – Cact. Succ. J. (US) 52: 183.

BREMER, L. (1981): *Coryphantha grata* sp. nov. A New Species from Tamaulipas, Mexico. – Cact. Succ. J. (US) 53: 276–277.

BREMER, L. (1982): *Coryphantha pusilliflora* Sp. Nov. A New Species from Coahuila, Mexico. – Cact. Succ. J. (US) 54: 133 ff.

BREMER, L. (1984): *Coryphantha maliterrarum* Sp. Nov. A New Species from Querétaro, Mexico. – Cact. Succ. J. (US) 56: 71.

BREMER, L. (1984): *Coryphantha bernalensis* sp. nov. A New Species from Querétaro, Mexico. – Cact. Succ. J. (US) 56: 165.

BREMER, L. & LAU, A. (1977): *Coryphantha gracilis* sp. nov. A New Species from Chihuahua, Mexico. – Cact. Succ. J. (US) 49: 71–73.

BRITTON, N. L. & BROWN, A. (1913): An illustrated Flora of the Northern United States …, ed. 2, 1–3. Scribner, New York.

BRITTON, N. L., MILLSPAUGH, C. F. (1920): Bahama Fl. 295.

BRITTON, N. L., ROSE, J. N. (1922): Bull. Torr. Club. 49: 251.

BRITTON, N. L., ROSE, J. N. (1923): The Cactaceae. – Carnegie Inst. Washington.

BUCHENAU, F. G. (1965): *Coryphantha jalpanensis* sp. nov. – Cact. Suc. Mex. 2: 36–39.

BUXBAUM, F. (1937): Die dynamische Methode und die notwendigen Grundlagen bei der Behandlung systematischer Fragen bei den Kakteen. Vortrag vom 18. Juli 1937 in Düsseldorf.

BUXBAUM, F. (1951): Österr. Bot. Zeitschr. 98: 78.

BUXBAUM, F. (1951): Die Gattungen der Mammillaria-Stufe I. – Sukkulentenkunde 4: 3.–14. Jahrbücher der Schweizerischen Kakteengesellschaft, Zürich.

BUXBAUM, F. (1951): Die Gattungen der Mammillaria-Stufe II. – Sukkulentenkunde 4: 15–22. Jahrbücher der Schweizerischen Kakteengesellschaft, Zürich.

BUXBAUM, F. (1954): Die Gattungen der Mammillaria-Stufe III. – Sukkulentenkunde 5: 3–33. Jahrbücher der Schweizerischen Kakteengesellschaft Zürich.

BUXBAUM, F. (1956): The phylogenetic position of Coryphantha, Escobaria subgen. Pseudocoryphantha and Mamillopsis. – Cact. Succ. J. Gr. Brit. 18: 30–32.

BUXBAUM, F. (1956–1960): Morphologie der Kakteen 1–110. – In: Krainz, Die Kakteen, Franckh'sche Verlagshandlung Stuttgart.

BUXBAUM, F. (1962): Kakteenpflege biologisch richtig. – Franckh'sche Verlagshandlung, Stuttgart.

CASTELLA, M. T. (1957): Ensayo de un aficionado a las Cactaceas. – Cact. Suc. Mex. 3: 87 ff.

CHAMPIE, C. (1974): Cacti and Succulents of El Paso. – Abbey Garden Press, Sta. Barbara, Calif.

COULTER, J. M. (1894): Contributions from The U. S. National Herbarium, Vol. III, No. 2. Washington.

Literaturverzeichnis

CRAIG, R. T. (1945): The Mammillaria Handbook. – Abbey Garden Press Pasadena.

CULLMANN, W., E. GÖTZ und G. FRÖNER (1984): Kakteen: Kultur, Vermehrung und Pflege; Lexikon der Gattungen und Arten. – Verlag Eugen Ulmer Stuttgart.

CUTAK, L. (1942): *Coryphantha ramillosa*. A New Species from the Big Bend Region of Texas. – Cact. Succ. J. (US) 14: 163–164.

DAMS, E. (1904): *Mamillaria cornifera* P. DC. – Monatsschr. Kakt. 14, V: 72.

DAMS, E. (1905): *Mamillaria radians* P. DC. var. *impexicoma* S.-D. – Monatsschr. Kakt. 17: 6–7.

DE CANDOLLE, A. P. (1824): Prodromus systematis naturalis regni vegetabilis. – Paris.

DE CANDOLLE, A. P. (1828–1838): Memoires Museum d'Histoire Naturelle. – Paris.

DE CANDOLLE, A. P. (1828): Revue de la Famille des Cactées. – Paris.

DE VRIESE (1839-1): *Mamillaria pfeifferiana*. – Tijdschr. Nat. Gesch. VI: 51.

DE VRIESE (1839-2): *Mamillaria recurvispina*. – Tijdschr. Nat. Gesch. VI: 53.

DICHT R. F. (1996-1): Fazit einer nomenklatorischen Irrfahrt: Von *Coryphantha scheeri* (Kuntze) L. Benson zurück zu *Coryphantha muehlenpfordtii* Britton & Rose. – Kakt. and. Sukk. 47 (5): 93.

DICHT R. F. (1996-2): Die Synonymie von *Coryphantha poselgeriana* (Dietrich) Br. & R. und *Coryphantha salm-dyckiana* (Scheer ex Salm-Dyck) Br. & R. – Kakt. and. Sukk. 47 (8): 168.

DICHT R. F. (1997): *Coryphantha glanduligera* (Otto) Lemaire – Rehabilitierung eines vergessenen Taxons. – Kakt. and. Sukk. 48 (10): 221.

DICHT, R. F. (1998-1): *Coryphantha glanduligera* (Otto) Lemaire – Rehabilitation of a forgottem taxon. – The Journal of the Mammillaria Society 38 (1): 2.

DICHT, R. F. (1998-2): Resurrection or Rehabilitation of Old Names. – The Journal of the Mammillaria Society 38 (3): 43.

DICHT, R. F. & LODÉ, J. (2001): *Coryphantha hintoniorum* Dicht & Lüthy = *Coryphantha roederiana* Bödeker? – International Cactus Adventures 49: 8.

DICHT, R. F. & LÜTHY, A. D. (1998-1): *Coryphantha sulcata* (Engelmann) Britton & Rose in Mexiko: Drei Bödekersche Arten als Synonyme identifiziert. – Kakt. and. Sukk. 9: 196.

DICHT, R. F. & LÜTHY, A. D. (1998-2): Im Feld wiederaufgefunden: *Coryphantha salinensis* (Poselger) Dicht & A. Lüthy comb. nov. – Kakt. and. Sukk. 49 (11): 256.

DICHT, R. F. & LÜTHY, A. D. (1999-1): *Coryphantha hintoniorum* Dicht & A. Lüthy spec. nov.: Eine neue Art aus dem mexikanischen Bundesstaat Nuevo León. – Kakt. and. Sukk. 50 (1): 13.

DICHT, R. F. & LÜTHY, A. D. (1999-2): Rediscovered in the field: *Coryphantha salinensis* (Poselger) Dicht & A. Lüthy. – The Journal of the Mammillaria Society 39 (1): 2.

DICHT, R. F. & LÜTHY, A. D. (1999): Im Feld wiederaufgefunden: *Coryphantha vogtherriana* Werdermann & Bödeker. – Kakt. and. Sukk. 50 (6): 143.

DICHT, R. F. & LÜTHY, A. D. (2000): *Coryphantha glassii* spec. nov., eine neue Art aus Zentral-Mexiko. – Kakt. and. Sukk. 51 (1): 1.

DICHT, R. F. & LÜTHY, A. D. (2000-1): *Coryphantha pycnacantha* (Martius) Lemaire – Rectification of a widely misinterpreted species. – The Journal of the Mammillaria Society 40 (1): 2.

DICHT, R. F. & LÜTHY, A. D. (2000-2): *Coryphantha ramillosa* subsp. *santarosa* Dicht & A. Lüthy subsp. nov. – Kakt. and. Sukk. 51 (6): 141.

DICHT, R. F. & LÜTHY, A. D. (2000-3): *Coryphantha pallida* BRITTON & ROSE – Revision of a Very Variable Species. – Journal of the Mammillaria Society 40 (4): 46.

DICHT, R. F. & LÜTHY, A. D. (2000-4): Nomina Cactacearum Conservanda sive Rejicienda Proposita. – Cactaceae Systematics Initiatives 10: 19–22.

DICHT, R. F. & LÜTHY, A. D. (2001): A new conspectus of the genus *Coryphantha*. – Cactaceae Systematics Initiatives 11: 5.

DICHT, R. F. & LÜTHY, A. D. (2001): *Coryphantha gracilis* Bremer & Lau – ergänzende Beobachtungen im Feld und in Kultur. – Kakt. and. Sukk. 52 (11): 281.

DICHT, R. F. & LÜTHY, A. D. (2002): La sorprendente Variabilità delle/The amazing variability of *Coryphantha*. – CACTUS & Co. Vol VI (4): 199.

DICHT, R. F. & LÜTHY, A. D. (2003): Eine neue Zwergform aus den Bergen Nuevo Leóns: *Coryphantha hintoniorum* subsp. *geoffreyi* Dicht & A. Lüthy subsp.nov. – Kakt. and. Sukk. 54 (2): 43.

DICHT, R. F. & LÜTHY, A. D. (2003): Eine neue grosskugelige *Coryphantha* aus der Sierra Madre Occidental: *Coryphantha recurvata* subsp. *canatlanensis* Dicht & A. Lüthy subsp. nov. – Kakt. and. Sukk. 54 (3): 57.

DIETRICH, ALBERT (1848): *Mamillaria granduligera*. – Allg. Gartenz. 38: 298.

Dietrich, Albert (1851): *Echinocactus Poselgerianus* Nob. – Allg. Gartenz. 44: 346.

Doweld, A. (2000): Conspectus systematis tribus *Cacteae (Cactaceae)*. Genera et taxa supragenerici, 1. – Novosti Sist. Vyssh. Rast. 32: 111–123.

Earle, W. Hubert (1963): Cacti of the Southwest. – Daily News, Arizona.

Eggli, Urs (1992): Glossary of botanical terms with special reference to Succulent Plants. British Cactus and Succulent Society.

Ehrenberg, Karl (1840): *Mammillaria schlechtendahlii*, Ehrenberg. – Linnaea 14: 377.

Ehrenberg, Karl (1846): Beitrag zur Geschichte einiger Mexicanischer Kakteen. – Linnaea 19: 337–368.

Ehrenberg, Karl (1849): Vierzig neue Mamillarien aus Mexico. – Allg. Gartenzeitung 17: 241 ff.

Emory, William H. (1859): Report on the United States and Mexican boundary survey („Cactaceae" von George Engelmann), Washington.

Endler, H. und Buxbaum, Franz (1974): Die Pflanzenfamilie der Kakteen. Ein systematischer Wegweiser für Liebhaber und Züchter. – Albrecht Philler Verlag, München.

Engelmann, George (1845): Bost. J. Nat. Hist. 5: 246.

Engelmann, George (1848): Sketch of the botany of Dr. A. Wislizenus's expedition from Missouri to Santa Fe, Chihuahua, Parras, Saltillo, Monterrey and Matamoros. In A. Wislizenius, Memoir of a tour to northern Mexico in 1846–1947. – U. S. Senate, Washington.

Engelmann, George (1856): Synopsis of the Cactaceae of the territory of the United States and adjacent regions. Proc. Amer. Acad. Arts. Sci. 3: 259–346.

Engelmann, George (1859): Cactaceae of the Boundary. In United States and Mexican Boundary Survey under the order of Lieut. Col. W. H. Emory. Vol. 2, part 1. – Washington.

Fennel, Nicolaus (1843): Beschreibung der Blüthen dreier Cactus-Arten. – Allg. Gartenz. 36: 281–282.

Fedde, A. F. (1906): Repetitorium novarum specierum regni vegetabilis. – Berlin.

Förster, C. F. (1846): Handbuch der Cacteenkunde in ihrem ganzen Umfange. – Verlag Im. Tr. Wöller, Leipzig.

Förster, C. F. (1847): Beschreibung einiger neuen Cacteen. *Mamillaria Mühlenpfordtii* Fstr. – Allg. Gartenz. 7: 49–50.

Fric, Alberto V. (1926): Der Kakteenjäger. – Möllers Deutsche Gärtner-Zeitung 12: 140–142.

Friedrich, Heimo (1968): Axillenblüten bei *Coryphantha* und die Beziehungen zwischen Coryphanthen- und Mammillarienblütentypus. – Kakt. and. Sukk. 19 (1): 5.

Glass, Charles (1968): Cactaceas Mexicanas Poco conocidas. – Cact. Suc. Mex. 2: 34 ff.

Glass, Charles (1975): *Coryphantha salm-dyckiana*. – Cact. Succ. J. (US) 47 (2): 54.

Glass, Charles und Foster, Bob (1970): Mexico Logbook, part IV. – Cact. Succ. J. (US) 42: 229–234.

Glass, Charles und Foster, Bob (1970): *Coryphantha potosiana* (Jacobi) Glass & Foster, comb. nov. – Cact. Succ. J. (US) 42: 266.

Glass, Charles und Foster, Bob (1975): Cover plate *Coryphantha difficilis* (Quehl) Berger. – Cact. Succ. J. (US) 47, No. 1.

Gürke, M. (1907): *Mammillaria radians*. – Monatsschr. Kakt. 17: 177–182.

Gürke, M. (1908): *Mammillaria radians*. – Blühende Kakteen 15: 5.

Haage, Walther (1954): Freude mit Kakteen. – Neumann Verlag Radebeul.

Haage, Walther (1981): Kakteen von A–Z. – Neumann Verlag Leipzig, Radebeul.

Halda, J. J., Chalupa, & J. Kupak, P. (2002): *Coryphantha kraciki* sp. nova. – Cactaceae etc. 1: 12.

Haworth, A. H. (1812): Synopsis plantarum succulentarum. – Richard Taylor, London.

Hernandez-Barrera, J. Trinidad (1992): *Coryphantha clava* (Pfeiffer) Lemaire, un nuevo registro para Tamaulipas. – Cact. Suc. Mex. 37: 83.

Hirao, H. (1979): Colour Encyclopedia of Cacti. – Sebundo Shinkocha Pub. Co. TLtd. Japan.

Holzeis, Ernst (1990): Coryphantha wohlschlageri Holzeis. Eine neue Art aus San Luis Potosí, Mexiko. – Kakt. and. Sukk. 41 (3): 50–52.

Hunt, David R. (1967–1975): Review of Mammillaria names in current usage. – Journ. Mam. Soc.

Hunt, David R. (1977): Schumann and Buxbaum reconciled. – Cact. Succ. J. GB 33.

Hunt, David R. (1978): Schumann und Buxbaum im Einklang. Sonderheft des Arbeitskreises für Mammillarienfreunde, Münster. Deutsche Uebersetzung aus Cact. Succ. J. GB 33.

Hunt David R. (1978): Mammillarien in der früheren Europäischen Literatur. – ZAG Mammillarien 4.

Hunt David R. (1981) Revised Classified List of the Genus Mammillaria. – Cact. Succ. J. GB 43.

Hunt David R. (1985): Ehrenberg's Beitrag zur Geschichte einiger mexicanischer Cacteen. – Bradleya 3: 67.

Literaturverzeichnis

HUNT DAVID R. & BENSON, LYMAN (1976): The lectotype of Coryphantha. – Cact Succ. J. (US) 48: 72.

HUNT DAVID R. & TAYLOR, NIGEL (1990): The genera of Cactaceae: progress towards consensus. Report. of the IOS Working Party 1987–90. – In Bradleya 8: 85.

INNES, C. & GLASS, CH. (1991): An Illustrated Encyclopaedia of Cacti. – Headline Book Publishing London.

JACOBI, G. A. (1856): *Mam. Potosiana.* – Allg. Gartenz. 24: 92.

JOHN, V. & RIHA, J. (1981): Rozclenei rodu Escobaria Britt. et Rose. – Kaktusy 17 (2): 40–44; part. II, ibid. (3): 63–66.

KLEINER, EWALD (1993): Der Sommer kommt mit Coryphanthen. – Kakt. and. Sukk. 44 (7) 142–144.

KRÄHENBÜHL, FELIX (1987): Lepidocoryphanthen. *Lepidocoryphantha macromeris* (Engelm.) Backeberg und. *L. runyonii* (Britton & Rose) Backeberg. – Kakt. and. Sukk. 38 (8): 182–183.

KRÄHENBÜHL, FELIX (1988): *Coryphantha greenwoodii* Bravo. – Kakt. and. Sukk. 39 (3): 57.

KRAINZ, HANS (1956–1975): Kakteen. – Stuttgart.

KROOK, J. J. (1854): Handbuch zur Kenntnis, Fortpflanzung und Behandlung aller bis jetzt bekannt gewordenen Cacteen in ihrem ganzen Umfang. – Verlag F. Günst, Amsterdam.

KUNTZE, CARL ERNST OTTO (1891): Revisio generum plantarum vascularium. – Leipzig.

LABOURET, J. (1858): Monographie de la famille des cactées. – Librairie Agricole de la maison rustique. Paris.

LAU, ALFRED B. (1982): *Coryphantha guerkeana* (Boed.) Br. & R. – Cact. Succ. J. (US) 54: 248 ff.

LAU, ALFRED B. (1983): Field numbers of Dr. Alfred B. Lau, Mexico and South America. – Selbstverlag.

LAU, ALFRED B. (1988): *Coryphantha tripugionacantha*, una nueva especie de Zacatecas. – Cact. Suc. Mex. 33: 20–23.

LAWRENCE, G. (1841): Catalogue of the cacti in collection of Rev. Theodore Williams, at Hendon Vicarage, Middlesex. – Gard. Mag. & Reg. Rural Domest. Improv. ser. 3, 6: 313–321.

LEE, M. (1975): *Coryphantha poselgeriana.* – Cact. Succ. J. (US) 46 (1): 28.

LEMAIRE CHARLES A. (1838): Cactearum aliquot novarum ac insuetarum in Horto Monvilliano cultarum accurata descriptio. – Paris.

LEMAIRE CHARLES A. (1839): Cactearum genera nova speciesque novae in Horto Monvilliano. – Loss, Paris.

LEMAIRE CHARLES A. (1841–1847): Iconographie descriptive des cactées. – Paris.

LEMAIRE CHARLES A. (1853): Iconographie des cactées. – Paris.

LEMAIRE CHARLES A. (1868): Les cactées. – Librairie Agricole des la Maison Rustique. Paris.

LEUENBERGER, BEAT (1974): Testa surface characters of Cactaceae. – Cact. Succ. J. (US) 46: 175–180.

LEUENBERGER, BEAT (1975): Die Pollenmorphologie der Cactaceae und ihre Bedeutung für die Systematik. – Ganter Verlag, Vaduz, Liechtenstein.

LINK, H. & OTTO, F. (1827): Ueber die Gattungen Melocactus und Echinocactus. – Verein zur Beförderung des Gartenbaus, Berlin.

LINKE, AUGUST (1857): *Mamillaria conimamma.* – Allg. Gartenz. 25: 239.

LINNÉ, C. (1753): Species plantarum. – L. Salvius, Stockholm.

LÜTHY, J. (1995): Taxonomische Untersuchung der Gattung *Mammillaria* HAW. (*Cactaceae*) – Verl. Arbeitskreis für Mammillarienfreunde (AfM) e. V.

MARTÍNEZ, A. F. & MARTÍNEZ BULNES, R. M. (1999): Pruebas de inducción del crecimiento de plántulas de *Coryphantha bumamma.* – Cact. Suc. Mex. 44 (3): 74.

MARTIUS, C. F. PH. (1832): *Mammillaria pycnacantha.* – Nov. Act. Nat. Cur. 16: 325.

MARTIUS, C. F. PH. ex PFEIFFER (1837): *Mammillaria loricata.* – Enum. Cact. 13.

MEYER, R. (1910): *Echinocactus poselgerianus.* – Monatsschr. Kakt. 20: 135–138.

MONTES, S. A., CRUZ, U. G. & LOPEZ, S. G. (1992): Comentarios sobre algunos ejemplares „tipo" depositados en el herbario nacional de Mexico (MEXU). – Cact. Suc. Mex. 37: 71–72.

MONVILLE, H. B. DE (1846): Catalogue des plantes exotiques. – Brière, Rouen.

MOTTRAM, R. (1992): Proposal to conserve 5411a Coryphantha against Aulacothele (Cactaceae). – Taxon 41: 339–340.

MUNDT, W. (1917): *Mammillaria radians* var. *sulcata* syn. *Mammillaria calcarata.* – Monatsschr. Kakt. 27: 65–66.

MÜHLENPFORDT, F. (1845): *Mammillaria Scheerii* Mühlenpfordt. – Allg. Gartenz. 44: 346.

MÜHLENPFORDT, F. (1847): Beiträge zur Cacteenkunde. *Mamillaria Scheeri* Mühlenpfordt. – Allg. Gartenz. 13: 97–99.

MÜHLENPFORDT, F. (1848): Beiträge zur Cacteenkunde. *Mamillaria sulcata* Engelmann. – Allg. Gartenz. 3: 17–18.

OLDFIELD, S. (1997): Status Survey and Conservation Action Plan Cactus and Succulent Plants. – IUCN Publications Services UK.

OTTO, FRIEDRICH & DIETRICH, ALBERT (1845): Mamillarien und Beschreibung der noch unbekannten Blumen von zwei Arten. – Allg. Gartenz. 30: 147 ff.

OTTO, FRIEDRICH (1848): *Mamillaria glanduligera*. [in Dietrich, A.] – Allg. Gartenz. 38: 298.

PFEIFFER, LUDOVICO (1837-1): Enumeratio Diagnostica Cactearum Hucusque Cognitarum. – Berlin.

PFEIFFER, LUDOVICO (1837-2): Beschreibung einiger neuer Cacteen. – Allg. Gartenz. 5, 47: 293 ff.

PFEIFFER, LUDOVICO (1837-3): Beschreibung einiger neuer Cacteen. – Allg. Gartenz. 5, 47: 369 ff.

PFEIFFER, LUDOVICO (1837-4): Beschreibung und Synonymik der in deutschen Gärten lebend vorkommenden. Cacteen. – Verlag Ludwig Oehmigke, Berlin.

PFEIFFER, LUDOVICO (1838): Ueber einige neue Cacteen. – Allg. Gartenz. 6, 35: 273 ff.

PFEIFFER, LUDOVICO (1840): *Mammillaria clava* Pfr. – Allg. Gartenz. 36: 282.

PFEIFFER, LUDOVICO (1845): *Mamillaria Clava* Pfr. – Allg. Gartenz. 30: 235.

PFEIFFER, LUDOVICO (1848): *Mamillaria Clava* Pfeif. – Allg. Gartenz. 151.

PFEIFFER, L. & OTTO, F. (1843): Abbildung und Beschreibung blühender Cacteen, 1. Band: 13. – Fischer, Cassel.

PILBEAM, JOHN (1981): Mammillaria, a collectors guide. – B. T. Batsford Ltd. London.

PILBEAM, JOHN (1987): Cacti for the connoisseur. – B. T. Batsford, London.

PINKAVA, DONALD J. & PARFITT, B. D. (1982): Chromosome numbers in some cacti of western north America. – Bull. Torrey Bot. Club 109: 121 ff.

POSELGER, HERMANN (1853): Ueber die Gattungen Mamillaria und Echinocactus. – Allg. Gartenz. 10: 74 ff.

POSELGER, HERMANN (1853): *Echinocactus glanduligerus*. – Allg. Gartenz. 16: 298.

POSELGER, HERMANN (1853): *Echinocactus salinensis* mihi. – Allg. Gartenz. 21: 106–107.

POSELGER, HERMANN (1853): *Echinocactus saltillensis* mihi. – Allg. Gartenz. 21: 101.

PRESTON-MAFHAM, ROD & KEN (1991): Cacti – The illustrated dictionary. – Blandford, London.

PURPUS, J. A. (1911): Standorte und Standortsverhältnisse einiger Kakteen. – Monatsschr. Kakt. 21: 82–86.

PURPUS, J. A. (1911): *Mammillaria valida*. – Monatsschr. Kakt. 21: 97–102.

PURPUS, J. A. (1927): *Coryphantha borwigii*. – Gartenflora 338.

QUEHL, L. (1908): *Mamillaria Delaetiana* Quehl n. sp. – Monatsschr. Kakt. 18: 59–60.

QUEHL, L. (1908): *Mamillaria difficilis* Quehl n. sp. – Monatsschr. Kakt. 18: 107.

QUEHL, L. (1908): *Mamillaria ramosissima* n. sp. – Monatsschr. Kakt. 18: 127.

QUEHL, L. (1910): Bemerkungen über einige Mamillarien. – Monatsschr. Kakt. 20: 59.

QUEHL, L. (1911): Bemerkungen über einige Arten aus der Untergattung Coryphantha. – Monatsschr. Kakt. 21: 81– 82.

QUEHL, L. (1912): *Mamillaria scheeri* Mühlenpf. – Monatsschr. Kakt. 22: 20–24.

QUEHL, L. (1913): *Mamillaria echinoidea* Quehl spec. nov. – Monatsschr. Kakt. 23: 42–43.

QUEHL, L. (1913): *Mamillaria echinoidea* Quehl und *Mamillaria glanduligera* Dietrich. – Monatsschr. Kakt. 23: 162.

QUEHL, L. (1914): *Mamillaria echinoidea* Quehl und *Mamillaria glanduligera* Dietrich. – Monatsschr. Kakt. 24: 36.

QUEHL, L. (1915): *Mamillaria radians* P. DC. var. *sulcata* (eng.) K. Sch. – Monatsschr. Kakt. 25: 31–32.

QUEHL, L. (1916): Kultur und Kulturergebnisse. Blüte der *Mamillaria ramosissima* Quehl. – Monatsschr. Kakt. 26: 167.

QUEHL, L. (1917) : *Mamillaria delaetiana*. – Monatsschr. Kakt. 27: 140.

RAWLEY, G. D. (1991-1): Cactusville Facsimile, 46 [Reprint of Monville, Catalogue des plantes exotiques, with historical notes]. Privately published.

RAWLEY, G. D. (1991-2): Baron Monville and the „lost" catalogue of 1846. – Brit. Cact. Succ. J. 9 (2): 40–41.

REPPENHAGEN, WERNER (1979): Feldnummernverzeichnis 1959–1979. – Sonderheft des Arbeitskreises für Mammillarienfreunde, Münster.

REPPENHAGEN, WERNER (1987): Die Gattung Mammillaria nach dem heutigen Stand meines Wissens. – Arbeitskreis für Mammillarienfreunde.

REPPENHAGEN, WERNER (1992): Die Gattung Mammillaria. Monographie. Band 1 und 2. – Druckerei Steinhart GmbH, D-7820 Titisee-Neustadt.

SALM-DYCK, JOSEPH (1836): Beschreibung eines neuen Melocacti, nebst einigen Bemerkungen über die Familie der Cacteen. – Allg. Gartenzeitung 4: 189–192.

SALM-DYCK, JOSEPH (1841): Cacteae in horto Dyckensi cultae anno 1841. – Düsseldorf 1841.

Salm-Dyck, Joseph (1850): Cacteae in horto Dyckensi sultae anno 1849. – Bonn.

Salm-Dyck, Joseph (1850): Nachtrag zu den Verzeichnissen der Cacteae in Horto Dyckensi cultae anno 1849. – Allg. Gartenz. 18: 394–495.

Salm-Dyck, Joseph (1850): *Mamillaria Salm-Dyckiana* Scheer. – Allg. Gartenz. 50: 394.

Salm-Dyck, Joseph (1855): Fernere Nachträge zu meinen Cacteae in Horto Dyckensi cultae. – Allg. Gartenz. 23 (4): 25–28.

Sanchez Mejorada, Hernando (1978): Manual de Campo de las Cactaceas y succulentas de la Barranca de Metztitlan.

Scheer, Friedrich (1850): *M. Salm-Dyckiana* Scheer. – In Salm-Dyck, Cact. Hort. Dyck. 1849: 134.

Scheidweiler, Michael Josef (1838): Descriptio diagnostica nonnullarum Cactearum quae a domino Galeotti in provinciis Potosí et Guanaxato regni Mexicani inveniuntur. Genus Mammillaria (*M. clavata, M. stipitata*). – Bull. Acad. Sci. Brux. 5: 494/5.

Scheidweiler, M. J. (1839): *Mammillaria incurva*. – Bull. Acad. Sci. Brux. 6: 92.

Scheidweiler, M. J (1841): *Mammillaria scolymoides* Scheidw. – Allg. Gartenz. 6: 44.

Scheinvar, L. (1981): Especies, variedades y combinaciones nuevas de Cactaceas del Valle de Mexico. – Phytologia 49: 313 ff.

Schelhase, August (1947): Verzeichniss der Kakteen für die Jahre 1846 und 1847. – Cassel in Kurhessen.

Schelle, E. (1907): Handbuch der Kakteenkultur. – Stuttgart.

Schelle, E. (1926): Kakteen. – Alexander Fischer Verlag, Tübingen.

Schill, Barthlott & Ehler (1973): Mikromorphologie der Cacteen-Dornen. – Akademie der Wissenschaften und der Literatur, Mainz. In Kommission bei Franz Steiner Verlag GmbH, Wiesbaden.

Schulz, E. D. & Runyon, R. (1930): Texas Cacti. – Texas Academy of Science, San Antonio, Texas.

Schumann, Karl (1898): Gesamtbeschreibung der Kakteen. – Verlag J. Neumann, Neudamm.

Schumann, Karl (1899): Verbreitung der Cactaceae im Verhältniss zu ihrer systematischen Gliederung. – Verlag der Königl. Akademie der Wissenschaften, Berlin.

Schumann, Karl (1902): *Mammillaria bussleri* Mundt. – Monatsschr. Kakt. 11: 47.

Schumann, Karl (1903): Gesamtbeschreibung der Kakteen, Nachtrag. – Verlag J. Neumann, Neudamm.

Schumann, Karl (1931): Blühende Kakteen. – Verlag J. Neumann, Neudamm.

Shurly, E. (1940): A detailed bibliography of the Coryphanthanae. – Royal Botanical Gardens, Kew, England.

Sedivy, V. (1994): *Coryphantha ramillosa*: The type species from Texas and two forms from Coahuila. – The Journal of the Mammillaria Society Vol. 34: 7.

Seemann, Berthold (1852–1857): The Botany on the Voyage of H. M. S. Herald under the command of Captain Henry Kellett, R. N., C. B., during the years 1845–1851. – Lovell Reeve, London.

Stanik, Roman & Lux, Alexander (1993): *Coryphantha neglecta* Bremer. Beobachtungen am Standort. – Kakt. and. Sukk. 44 (9) 186–187.

Taylor, Nigel P. (1978): Review of the genus Escobaria. – Cact. Succ. J. Gr. Brit. 40: 31–37.

Taylor, Nigel P. (1998): *Coryphantha robustispina* (Engelm.) Britton & Rose: the correct name for the taxon variously known as *C. scheeri* Lemaire and *C. muehlenpfordtii* Britton & Rose *(nom. illeg.)*. – Cact. Cons. Init. 6: 17.

Turpin, P. J. F. (1830): Observations sur la famille des Cactées. – Paris.

Unger, Gottfried (1986): Das Problem mit *Coryphantha delaetiana* (Quehl) Berger und *Coryphantha salm-dyckiana* (Scheer ex Salm-Dyck) Britton & Rose. – Kakt. and. Sukk. 37 (5): 85–88.

Vaupel, Friedrich (1925–1926): Die Kakteen. – Berlin.

Walpers, Wilhelm G. (1843): Cacteae in Supplementum primum ad Repertorium botanices systematicae. – Leipzig 1843.

Weidlich, E. (1913): *Mamillaria echinoidea* Quehl und *Mam. glanduligera* Dietrich. – Monatsschr. Kakt. 23: 146–147.

Weidlich, E. (1914): *Mamillaria echinoidea* Quehl und *Mamillaria glanduligera* Dietrich. – Monatsschr. Kakt. 24: 22.

Weniger, Del (1970): Cacti of the Southwest. – University of Texas Press, Austin & London.

Weniger, Del (1984): Cacti of Texas and neighboring states. – Austin, Univ. of Texas Press.

Werdermann, Erich (1930): Die Blüte der *Coryphanta Werdermannii* – Monatsschr. DKG 221.

Werdermann, Erich (1931): Blühende Kakteen und andere sukkulente Pflanzen. – Verlag Neumann Neudamm.

Werdermann, Erich (1932): *Coryphantha densispina*. – Fedde, Rep. 30: 57.

WERDERMANN, ERICH (1934): Cactaceae novae. *Coryphantha Pirtlei*. – Notizbl. Bot. Gart. u. Mus. Berlin-Dahlem 12: 226.

WERDERMANN, ERICH & BÖDEKER, F. (1932): *Coryphantha vogtherriana* Werd. et Böd. sp. n. – Monatsschr. DKG 32.

WETTERWALD, X. (1888): Blatt- und Seitensprossbildung bei Euphorbien und Cacteen. – Basel.

WISLIZENUS, A. (1848): Memoir of a Tour of Northern Mexico in 1846–47. – Washington.

WOLLENSCHLÄGER, BODO (1988): *Coryphantha guerkeana* (Boedeker) Britton & Rose. – Kakt. and. Sukk. 39 (11) 262–3.

ZIMMERMAN, DALE A. (1972): A new species of Coryphantha from New Mexico. – Cact. Succ. J. (US) 44: 114–116.

ZIMMERMAN, ALLAN D. (1985): Systematics of the genus Coryphantha (Cactaceae). – Dissertation Univ. of Texas at Austin. (ined.).

ZUCCARINI, JOSEPH G. (1837): Plantarum novarum vel minus cognitarum in Horto Botanico Herbarioque Regio Monacensi. – Bayrische Akademie der Wissenschaften. Band. **2**.

ZUCCARINI, JOSEPH G. (1837): Ueber Verbreitung und Benutzung der Cacteen. – Allg. Gartenz. 9: 237 ff.

10.3 Synonyme und gültige Namen

Fett ausgezeichnet werden die gültigen Namen der im Buch ausführlich beschriebenen Arten. *nom. rejic.* (nomen rejiciendum) = abzulehnender Name

Synonyme	**aktuelle Pflanzennamen**
Aulacothele acanthostephes (Lehmann)	C. pycnacantha
Aulacothele biglandulosa (Pfeiffer) Monville	C. octacantha
Aulacothele clava (Pfeiffer) Monville	C. octacantha
Aulacothele cornifera (De Candolle) Monville	C. cornifera
Aulacothele elephantidens (Lemaire) Monville	C. elephantidens subsp. elephantidens
Aulacothele erecta (Lemaire) Monville	C. erecta
Aulacothele exsudans (Zuccarini) Monville	C. octacantha
Aulacothele lehmannii (Otto) Monville	C. octacantha
Aulacothele ottonis (Pfeiffer) Monville	C. ottonis
Aulacothele plaschnickii (Otto) Monville	C. octacantha
Aulacothele pycnacantha (Martius) Monville	C. pycnacantha
Aulacothele radians (De Candolle) Monville	C. cornifera
Aulacothele raphidacantha (Lemaire) Monville 1846	C. clavata
Aulacothele raphidacantha ancistracantha (Lemaire) Monville	C. clavata subsp. stipitata
Aulacothele schlechtendahlii (Ehrenberg) Monville	C. octacantha
Aulacothele sulcimamma (Pfeiffer) Monville	C. octacantha
Aulacothele sulcolanata (Lemaire) Monville	C. elephantidens subsp. elephantidens
Cactus acanthostephes (Lehmann) Kuntze 1891	C. pycnacantha
Cactus ancistracanthus (Lemaire) Kuntze 1891	C. clavata subsp. stipitata
Cactus aulacothele (Lemaire) Kuntze 1891	C. octacantha
Cactus biglandulosus (Pfeiffer) Kuntze 1891	C. octacantha

Cactus brevimammus (Zuccharini) Kuntze 1891 . . . . C. octacantha
Cactus brownii Toumey 1896 . . . . C. robustispina
Cactus brunneus Coulter 1894 . . . . C. clavata subsp. clavata
Cactus calcaratus (Engelmann) Kuntze 1891 . . . . C. sulcata
Cactus cephalophorus (Salm-Dyck) Kuntze 1891 . . . . C. retusa
Cactus ceratocentrus (Berg) Kuntze 1891 . . . . C. erecta
Cactus clavus (Pfeiffer) Kuntze 1891 . . . . C. octacantha
Cactus compactus (Engelmann) Kuntze 1891 . . . . C. compacta
Cactus corniferus (De Candolle) Kuntze 1891 . . . . C. cornifera
Cactus echinus (Engelmann) Kuntze 1891 . . . . C. echinus
Cactus elephantidens (Lemaire) Kuntze 1891 . . . . C. elephantidens subsp. elephantidens
Cactus engelmannii (Lemaire) Kuntze 1891 . . . . C. recurvata
Cactus erectus (Lemaire) Kuntze 1891 . . . . C. erecta
Cactus exsudans (Zuccharini) Kuntze 1891 . . . . C. octacantha
Cactus glanduliger (Otto) Kuntze 1891 . . . . C. glanduligera
Cactus heteromorphus (Scheer) Kuntze 1891 . . . . C. macromeris subsp. macromeris
Cactus lehmannii (Otto) Kuntze 1891 . . . . C. octacantha
Cactus loricatus (Lemaire) Kuntze . . . . *nom. rejic.* (siehe C. pallida)
Cactus macromeris (Engelmann) Kuntze 1891 . . . . C. macromeris subsp. macromeris
Cactus macrothele (Martius) Kuntze 1891 . . . . C. octacantha
Cactus maculatus Coulter 1894 . . . . C. clavata subsp. clavata
Cactus martianus (Pfeiffer) Kuntze 1891 . . . . C. octacantha
Cactus octacanthus (De Candolle) Kuntze 1891 . . . . C. octacantha
Cactus ottonis (Pfeiffer) Kuntze 1891 . . . . C. ottonis
Cactus pectinatus (Engelmann) Kuntze 1891 . . . . C. echinus
Cactus pfeifferianus (De Vriese) Kuntze 1891 . . . . C. cornifera
Cactus plaschnickii (Otto) Kuntze 1891 . . . . C. octacantha
Cactus pycnacanthus (Martius) Kuntze 1891 . . . . C. pycnacantha
Cactus radians Kuntze (De Candolle) 1891 . . . . C. cornifera
Cactus radians pectinoides Coulter 1894 . . . . C. cornifera
Cactus raphidacanthus (Lemaire) Kuntze 1891 . . . . C. clavata subsp. clavata
Cactus recurvatus (Engelmann) Kuntze 1891 . . . . C. recurvata
Cactus recurvispinus (De Vriese) Kuntze 1891 . . . . C. elephantidens subsp. elephantidens
Cactus retusus (Pfeiffer) Kuntze 1891 . . . . C. retusa
Cactus robustispinus (Schott) Kuntze 1891 . . . . C. robustispina subsp. robustispina
Cactus salmdyckianus (Scheer) Kuntze 1891 . . . . C. poselgeriana
Cactus scepontocentrus (Lemaire) Kuntze 1891 . . . . C. pycnacantha
Cactus scheeri (Muehlenpfordt) Kuntze 1891 . . . . C. robustispina subsp. scheeri
Cactus schlechtendalii (Ehrenberg) Kuntze 1891 . . . . C. octacantha

Cactus scolymoides (Scheidweiler) Kuntze 1891 .... *nom. rejic.*
                                                                 (siehe C. salinensis)
Cactus scolymoides sulcatus Coulter 1894 .... C. sulcata
Cactus sulcatus Small 1903. .... C. sulcata
Cactus sulcolanatus (Lemaire) Kuntze 1891 .... C. elephantidens subsp.
                                                               elephantidens
Cactus winkleri (Poselger) Kuntze 1891 .... C. pycnacantha
Coryphantha acanthostephes Lemaire 1868 .... C. pycnacantha
Coryphantha aggregata .... Escobaria
Coryphantha albicolumnaria .... Escobaria
Coryphantha alversonii .... Escobaria
Coryphantha alversonii var. exaltissima .... Escobaria
Coryphantha ancistracantha Lemaire 1864. .... C. clavata subsp. stipitata
Coryphantha andreae Purp. et Boed. 1928 .... C. pycnacantha
Coryphantha arizonica .... Escobaria
Coryphantha asperispina .... Escobaria
Coryphantha asterias (Cels) Boedeker ex Berger 1929. .... C. ottonis
Coryphantha asterias Cels ex Salm-Dyck 1850 sensu Br. & R. .. C. octacantha
Coryphantha aulacothele Lemaire 1868 .... C. octacantha
Coryphantha bella .... Escobaria
Coryphantha bergeriana Boedeker 1929 .... C. glanduligera
Coryphantha bernalensis Bremer 1984 .... C. cornifera
Coryphantha bisbeeana .... Escobaria
Coryphantha borwigii Purpus 1927 nom. nud. .... C. salinensis
Coryphantha borwigii sensu Bremer 1980 .... C. delaetiana
Coryphantha brevimamma Lemaire ex Foerster 1885 .... C. octacantha
Coryphantha bumamma (Ehrenberg 1849) Br. & R. 1923. .... C. elephantidens subsp.
                                                               bumamma
Coryphantha bussleri (Mundt) Scheinvar. 1981 .... C. ottonis
Coryphantha calcarata Lemaire 1868 .... C. sulcata
Coryphantha calipensis Bravo 1964. .... C. pallida subsp. calipensis
Coryphantha calcarata (Engelmann) Lemaire 1868 .... C. sulcata
Coryphantha calochlora Boedeker 1933 .... C. nickelsiae
Coryphantha ceratites. .... Neolloydia
Coryphantha chaffeyi .... Escobaria
Coryphantha chihuahuensis .... Escobaria
Coryphantha chlorantha .... Escobaria
Coryphantha clava (Pfeiffer) Lemaire 1868 .... C. octacantha
Coryphantha clava var. schlechtendalii (Ehrenberg) Heinr.. .. C. octacantha
   Ex Backeberg 1961
Coryphantha clavata (Scheidweiler) Backeberg 1942
   subsp. clavata
Coryphantha clavata subsp. stipitata (Scheidweiler)
   Dicht & A. Lüthy 2001
Coryphantha clavata ancistracantha Marshall 1947 .... C. clavata subsp.
                                                               stipitata

Coryphantha clavata var. ancistracantha (Lemaire) .... C. clavata subsp. stipitata
    Heinrich ex Backeb. 1961
Coryphantha clavata var. radicantissima....................... C. clavata subsp. clavata
    Heinrich ex Backeberg 1961
Coryphantha columnaris .... Escobaria
Coryphantha compacta (Engelmann) Br. & R. 1923
Coryphantha conimamma (Linke) Berger 1929................. C. pycnacantha
Coryphantha connivens Br. & R. 1923......................... C. pycnacantha
Coryphantha conoidea.. Neolloydia
Coryphantha cornifera var. echinus (Engelmann) Benson 1969..... C. echinus
Coryphantha cornifera var. scolymoides (Scheidw.) Borg 1951 ..... *nom. rejic.*
    (C. salinensis?)
Coryphantha cornuta (Hildmann) Berger 1929................. C. cornifera
Coryphantha cornifera (De Candolle 1828) Lemaire 1868
Coryphantha cubensis .... Escobaria
Coryphantha cuencamensis Bremer 1980..................... C. durangensis subsp.
                                                              cuencamensis
Coryphantha daemenoceras Jaumavei Fric 1926 .... C. vaupeliana
Coryphantha daimonoceras Lemaire 1868 .... *nom. rejic.*
                                                              (Siehe C. salinensis)
Coryphantha dasyacantha .... Escobaria
Coryphantha dasyacantha var. dasyacantha .... Escobaria
Coryphantha dasyacantha var. varicolor...................... Escobaria
Coryphantha delaetiana (Quehl) Berger 1929
Coryphantha delicata Bremer 1979
Coryphantha densispina Werdermann 1932.................... C. difficilis
Coryphantha deserti... Escobaria
Coryphantha difficilis (Quehl) Berger 1929
Coryphantha duncanii .... Escobaria
Coryphantha durangensis (Runge ex Schumann) Br. & R. 1923
    subsp. durangensis
Coryphantha durangensis subsp. cuencamensis (Bremer)
    Dicht & A. Lüthy 2001
Coryphantha echinoidea (Quehl) Br. & R. 1923
Coryphantha echinus (Engelmann) Br. & R. 1923
Coryphantha elephantidens (Lemaire) Lemaire 1868
    subsp. elephantidens
Coryphantha elephantidens subsp. bumamma (Ehrenberg)
    Dicht & A. Lüthy 2001
Coryphantha elephantidens subsp. greenwoodii (Bravo)
    Dicht & A. Lüthy 2001
Coryphantha elephantidens var. barciae Bremer 1977............ C. elephantidens
Coryphantha emskoetteriana................................. Escobaria
Coryphantha engelmannii Lemaire 1868 .... C. robustispina subsp.
                                                              scheeri
Coryphantha erecta (Lemaire) Lemaire 1868

Coryphantha exsudans (Zuccharini) Lemaire ex Foerster 1885 . . . . . C. octacantha
Coryphantha fragrans. . . . . Escobaria
Coryphantha garessii Bremer 1980 . . . . C. elephantidens subsp.
                                  elephantidens
Coryphantha georgii Boedeker 1931
Coryphantha gladiispina (Boedeker) Berger 1929 . . . . C. delaetiana
Coryphantha glanduligera (Otto et Dietrich) Lemaire 1868
Coryphantha glanduligera Lemaire 1868 sensu Br. & R. . . . . C. octacantha
Coryphantha glanduligera Otto et Dietr. 1848 sensu Br. & R. . . . . . . C. octacantha
Coryphantha glassii Dicht & A. Lüthy 2000
Coryphantha gracilis Bremer et Lau 1977
Coryphantha grahamii . . . . Mammillaria
Coryphantha grandis Bremer 1978 . . . . C. longicornis
Coryphantha grandiflora . . . . Neolloydia
Coryphantha grata Bremer 1981 . . . . C. georgii
Coryphantha greenwoodii Bravo 1970 . . . . C. elephantidens subsp.
                                  greenwoodii
Coryphantha guerkeana (Boedeker) Br. & R. 1923. . . . . C. ottonis
Coryphantha henricksonii . . . . Escobaria
Coryphantha hesteri . . . . Escobaria
Coryphantha hintoniorum subsp. hintoniorum Dicht
 & A. Lüthy 1999
Coryphantha hintoniorum subsp. geoffreyi Dicht & A. Lüthy
Coryphantha indensis Bremer 1972 . . . . C. pseudonickelsiae
Coryphantha jalpanensis Buchenau 1965
Coryphantha Jaumavei Fric 1926. . . . . C. delicata
Coryphantha kieferiana Berger ex Backeberg 1961 . . . . C. poselgeriana
Coryphantha kracikii Halda, Chalupa & Kupcak 2002
Coryphantha laredoi. . . . . Escobaria
Coryphantha laui Bremer 1979 . . . . C. pseudoechinus subsp.
                                  laui
Coryphantha lehmannii Lemaire 1868 . . . . C. octacantha
Coryphantha lloydii . . . . Escobaria
Coryphantha longicornis Boedeker 1931
Coryphantha loricata Lemaire 1868 . . . . *nom. rejic.*
                                  (siehe C. pallida)
Coryphantha macromeris (Engelmann) Lemaire 1868
 subsp. macromeris
Coryphantha macromeris subsp. runyonii (Britton & Rose)
 Taylor 1998
Coryphantha macromeris var. runyonii (Br. & R.) Benson 1969. . . . . C. macromeris subsp.
                                  runyonii
Coryphantha macrothele (Martius ex Pfeiffer) Kümmler 1998 . . . . . C. octacantha
Coryphantha maiz-tablasensis Backeberg 1949
Coryphantha maliterrarum Bremer 1984 . . . . C. cornifera
Coryphantha marstonii . . . . Escobaria

Coryphantha melleospina Bravo 1954	C. retusa
Coryphantha minima	Escobaria
Coryphantha missouriensis	Escobaria
Coryphantha missouriensis var. asperispina	Escobaria
Coryphantha missouriensis var. caespitosa	Escobaria
Coryphantha missouriensis var. marstonii	Escobaria
Coryphantha missouriensis var. missouriensis	Escobaria
Coryphantha missouriensis var. robustior	Escobaria
Coryphantha missouriensis var. similis	Escobaria
Coryphantha missouriensis var. vivipara	Escobaria
Coryphantha muehlbaueriana	Escobaria
Coryphantha muehlenbaueriana	Escobaria
Coryphantha muehlenpfordtii (Poselger) Britton & Rose 1923	C. robustispina subsp. scheeri
Coryphantha muehlenpfordtii Br. & R. subsp. uncinata (Benson) Dicht 1996	C. robustispina subsp. scheeri
Coryphantha muehlenpfordtii (Poselger) Br. & R. var. robustispina (Schott) Marshall 1953	C. robustispina subsp. robustispina
Coryphantha muehlenpfordtii Br. & R. subsp. robustispina (Engelmann) Dicht 1996	C. robustispina

Coryphantha neglecta Bremer 1979

Coryphantha nellieae	Escobaria
Coryphantha neomexicana	Escobaria
Coryphantha neoscheeri Backeberg 1961	C. robustispina subsp. scheeri

Coryphantha nickelsiae Brandegee 1900

Coryphantha notesteinii	Escobaria
Coryphantha nuttallii	Escobaria
Coryphantha obscura Boedeker 1930	C. sulcata

Coryphantha octacantha (De Candolle) Br. & R. 1923

Coryphantha odorata	Cumarinia
Coryphantha oklahomensis	Escobaria
Coryphantha orcuttii	Escobaria
Coryphantha organensis	Escobaria

Coryphantha ottonis (Pfeiffer) Lemaire 1868

Coryphantha pallida Br. & R. 1923 subsp. pallida

Coryphantha pallida subsp. calipensis (Bravo ex Arias et al) Dicht & A. Lüthy 2000

Coryphantha palmeri Br. & R. 1923	C. compacta
Coryphantha palmeri Br. & R. **sensu** Berger 1929	C. delicata
Coryphantha panarottoi Halda & Horacek 1999	C. delicata
Coryphantha pectinata (Engelmann) Br. & R. 1923	C. echinus
Coryphantha piercei	Escobaria
Coryphantha pirtlei Werdermann	C. macromeris subsp. runyonii

Coryphantha poselgeriana (Dietrich) Br. & R. 1923

Coryphantha poselgeriana var. saltillensis (Poselger) Bremer 1977. . . C. poselgeriana
Coryphantha poselgeriana var. valida (Purpur) Heinr. Ex Backeb. . . . C. poselgeriana
Coryphantha potosiana (Jacobi) Glass et Foster 1970
Coryphantha pottsiana. . . . . Escobaria
Coryphantha pottsii . . . . Mammillaria
Coryphantha pseudoechinus Boedeker 1929 subsp. pseudoechinus
Coryphantha pseudoechinus subsp. laui (Bremer)
   Dicht & A. Lüthy 2001
Coryphantha pseudonickelsiae Backeberg 1949
Coryphantha pseudoradians Bravo 1954 . . . . C. pallida subsp. pallida
Coryphantha pulleineana (Backeberg) Glass 1968
Coryphantha pusilliflora Bremer 1982 . . . . C. pseudoechinus subsp.
   pseudoechinus
Coryphantha pycnacantha (Martius) Lemaire 1868
Coryphantha pycnacantha sensu Br. & R. 1923 . . . . C. pallida subsp. pallida
Coryphantha pycnacantha var.calipensis L. U. Guzmán & Cruz . . . . . C. pallida subsp.
   calipensis
Coryphantha pygmaea . . . . Escobaria
Coryphantha radians (De Candolle) Br. & R. 1923 . . . . C. cornifera
Coryphantha radians echinus Ito 1952 . . . . C. echinus
Coryphantha radians var. pectinoides (Coulter) Bravo 1982. . . . . C. recurvata subsp.
   canatlanensis
Coryphantha radians impexicoma (Lemaire) Backeberg & Knuth . . C. cornifera
   1935
Coryphantha radians var. pectinata (Engelmann) Borg 1937 . . . . C. cornifera
Coryphantha radians var. pseudoradians (Bravo) Bravo 1982 . . . . . . C. pallida subsp. pallida
Coryphantha radians var. sulcata Ito 1952 . . . . C. sulcata
Coryphantha radiosa . . . . Escobaria
Coryphantha ramillosa Cutak 1942 subsp. ramillosa
Coryphantha ramillosa subsp. santarosa Dicht & A. Lüthy 2000
Coryphantha raphidacantha ancistracantha (Schumann) Ito 1952 . . C. clavata subsp.
   stipitata
Coryphantha raphidacantha (Lemaire) Lemaire 1864. . . . . C. clavata subsp. clavata
Coryphantha recurvata (Engelmann) Br. & R. 1923 subsp. recurvata
Coryphantha recurvata subsp. canatlanensis Dicht & A. Lüthy
   2003
Coryphantha recurvispina (De Vriese) Bremer 1976 . . . . C. elephantidens subsp.
   elephantidens
Coryphantha reduncuspina Boedeker 1933 . . . . C. pallida subsp. pallida
Coryphantha retusa Br. & R. 1923
Coryphantha retusa var. melleospina (Bravo) Bravo 1982. . . . . C. retusa
Coryphantha retusa var. pallidispina Backeberg 1961 . . . . C. retusa
Coryphantha robbinsorum . . . . Escobaria
Coryphantha robertii . . . . Escobaria
Coryphantha robustispina (Schott) Br. & R. 1923 subsp.
   robustispina

Coryphantha robustispina subsp. scheeri (Lemaire) Taylor 1998
Coryphantha robustispina subsp. uncinata (Benson) Taylor 1998 . . . C. robustispina subsp. scheeri
Coryphantha roederiana Boedeker 1929. . . . . C. sulcata
Coryphantha rosea . . . . Escobaria
Coryphantha roseana . . . . Escobaria
Coryphantha runyonii Br. & R. 1923. . . . . C. macromeris subsp. runyonii

Coryphantha salinensis (Poselger) Dicht & A. Lüthy 1998
Coryphantha salm-dyckiana (Scheer) Britton & Rose 1923 . . . . C. delaetiana
Coryphantha salm-dyckiana var. brunnea (Salm-Dyck) Unger 1986 . C. poselgeriana
Coryphantha scheeri Lemaire 1868. . . . . C. robustispina subsp. scheeri
Coryphantha scheeri (Kuntze) Benson 1969. . . . . C. robustispina subsp. scheeri
Coryphantha scheeri Lemaire var. robustispina Benson 1982. . . . . . . C. robustispina subsp. robustispina
Coryphantha scheeri (Kuntze) var. robustispina (Schott) Benson . . . C. robustispina subsp. 1969   robustispina
Coryphantha scheeri var. scheeri (Kuntze) Benson 1969. . . . . C. robustispina subsp. scheeri
Coryphantha scheeri (Kuntze) Benson var. uncinata Benson 1969. . . C. robustispina subsp. scheeri
Coryphantha scheeri Lemaire var. uncinata Benson 1982 . . . . C. robustispina subsp. scheeri
Coryphantha scheeri (Kuntze) Benson var. valida (Engelmann). . . . . C. robustispina subsp. Benson 1969   scheeri
Coryphantha schlechtendahlii (Ehrenberg) Lemaire 1868. . . . . C. octacantha
Coryphantha schwarziana Boedeker 1933. C. cornifera
Coryphantha scolymoides (Scheidweiler) Berger 1929 . . . . *nom. rejic.* (siehe C. salinensis)
Coryphantha similis . . . . Escobaria
Coryphantha sneedii. . . . . Escobaria
Coryphantha sneedii var. albicolumnaria . . . . Escobaria
Coryphantha sneedii var. leei. . . . . Escobaria
Coryphantha sneedii var. orcuttii . . . . Escobaria
Coryphantha sneedii var. organensis. . . . . Escobaria
Coryphantha sneedii var. sandbergii . . . . Escobaria
Coryphantha sneedii var. sneedii. . . . . Escobaria
Coryphantha sneedii var. villarensis . . . . Escobaria
Coryphantha speciosa Boedeker 1930. . . . . C. sulcata
Coryphantha strobiliformis. . . . . Escobaria
Coryphantha strobiliformis var. durispina . . . . Escobaria
Coryphantha strobiliformis var. orcuttii. . . . . Escobaria
Coryphantha strobiliformis var. strobiliformis. . . . . Escobaria

Coryphantha sulcata (Engelmann) Br. & R. 1923

Coryphantha sulcata var. nickelsae (Brandegee) Benson 1969 ...... C. nickelsiae
Coryphantha sulcolanata (Lemaire) Lemaire 1838................ C. elephantidens subsp. elephantidens
Coryphantha tripugionacantha Lau 1988
Coryphantha tuberculosa...................................... Escobaria
Coryphantha tubercolosa var. tuberculosa .... Escobaria
Coryphantha tubercolosa var. varicolor .... Escobaria
Coryphantha unicornis Boedeker 1928.......................... C. clavata subsp. clavata
Coryphantha unicornis **sensu** Bremer 1978.................. C. ottonis
Coryphantha valida (Purpus) Bremer 1977 .... C. poselgeriana
Coryphantha varicolor.. Escobaria
Coryphantha vaupeliana Boedeker 1928
Coryphantha villarensis Backeberg 1942....................... C. georgii
Coryphantha vivipara... Escobaria
Coryphantha vivipara var. aggregata.......................... Escobaria
Coryphantha vivipara var. alversonii......................... Escobaria
Coryphantha vivipara var. arizonica .... Escobaria
Coryphantha vivipara var. bisbeeana.......................... Escobaria
Coryphantha vivipara var. buoflama .... Escobaria
Coryphantha vivipara var. desertii........................... Escobaria
Coryphantha vivipara var. kaibabensis .... Escobaria
Coryphantha vivipara var. neomexicana........................ Escobaria
Coryphantha vivipara var. radiosa............................ Escobaria
Coryphantha vivipara var. rosea .... Escobaria
Coryphantha vivipara var. vivipara........................... Escobaria
Coryphantha vogtherriana Werdermann et Boedeker 1932
Coryphantha werdermannii Boedeker 1929
Coryphantha werdermannii subsp. unguispina J. J. Halda, ... C. werdermannii
   P. Kupcak & J. Sladkovsky 2000
Coryphantha wissmannii....................................... Escobaria
Coryphantha wohlschlageri Holzeis 1990
Coryphantha zilziana .... Escobaria
Echinocactus brevimammus Poselger 1853 .... C. octacantha
Echinocactus cephalophorus (Salm-Dyck) Poselger 1853 .... C. retusa
Echinocactus clavus Poselger 1853............................ C. octacantha
Echinocactus corniferus raphidacanthus Poselger 1853.......... C. clavata subsp. clavata
Echinocactus corniferus impexicomus Poselger 1853 .... C. cornifera
Echinocactus corniferus longisetus Poselger 1853 .... C. cornifera
Echinocactus corniferus nigricans Poselger 1853............... C. cornifera
Echinocactus corniferus Poselger 1853 .... C. cornifera
Echinocactus corniferus scolymoides Poselger 1853 .... C. cornifera
Echinocactus elephantidens Poselger 1853 .... C. elephantidens subsp. elephantidens
Echinocactus erectus Poselger 1853........................... C. erecta
Echinocactus glanduligerus (Otto) Poselger 1853 .... C. glanduligera
Echinocactus glanduligerus Poselger 1853 sensu Br. & R. ...... C. octacantha

Synonyme und gültige Namen

Echinocactus heteromorphus (Scheer ex Salm-Dyck) Poselger 1853	C. macromeris subsp. macromeris
Echinocactus macromeris (Martius) Poselger 1853	C. macromeris subsp. macromeris
Echinocactus macrothele biglandulosus Poselger 1853	C. octacantha
Echinocactus macrothele lehmanni Poselger 1853	C. octacantha
Echinocactus macrothele Poselger 1853	C. octacantha
Echinocactus muehlenpfordtii Poselger 1853	C. robustispina subsp. scheeri
Echinocactus ottonianus Poselger 1853	C. ottonis
Echinocactus plaschnickii Poselger 1853	C. octacantha
Echinocactus poselgerianus Dietrich 1851	C. poselgeriana
Echinocactus pycnacanthus Poselger 1853	C. pycnacantha
Echinocactus radicans Poselger 1853	C. cornifera
Echinocactus salinensis Poselger 1853	C. salinensis
Echinocactus salinensis Poselger 1853 sensu Br. & R. 1923	C. poselgeriana
Echinocactus salm-dyckianus Poselger 1853	C. poselgeriana
Echinocactus saltillensis Poselger 1853	C. poselgeriana
Echinocactus schlechtendalii (Ehrenberg) Poselger	C. octacantha
Echinocactus sulcolanatus Poselger 1853	C. elephantidens subsp. elephantidens
Echinocactus winkleri Poselger 1853	C. pycnacantha
Escobrittonia gracilis (Bremer) Doweld 2000	C. gracilis
Lepidocoryphantha macromeris (Engelmann) Backeberg 1938	C. macromeris subsp. macromeris
Lepidocoryphantha macromeris subsp. runyonii (Br. & R.) Doweld 2000	C. macromeris subsp. runyonii
Lepidocoryphantha runyonii (Br. & R.) Backeberg 1961	C. macromeris subsp. runyonii
Mammillaria acanthostephes Lehmann 1835	C. pycnacantha
Mammillaria acanthostephes recta Hort ex Labouret 1853	C. pycnacantha
Mammillaria ancistracantha Lemaire 1839	C. clavata subsp. stipitata
Mammillaria arietina Lemaire 1838	C. pycnacantha
Mammillaria arietina spinosior Lemaire 1839	C. pycnacantha
Mammillaria asterias Cels ex Salm-Dyck 1850	C. ottonis
Mammillaria aulacothele flavispina Salm-Dyck 1845	C. octacantha
Mammillaria aulacothele Lemaire 1838	C. octacantha
Mammillaria aulacothele multispina Scheidw. 1839	C. octacantha
Mammillaria aulacothele spinosior Monville ex Lem. 1839	C. octacantha
Mammillaria aulacothele sulcimamma Pfeiffer 1843	C. octacantha
Mammillaria biglandulosa Pfeiffer 1838	C. octacantha
Mammillaria brevimamma exsudans Salm Dyck 1850	C. octacantha
Mammillaria brevimamma Zuccharini 1837	C. octacantha
Mammillaria brownii Toumey 1896	C. robustispina subsp. robustispina
Mammillaria brunnea (Coulter) Vpl. 1920	C. clavata subsp. clavata

Anhang

Mammillaria bumamma Ehrenberg 1849	C. elephantidens subsp. bumamma
Mammillaria bussleri Mundt 1902	C. ottonis
Mammillaria calcarata Engelmann 1850	C. sulcata
Mammillaria cephalophora Salm-Dyck 1850	C. retusa
Mammillaria ceratocentra Berger 1840	C. erecta
Mammillaria clava Pfeiffer 1840	C. octacantha
Mammillaria clavata Scheidw. 1838	C. clavata subsp. clavata
Mammillaria compacta Engelmann 1848	C. compacta
Mammillaria conimamma Linke 1857	C. pycnacantha
Mammillaria cornifera De Candolle 1828	C. cornifera
Mammillaria cornifera impexicoma Salm-Dyck 1850	C. cornifera
Mammillaria cornuta Hildmann ex Schumann 1898	C. cornifera
Mammillaria curvata Pfeiffer 1837	C. octacantha
Mammillaria dactylithele Labouret 1853	C. macromeris subsp. macromeris
Mammillaria daimonoceras Lemaire 1838	*nom. rejic.* (siehe C. salinensis)
Mammillaria delaetiana Quehl 1908	C. delaetiana
Mammillaria difficilis Quehl 1908 **sensu** Br. & R. 1923	C. poselgeriana
Mammillaria durangensis Runge ex Schumann 1898	C. durangensis subsp. durangensis
Mammillaria echinoidea Quehl 1913	C. echinoidea
Mammillaria echinus Engelmann 1856	C. echinus
Mammillaria elephantidens bumamma Schumann 1903	C. elephantidens subsp. bumamma
Mammillaria elephantidens Lemaire 1838	C. elephantidens subsp. elephantidens
Mammillaria engelmannii Benson ex Marshall 1953	C. robustispina subsp. scheeri
Mammillaria engelmannii Cory 1936	C. robustispina subsp. scheeri
Mammillaria erecta Lemaire ex Pfeiffer 1837	C. erecta
Mammillaria evanescens Hort. belg.	C. erecta
Mammillaria exsudans Zuccharini ex Pfeiffer 1837	C. octacantha
Mammillaria gladiispina Boedeker 1925	C. delaetiana
Mammillaria glanduligera Otto et Dietrich 1848	C. glanduligera
Mammillaria golziana Haage 1909	C. ottonis
Mammillaria guerkeana Boedeker 1914	C. ottonis
Mammillaria heteromorpha Scheer ex Salm-Dyck 1850	C. macromeris subsp. macromeris
Mammillaria impexicoma Lemaire 1838	C. cornifera
Mammillaria kieferiana Hort. ex Boedeker 1928	C. poselgeriana
Mammillaria lehmanni Otto ex Pfeiffer 1837	C. octacantha
Mammillaria lehmanni sulcimamma Miquel 1838	C. octacantha
Mammillaria leucacantha De Candolle 1828	C. octacantha

Synonyme und gültige Namen

Mammillaria loricata Martius 1837	*nom. rejic.* (siehe C. pallida)
Mammillaria macromeris Engelmann 1848	C. macromeris subsp. macromeris
Mammillaria macrothele Martius in Pfeiffer 1837	C. octacantha
Mammillaria macrothele biglandulosa Salm-Dyck 1850	C. octacantha
Mammillaria macrothele lehmanni Salm-Dyck 1850	C. octacantha
Mammillaria maculata (Coulter) Vaupel 1920	C. clavata subsp. clavata
Mammillaria magnimamma lutescens Salm-Dyck 1850	C. pycnacantha
Mammillaria magnimamma Otto 1835	C. pycnacantha
Mammillaria martiana Pfeiffer 1838	C. octacantha
Mammillaria nickelsae Brandegee 1900	C. nickelsiae
Mammillaria nogalensis Ruenge ex Schumann 1898	C. recurvata
Mammillaria octacantha De Candolle 1828	C. octacantha
Mammillaria ottonis Pfeiffer 1838	C. ottonis
Mammillaria pectinata Engelmann 1856	C. echinus
Mammillaria pfeifferiana De Vriese 1839	C. cornifera
Mammillaria plaschnickii Otto ex Pfeiffer 1837	C. octacantha
Mammillaria plaschnickii straminea Salm-Dyck 1850	C. octacantha
Mammillaria polymorpha Scheer ex Muehlenpfordt 1846	C. octacantha
Mammillaria potosiana Jacobi 1856	C. potosiana
Mammillaria pycnacantha Martius 1832	C. pycnacantha
Mammillaria pycnacantha spinosior Monville ex Salm-Dyck 1845	C. pycnacantha
Mammillaria radians daimonoceras Schumann 1898	*nom. rejic.* (siehe C. salinensis)
Mammillaria radians De Candolle 1828	C. cornifera
Mammillaria radians echinus Schumann 1898	C. echinus
Mammillaria radians globosa Scheidw. 1838	C. cornifera
Mammillaria radians impexicoma Schumann 1898	C. cornifera
Mammillaria radians scolymoides Schelle 1926	C. cornifera
Mammillaria radians sulcata Schumann 1898	C. sulcata
Mammillaria radicantissima Quehl 1912	C. clavata subsp. clavata
Mammillaria raphidacantha ancistracantha Schumann 1898	C. clavata subsp. stipitata
Mammillaria raphidacantha humilior Salm-Dyck ex Foerster 1846	C. clavata subsp. stipitata
Mammillaria raphidacantha Lem. 1839	C. clavata subsp. clavata
Mammillaria recurvata Engelmann 1863	C. recurvata
Mammillaria recurvispina De Vriese 1839	C. elephantidens subsp. elephantidens
Mammillaria recurvispina Engelmann 1856	C. recurvata
Mammillaria retusa Pfeiffer 1837	C. elephantidens subsp. elephantidens
Mammillaria robustispina Schott ex Engelmann 1856	C. robustispina subsp. robustispina
Mammillaria robustissima Schott 1900	C. robustispina subsp. robustispina

Anhang

Mammillaria runyonii Cory 1936 . . . . C. macromeris subsp. runyonii
Mammillaria salm-dyckiana brunnea Salm-Dyck 1850 . . . . C. robustispina subsp. scheeri
Mammillaria salm-dyckiana Scheer ex Salm-Dyck 1850 . . . . C. robustispina subsp. scheeri
Mammillaria salm-dyckiana var. brunnen Salm-Dyck 1850 . . . . C. poselgeriana
Mammillaria saltillensis Boedeker 1928 . . . . C. poselgeriana
Mammillaria scepontocentra Lemaire 1839 . . . . C. pycnacantha
Mammillaria scheeri Muehlenpfordt 1847 (non 1845! = N. conoidea). C. robustispina subsp. scheeri
Mammillaria scheeri Muehlenpfordt var. valida Engelmann 1856 . . . C. robustispina subsp. scheeri
Mammillaria schlechtendahlii Ehrenberg 1840 . . . . C. octacantha
Mammillaria schlechtendalii levior Salm-Dyck 1850. . . . . C. octacantha
Mammillaria scolymoides longiseta Salm-Dyck 1850 . . . . *nom. rejic.* (siehe C. salinensis)
Mammillaria scolymoides nigricans Salm-Dyck 1850 . . . . *nom. rejic.* (siehe C. salinensis)
Mammillaria scolymoides raphidacantha Salm-Dyck 1850. . . . . C. clavata subsp. clavata
Mammillaria scolymoides Scheidweiler 1841 . . . . *nom. rejic.* (siehe C. salinensis)
Mammillaria stipitata Scheidweiler 1838 . . . . C. clavata subsp. stipitata
Mammillaria strobiliformis Muehlenpfordt 1848. . . . . C. sulcata
Mammillaria sulcata Engelmann 1845 . . . . C. sulcata
Mammillaria sulcimamma Pfeiffer 1838. . . . . C. octacantha
Mammillaria sulcoglandulifera Jacobi 1856 . . . . C. clavata subsp. clavata
Mammillaria sulcolanata Lemaire 1838. . . . . C. elephantidens subsp. elephantidens
Mammillaria sulcolanata var. macracantha Lemaire 1841 . . . . C. elephantidens subsp. bumamma
Mammillaria thelocamptos Lehmann 1839 . . . . C. octacantha
Mammillaria valida Purpus 1911. . . . . C. poselgeriana
Mammillaria winkleri Poselger 1853. . . . . C. pycnacantha
Mammilllaria impexicoma Lemaire 1838 . . . . C. cornifera
Melocactus mammillariaeformis Salm-Dyck 1836. . . . . C. retusa
Neolloydia clavata (Scheidweiler) Br. & R. 1923. . . . . C. clavata subsp. clavata
Neolloydia pulleineana Backeberg 1948 . . . . C. pulleineana

10.4 Register

Die Liste der synonymen Pflanzennamen findet sich in Kapitel 10.3 ab Seite 124

Nummern = Seitenzahlen; T-Nummern = Farbtafeln
Fett hervorgehoben = Artbeschreibung, Pflanzenporträt

Acharagma 35, 41
Acharagma-Areolentyp 35, 41
Alphabetische Namensliste 124 ff.
Areolen 8, 18, 21, 34 ff.
Ariocarpus-Areolentyp 36
Aulacothele 28, 29, 30, 33
Aussaat 109
Axille 8, **9**, 19, 23, 35 ff.

Bedrohungsstatus 11
Bestimmungsschlüssel 43 ff.
Blühreife 8, 27, 110
Blüte 8, 21, 41

Clavatae (Reihe) 41, 42, 43, 45, 61; T10
Corniferae (Reihe) 42, 44, 47, 91; T12, T13
Corniferae (Unterreihe) 42, 44, 47, 91; T12, T13
Coryphantha (Untergattung) 9, 1 9, 28, 29, 43, 46, 72; T11–T 13
Coryphantha (Sektion) 42, 43, 46, 72; T11–T13
Coryphantha (Reihe) 42, 44, 47, 87; T12
Coryphantha clavata subsp. *clavata* 10, 11, 42, 43, 46, **64**, 110, 112; T4, T10, **T23**
Coryphantha clavata subsp. *stipitata* 44, 46, **65**; T10, **T23**
Coryphantha compacta 9, 44, 47, **92**, 98; T12, **T57**
Coryphantha cornifera 9, 11, 28, 44, 47, 71, **93**; T3, T10, **T58**
Coryphantha delaetiana 44, 48, **100**, 110; T13, **T66**
Coryphantha delicata 9, 11, 44, 47, 89, **97**, 110; T4, T13, **T61–T62**
Coryphantha difficilis 9, 31, 44, 46, **81**, 110; T1, T4, T11, **T43**
Coryphantha durangensis subsp. *durangensis* 11, 44, 47, **82**, 114; T11, **T44**
Coryphantha durangensis subsp. *cuencamensis* 44, 47, **83**, 114; T11, **T45**
Coryphantha echinoidea 9, 43, 45, **60**, 110, 111; T9, **T20**
Coryphantha echinus 9, 10, 44, 48, **104**; T13, **T71**
Coryphantha elephantidens subsp. *elephantidens* 10, 12, 25, 43, 46, **72**; T4, T7, T11, **T31–T32**
Coryphantha elephantidens subsp. *bumamma* 10, 43, 46, **73**; T11, **T33**
Coryphantha elephantidens subsp. *greenwoodii* 10, 46, **74**; T11, **T32**, **T34**
Coryphantha erecta 9, 43, 46, **67**, 107; T2, T10, **T25–T26**
Coryphantha georgii 43, 46, 70, **71**, 112; T7, T10, **T30**
Coryphantha glanduligera 43, 45, **59**, 108, 110, 111; T9, **T19**
Coryphantha glassii 19, 43, 46, **66**, 107, 113; T2, T10, **T24**
Coryphantha gracilis 11, 24, 25, 44, 48, **105**, 108; **T72**
Coryphantha hintoniorum subsp. *hintoniorum* 11, 12, 44, 47, **88**, 110; T4, T12, **T53**
Coryphantha hintoniorum subsp. *geoffreyi* 44, 47, **90**; T12, **T54**
Coryphantha jalpanensis 11, 43, 46, **64**, 113; T10, **T22**
Coryphantha kracikii 44, 46, **79**; T11, **T40**
Coryphantha longicornis 24, 26, 44, 47, **83**; T11, **T46**
Coryphantha macromeris subsp. *macromeris* 10, 11, 25, 34, 35, 40, 43, 45, **50**; T7, T9, **T14**
Coryphantha macromeris subsp. *runyonii* 10, 43, 45, **51**; T9, **T14**
Coryphantha maiz-tablasensis 9, 11, 12, 44, 47, 70, **87**; T12, **T51**
Coryphantha neglecta 44, 47, **98**, 110; T13, **T63**
Coryphantha nickelsiae 9, 10, 44, 47, **91**, 110; T2, T12, **T55**
Coryphantha octacantha 24, 28, 43, 45, **61**, 67, 112; T10, **T21**
Coryphantha ottonis 12, 43, 46, **68**, 70, 93, 110; T10, **T28**
Coryphantha pallida subsp. *pallida* 9, 44, 47, **84**; T11, **T47–T49**
Coryphantha pallida subsp. *calipensis* 44, 47, **86**; T11, **T50**
Coryphantha poselgeriana 11, 41, 42, 40, 43, 45, **52**, 107, 110; T9, **T15–T16**
Coryphantha potosiana 43, 46, **67**; T10, **T27**
Coryphantha pseudoechinus subsp. *pseudoechinus* 9, 11, 24, 25, 44, 47, **99**, 110; T13, **T64–T65**
Coryphantha pseudoechinus subsp. *laui* 9, 44, 47, **99**; T13, **T65**
Coryphantha pseudonickelsiae 44, 47, **91**; T12, **T56**
Coryphantha pulleineana 9, 11, 15, 26, 44, 48, **102**, 108, 110; T13, **T69**
Coryphantha pycnacantha 11, 12, 26, 31, 43, 46, **76**; T4, T11, **T37–T38**
Coryphantha ramillosa subsp. *ramillosa* 10, 44, 48, **101**, 115; T13, **T67–T68**
Coryphantha ramillosa subsp. *santarosa* 44, 48, **101**, 115; T13, **T68**

Anhang

Coryphantha recurvata subsp. *recurvata* 10, 24, 25, 44, 47, **95**, 107, 110; T12, **T59**
Coryphantha recurvata subsp. *canatlanensis* 44, 47, **96**; T12, **T60**
Coryphantha retusa 24, 43, 46, **74**; T4, T11, **T35–T36**
Coryphantha robustispina subsp. *robustispina* 10, 26, 41, 42, 40, 43, 45, **53**, 107, 110; T2, T7, T9, **T17**
Coryphantha robustispina subsp. *scheeri* 34, 43, 45, **54**; T9, **T17**
Coryphantha salinensis 9, 10, 44, 46, **80**, 1 10; T1, 2, T11, **T41–T42**
Coryphantha sulcata 10, 12, 34, 44, 47, 72, **87**, 89, 110; T12, **T52**
Coryphantha tripugionacantha 19, 24, 25, 43, 46, **78**; T11, **T39**
Coryphantha vaupeliana 11, 15, 43, 45, **58**, 110; T4, T7, T9, **T18**
Coryphantha vogtherriana 11, 12, 43, 46, **69**; T10, **T29**
Coryphantha werdermannii 44, 48, **103**, 107; T13, **T70**
Coryphantha wohlschlageri 9, 15, 43, 45, **57**, 108, 110; T2, T9, **T18**
Cumarinia 8, 41

Delaetianae (Unterreihe) 42, 44, 48, 100; T13
Dornen 19
Drüsen 8, 9, 19, 42 ,40; T2
Düngung 108

Echinocactus 28, 29, 33, 35
Echinoideae (Reihe) 41, 42, 43, 45, **57**; T9
Escobaria 8, 30, 31, 32, 34, 35, 41
Escobaria-Areolentyp 35, 41, 42, 40, 72; T6

Ferocactus 8, 35, 42, 41
Ferocactus-Areolentyp 35, 41, 42; T6
Frucht 8, 23; T2
Furche 8, 9, 19, 33, 35 ff.

Gattungsübersicht 43 ff.
Geografische Verbreitung 10; T5, T9–T13
Geologie 11
Giessen 108
Glanduliferae 29, 30, 49
Gracilicoryphantha (Sektion) 41, 42, 44, 48, 105

Klima 10; T5
Krankheiten 108
Kultur 107
Körperform 13

Lepidocoryphantha (Sektion) 41, 42, 43, 45, 49; T9

Leuchtenbergia-Areolentyp 36
Literaturverzeichnis 116

Macromeris-Areolentyp 35, 41, 40, 49, 50; T6
Mammillaria 8, 28, 29, 30, 31, 32, 35, 41
Mammillaria-Areolentyp 36, 41, 42, 40; T6
Melocactus 29, 33
Meristem 36 ff.
Mitteldornen 9, 20

Nektardrüsen 8, 9, 19, 42, 40; T2
Neobesseya 30, 31, 35
Neocoryphantha (Untergattung) 9, 19, 42, 43, 45, 49; T9–T10
Neocoryphantha (Sektion) 42, 43, 45, 57; T9–T10
Neolloydia 30, 31
Neolloydia-Areolentyp 36

Ortegocactus 70
Ortegocactus-Areolentyp 36, 41, 42, 40, 49, 68, 69; T6
Ottonis (Sektion) 41, 42, 43, 46, 68; T10

Pachycereus-Areolentyp 36
Protocoryphantha 41, 42
Protocoryphantha-Areolentyp 41, 40, 49, 51; T6
Protomammillaria 5
Protomammillaria-Areolentyp 36, 41, 42, 40, 49, 57, 61; T6
Pycnacanthae (Reihe) 43, 46, 76; T11

Randdornen 21
Retusae (Reihe) 42, 43, 46, 72; T11
Robustispina (Sektion) 41, 42, 43, 45, 51; T9

Salinenses (Reihe) 42, 44, 46, 79; T11
Samen 8, 24
Schädlinge 108
Scheitel 13
Substrat 107 ff.

Testazellen 8, 35
Thelocactus 8
Töpfe 107 ff.
Typart der Gattung 30, 33

Vergleichstabellen 111 ff.
Vermehrung 109

Warzen 8, 15
Warzenserien 15, 17
Wurzeln 15, 107

10.5 Bildquellen

Fotografien trugen folgende Personen zu diesem Buch bei (Anzahl Fotos in Klammer):

Böcker, Andreas; D-37186 Moringen (3): T17-2, T40-2,3

Chalet, Jean-Marc; CH-1226 Thônex (1): T40-1

FitzMaurice, W. A.; 78250 Fan Luis Potosí, S. L. P. Mexiko (3): T29-1,3,4

Glass, Charles (†); San Miguel de Allende, GTO, Mexiko (1): T60-4

Hinton, George; San Rafael, NL, Mexiko (4): T19-1, T53-1, T54-1,2

Kracík, Karel; 50901 Nová Paka, Tschechien (2): T41-1,2

Lüthy, Jonas; CH-4500 Solothurn (3): T42-1, T46-1,2

Matuszewski, Grzegorz; Pl 97-400 Belchtów (2): T71-3,4

Moore, Lorena B.; Corona de Tucson, AZ 85641, USA (2): T7-2. T17-1

Römer, Richard; D-81477 München (6): T17-3, T59-1,2,3,4,6

Sotomayor, Manuel; 78230 San Luis Potosí, S. L. P. Mexiko (2): T15-3, T24-2

Tiefenbacher, Erhard; A-4822 Bad Goisern (1): T2-2

Die **Zeichnungen** auf den Seiten 13–23 sowie T5, T6 und T9–13 wurden gefertigt von Helmuth Flubacher, D-Waiblingen, nach Vorlagen der Autoren.

Ein spezieller Dank gilt Prof. A. Doweld, National Institute of Carpology Moskau für die REM-Aufnahmen.

Buchempfehlungen aus dem Verlag Eugen Ulmer

Das **Sukkulentenlexikon** ist das Resultat einer engen Zusammenarbeit **zahlreicher Spezialisten aus aller Welt** und stellt mit seinen diagnostischen Beschreibungen und vollständigen Synonymen einen Meilenstein in der Sukkulentenbotanik dar.

Der erste Band mit den Familien der Einkeimblättrigen Pflanzen umfaßt Sukkulenten aus 14 Familien und 52 Gattungen. Insgesamt werden rund 1000 Arten und über 400 infraspezifische Taxa behandelt. Die Familien Agavaceae und Aloaceae werden in ihrem gesamten Umfang vorgestellt.

Sukkulenten-Lexikon **Band 1**. Einkeimblättrige Pflanzen (Monocotyledonen). U. Eggli. 2001. 416 S., 32 Farbtaf. ISBN 3-8001-3662-7.

Sukkulenten-Lexikon **Band 2**. Zweikeimblättrige Pflanzen (Dicotyledonen) ausgenommen Aioaceae, Asclepiadaceae, Cactaceae und Crassulaceae. U. Eggli. 2002. 662 S., 64 Farbtafeln. ISBN 3-8001-3915-4.

Band 3 umfasst die Familie der Seidenpflanzengewächse (Asclepidaceae). Es werden insgesamt rund 1000 Arten und etwa 120 infraspezifische Taxa aus 70 Gattungen besprochen. Die wichtigsten Gattungen sind Caralluma, Echidnopis, Huernia, Orbea und Stapelia (zusammen 250 Arten). Weitere wichtige Gattungen sind Brachystelma (etwa 120 Arten) sowie Ceropegia („Leuchterblumen", rund 160 Arten).

Sukkulenten-Lexikon **Band 3**. Asclepiadaceae (Seidenpflanzengewächse). F. Albers, U. Meve. 2002. 432 Seiten, 48 Farbtafeln. ISBN 3-8001-3982-0.

Der Band umfasst die Familie der Dickblattgewächse (Crassulaceae) in ihrem ganzen Umfang. Es sind 33 Gattungen und 23 Hybridgattungen mit insgesamt 1410 Arten und 305 infraspezifischen Taxa behandelt.

Sukkulenten-Lexikon **Band 4**. Crassulaceae (Dickblattgewächse). U. Eggli. 2003. 536 Seiten, 48 Farbtafeln. ISBN 3-8001-3998-7.

Buchempfehlungen aus dem Verlag Eugen Ulmer

Sulcorebutien zählen zu den Zwergen der Kakteen. Ihre natürlichen Verbreitungsgebiete finden sich ausschließlich in den unwirtlichen Hochgebirgsregionen der bolivianischen Anden, wo sie die kargen, steinigen Böden bis in Höhen um 4 000 m besiedeln und Trockenzeiten bis zu 8 Monaten überdauern müssen.

Die Arten dieser Kakteengattung faszinieren nicht nur durch ihre einzigartige Fülle an unterschiedlichen Erscheinungsformen, sondern auch durch ihre bunten Dornen und ihre außergewöhnliche Blütenfülle. Eine ideale Pflanze für Wohnung, Balkon oder Terrasse.

Ergänzend zu den umfangreichen Kapiteln Erscheinungsbild, Vorkommen und die Artenübersicht finden sich in diesem Buch Hinweise zur Kultivierung und Pflege, eine Auflistung der verwendeten Feldnummern und ein Bestimmungsschlüssel.

Sulcorebutia. Kakteenzwerge der bolivianischen Anden. K. Augustin, W. Gertel, G. Hentzschel. 2000. 178 S., 159 Fotos, 22 Zeichn. ISBN 3-8001-6685-2.

Sukkulente Euphorbien faszinieren durch ihre einzigartige Fülle an unterschiedlichen Erscheinungsformen. Pflanzenliebhaber finden hier eine Vielzahl ungewöhnlicher, zum Teil auch bizarrer Wuchstypen. Innerhalb dieser Gattung der Wolfsmilchgewächse gibt es reichblühende Zwergsträucher mit Bonsai-Charakter und kandelaberförmige Bäume, Pflanzen mit Dornen, die aus Blütenständen entstehen und sich sternförmig ausbreiten, und – einzigartig im Pflanzenreich – die erstaunlichen Medusenhäupter. Die Fähigkeit, im Winter selbst mit trockener Heizungsluft zurechtkommen, macht Euphorbien zu idealen Sukkulenten für die Wohnung. Ein allgemeiner Teil befaßt sich mit der Biologie und Morphologie der sukkulenten Euphorbien, die Besonderheiten von Kultur und Vermehrung werden erläutert. Der spezielle Teil enthält ausführliche Beschreibungen von mehr als 200 Arten.

Sukkulente Euphorbien. V. Buddensiek. 1998. 176 S., 67 Farbfotos, 27 Zeichnungen. ISBN 3-8001-6634-8.

Buchempfehlungen aus dem Verlag Eugen Ulmer

Seit über 30 Jahren ist dieses Standardwerk der Kakteenkultur und Kakteenkunde als „der Cullmann" bekannt.

Autoren und Verlag haben alles getan, um den Wünschen der Kakteenfreunde nach aktueller, umfassender Information und Anleitung zu entsprechen. Die bewährte Konzeption des Handbuches blieb erhalten. Der Inhalt wurde gründlich überarbeitet (vor allem auch die Bestimmungsschlüssel), ergänzt und auf den heutigen Stand gebracht (Natur- und Artenschutz, Heimatgebiete, Pflege und Pflanzenschutz).

Im speziellen Lexikonteil sind etwa 60 Kakteenarten und fast ebenso viele Farbfotos hinzugekommen.

Die Gestaltung des Buches wurde noch weiter verbessert.

Kakteen. Kultur, Vermehrung und Pflege, Lexikon der Gattungen und Arten. E. Götz, G. Gröner. 7. Auflage 2000. 340 Seiten, 460 Farbfotos, 50 Zeichnungen, 12 sw-Fotos. ISBN 3-8001-6674-7.

Das Buch bietet viel Wissenswertes über Kakteen, ist ansprechend gestaltet und vermittelt Freude an diesen besonderen Pflanzen.

Kakteen. Sonderausgabe 2002. H.-F. Haage. 160 S., 31 Farbf. auf Tafeln, 245 sw-Zeichn. ISBN 3-8001-4191-4.

Das Buch stellt die wichtigsten Arten der meisten Gattungen eingehend und informativ in Wort und Bild vor und gibt Pflege- und Kulturtipps. Es beschreibt die Behandlung von Erkrankungen und sagt auch, wie die vielen kleinen Probleme im Laufe des Jahres gelöst werden können. Der Autor gibt praxiserprobte Anleitungen und Hinweise, die den Anfänger vor Enttäuschungen schützen, aber auch dem fortgeschrittenen Kakteenfreund noch wesentliche Informationen vermitteln. Etwa 120 Fotos demonstrieren die ganze Pracht und Schönheit der Kakteenblüten.

Kakteen. Die besten Pflanzen für Sammler und Liebhaber. H. Dopp. 2. Aufl. 1998. 132 S., 124 Farbf., 28 Zeichn. ISBN 3-8001-6654-2.

Buchempfehlungen aus dem Verlag Eugen Ulmer

In diesem Buch wird eine Fülle von Pflanzenschätzen, wie Kleinstauden, Blumenzwiebelstauden sowie ein Auswahl von Gräsern, Farnen, Wasserpflanzen und Zwerggehölzen für die unterschiedlichsten Gartensituationen beschrieben.
Der Steingarten der sieben Jahreszeiten. Naturhaft oder architektonisch gestaltet. Arbeits- und Anleitungsbuch für Anfänger und Kenner. K. Foerster. 12. Aufl. 2000. 256 Seiten, 131 Farbfotos, 39 Zeichnungen, zahlr. Listen. ISBN 3-8001-3128-5.

Das Buch ist der unentbehrliche Schlüssel für die Pflanzenwelt des Steingartens. Jede Art wird ausführlich in Bild und Wort vorgestellt. Für einen raschen Überblick fassen Symbole die wichtigsten Informationen zusammen. Die Pflanzenauswahl reicht vom Standardsortiment bis hin zu echten Raritäten für Kenner.
Das große Buch der Steingartenpflanzen. F. Köhlein. 1994. 318 Seiten, 1185 Farbfotos ISBN 3-8001-6559-7.

Pflanzen und Steine gehören zusammen, doch die Kombination im Garten fällt schwer, da sie leicht fremd wirkt und ein eigenes Gestaltungselement bildet, das in den Garten integriert werden muß. Neben inspirierenden Beobachtungen zu alpinen Pflanzen am Naturstandort werden in diesem Buch 23 Ideen gezeigt, wie sich ein kleiner und großer Steingarten dominierend oder versteckt im Garten platzieren lässt. Bekannte und eher seltene Pflanzen für den Steingarten werden beschrieben. Daneben erhalten Sie das notwendige Wissen, um mit dem Stein kreativ umzugehen und die Pflanzen richtig einzusetzen und zu pflegen. Ein praktisches und attraktives Ideenbuch, das neue Freude am Steingarten vermittelt.

M. Haberer ist Freier Landschaftsarchitekt und wissenschaftlicher Reisebegleiter für botanische Studienreisen. Er betreut eine große Sammlung winterharter Sukkulenten.
Der neue Steingarten. M. Haberer. 2003. Etwa 160 Seiten, 150 Farbfotos, 19 sw-Zeichn. ISBN 3-8001-4173-6.